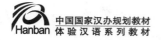

中国国家汉办规划教材
体验汉语系列教材

Experiencing Chinese

Oral Course

体验汉语®

口语教程

Tiyan Hanyu Kouyu Jiaocheng

主　编　陈作宏
编　者　江傲霜　张璟　陈作宏　王清钢

高等教育出版社·北京
HIGHER EDUCATION PRESS　BEIJING

图书在版编目（CIP）数据

体验汉语口语教程 . 2/ 陈作宏主编；江傲霜等编 . —北京：高等
教育出版社，2011.6 （2015.4 重印）
ISBN 978-7-04-028601-4

Ⅰ . ①体… Ⅱ . ①陈… ②江… Ⅲ . ①汉语—口语—对外汉
语教学—教材 Ⅳ . ① H195.4

中国版本图书馆 CIP 数据核字（2011）第 057013 号

| 策划编辑 | 梁 宇 | 责任编辑 | 吴剑菁 | 封面设计 | 彩奇风 | 版式设计 | 刘 艳 |
| 责任校对 | 吴剑菁 | 责任印制 | 毛斯璐 | | | | |

出版发行	高等教育出版社	咨询电话	400-810-0598
社　　址	北京市西城区德外大街4号	网　　址	http://www.hep.edu.cn
邮政编码	100120		http://www.hep.com.cn
印　　刷	北京鑫丰华彩印有限公司	网上订购	http://www.landraco.com
开　　本	889×1194　1/16		http://www.landraco.com.cn
印　　张	21.25		
字　　数	635 000	版　　次	2011年6月第1版
购书热线	010-58581118	印　　次	2015年4月第5次印刷

本书如有缺页、倒页、脱页等质量问题，请到所购图书销售部门联系调换　　ISBN 978-7-04-028601-4
版权所有　侵权必究　　07000
物 料 号　28601-00

　　口语教学在国际汉语教学中一直受到高度重视，国内大多数国际汉语教学单位也都单独开设以提高学习者口语交际能力为主要目的的口语课。尽管口语课的教学目标十分明确，而且大家对口语教学的特点也早已达成了共识，但是在实际的课堂教学中还是存在初级阶段精读化，中高级阶段泛读化的问题。因此我们希望编写一套不但能体现先进的教学法理念、能提供丰富、实用的教学内容，同时也能引导教师采用符合口语教学特点的方法进行教学的口语教材。

　　《体验汉语口语教程》采用以任务为中心的体验式的课堂教学模式，力求体现在使用汉语中学习汉语的体验式的教学理念，并吸取各教学法之长，特别是任务型语言教学的优势。本教材设计以意义为中心的课堂活动和贴近真实生活的任务练习来提升课堂教学的互动性和交际性。每课都按照任务型语言教学模式设计教学环节，"任务前"的准备和以语言输入为主的活动，"任务中"以完成具体交际任务为目的的语言输出活动以及"任务后"的语言练习和扩展活动，为教学提供了较为完整的环节和步骤。

　　《体验汉语口语教程》参考《高等学校外国留学生汉语教学大纲》(长期进修)的分级确定教学等级和难度；参考《国际汉语教学大纲》的《教学话题及内容建议》确定教学内容。全套共分8册。1、2、3为初级，4为准中级，5、6为中级，7、8为高级。

　　考虑到学习者学习经历复杂，而且学习者使用教材时并不是顺接的多样性特点，以及学习者虽然学习时间较短但希望有较大提高的需求，每册都采取适当降低起点，适当延伸内容难度的做法。在确定生词和学习内容时各册之间均采取搭接的方式，循环递进地进行教学。

　　《体验汉语口语教程》具有如下特点：

　　1. 将表达功能和语言运用结合起来，以贴近生活的口头交际任务为主线编写，以提高教学内容的实用性。

　　2. 教学内容的安排力求与课堂教学环节一致，并为新教师提供教学建议，以减轻教师的备课负担。

　　3. 考虑到学习者学习经历复杂的特殊性，每一课都设计了一个准备环节，对相关内容、词语和句子等进行复习和预习，为教学顺利进行做热身和准备。

　　4. 教学环节以及交际活动的设计符合语言学习规律，注重从输入到输出、从旧知识到新知识、从个人准备到合作学习的自然过渡，以降低情感过滤，提高学习效率。

　　5. 以意义为中心推进教学，但又不忽视语言形式。在任务后对重要的语音、词汇和语法问题进行追踪整理，以提高学习者表达的准确性。

　　6. 尝试将教学评价引入教材，在每课的课后列出学生自评表，并在复习课中通过各种形式对学习者的语言行为表现进行评估，使教学评价更为全面。

　　7. 增加图片的功能性，以达到减轻学习者记忆负担、提高课堂教学互动性的目的。

　　希望您能喜欢我们的《体验汉语口语教程》，也希望您对本书提出批评和建议。本书的编写和出版得到了高等教育出版社国际汉语出版中心的大力支持和帮助，在此一并表示衷心的感谢！

编　者

2011年1月

编写说明及使用建议

　　《体验汉语口语教程2》是以满足生活需求为目的，以实用的交际任务为主线编写的口语教材。适合母语非汉语的、有半年左右汉语学习经历、掌握了300以上汉语基础词汇的汉语学习者使用，在正规的语言课堂上，每周8课时，使用18周左右。也可用于不分课型的汉语短期班，每周两课左右，使用8到10周。

　　全书包括1个语音课、18个正课和3个复习课。书后附词语表和语言注释表。建议每课用6～8课时进行教学。"扩展活动"您可以根据情况灵活选用。每6课进行一次复习和总结。

　　每课前都列出了任务目标。"任务前"包括准备、词语、句子、情景几个部分。"任务中"包括各种以交际任务为主的课堂活动，不但有单人活动、双人活动，也有小组活动、全班活动等等。"任务后"包括语音、词汇、语法及口语格式的练习，以及可以灵活使用的扩展活动和课堂游戏等等。最后是总结与评价，在这一部分学生对在本课学习过程中的自我表现以及学习目标的掌握情况进行总结和自我评价。

　　复习课主要用于复习、整理和评价，部分内容也可以作为口语考试使用。

目标：每课前列出明确的学习目标，令学生有的放矢，更有兴趣地投入到学习中。

准备：复习和预习相结合，激活与学习目标相关的知识，为教学顺利进行做热身和准备。

给学生的提示：告诉学生某些要求或针对具体活动提出建议，方便学生顺利参与到活动中。

句子：帮助学生熟悉词语的用法，同时为他们完成本课目标任务，做好句子方面的准备。

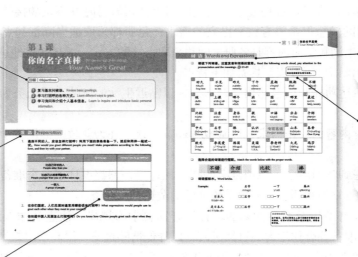

词语：包括生词和词语搭配练习。

给老师的提示：针对活动步骤和注意事项提出教学建议，方便(新)老师备课。

情景：包括3到4段以真实生活为场景的对话和读前听，读后说等课文练习，帮助学生熟悉课文内容。

语言注释：随文注释语言难点，帮助学生准确理解课文。

语 音
Phonetics

一、 音节是汉语的语音单位。一般来说，一个音节就是一个汉字。汉语的音节一般由声母、韵母和声调三部分组成。The syllabus is a phonetic unit in Chinese. Generally speaking, a syllabus is a Chinese character and it is usually made up of an initial, a final and a tone.

二、 声母是音节开头的部分。普通话有21个声母。The initial is the beginning of a syllabus. There are 21 initials in Chinese.

For example: bā

	`（声调）tone
b（声母）consonant	a （韵母）vowel

b	p	m	f
d	t	n	l
g	k	h	
j	q	x	
zh	ch	sh	r
z	c	s	

三、 韵母是音节中声母后面的部分。普通话有39个韵母。The final is what follows the initial in a syllabus. There are 39 finals in Chinese.

单韵母 Single finals：a o e i u ü

复韵母 Compound finals：ai ei ao ou ia ie ua uo üe iao iou uai uei

鼻韵母 Nasal finals：an ian uan üan en in uen ün ang iang uang eng ing ueng ong iong

卷舌韵母 Retroflex finals：er

特殊的元音韵母 Special finals：-i（前）-i（后）ê

四、 声调是一个音节发音时高低升降的变化。在汉语中，声调尤为重要，因为它有区别意义的作用。现代汉语语音有四个基本声调，用"ˉ、ˊ、ˇ、ˋ"来表示。第一声55、第二声35、第三声214、第四声51。The tone refers to the rise and fall of a syllabus and it is especially important in Chinese because it is used to differentiate meanings. There are four basic tones in modern Chinese pronunciation and they are marked with ˉ, ˊ, ˇ and ˋ. The first tone is 55, the second tone 35, the third tone 214 and the fourth tone 51.

声 调 图

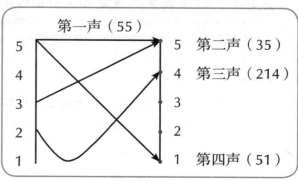

第一声（55）
第二声（35）
第三声（214）
第四声（51）

Tip: The third tone is 211 except when it is pronounced alone or at the end of a syllabus.

例如：

ī í ǐ ì ān án ǎn àn ōng óng ǒng òng

五、 变调指音节在连续发音过程中发生的声调变化。包括三声的变调、"一"和"不"的变调。The tone change refers to the change that a tone undergoes in the pronouncing process, including the changes of the third tone, 一 and 不.

(1) 三声变调：两个三声字相连时，第一个字的声调变为第二声。The change of the third tone: when a character with the third tone is followed by another third tone, the first should be changed into the second tone.

ˇ + ˇ —— ′ + ˇ

For example:

nǐ hǎo （你好） —— ní hǎo (hello)

zhǎnlǎn （展览） —— zhánlǎn (exhibition)

yǔsǎn （雨伞） —— yúsǎn (umbrella)

(2) "一"后面一个字的声调如果是第一声、第二声、第三声，"一"读为第四声；后面一个字的声调如果是第四声，"一"读为第二声。When 一 is followed by a character whose tone is the first, second or third, it should take the fourth tone. When it is followed by a character with the fourth tone, it should take the second tone.

For example:

yī biān （一边） —— yì biān (one side)

yī nián （一年） —— yì nián (one year)

yī liǎng （一两） —— yì liǎng (fifty grams)

yī kuài （一块） —— yí kuài (one piece)

(3) "不"后面一个字的声调如果是第四声，"不"读为第二声。When 不 is followed by a character with the fourth tone, 不 should take the second tone.

For example:

bùcuò （不错） —— búcuò (not bad)

bù duì （不对） —— bú duì (wrong)

六、 轻声指有的音节在词或句子中往往失去原来的声调，变成一种又轻又短的调子，就是轻声。轻声有区别意义和区分词性的作用。轻声是相对重音而言的。The neutral tone refers to a light and short tone resulting from a syllabus' loss of its original tone in a word or sentence. It is used to differentiate meanings and parts of speech. The neutral tone is said so in comparison with the stress.

For example:

māma （妈妈）　　mùtou （木头）　　bízi （鼻子）

声韵拼合表：Table of Paired Initials and Finals :

	a	o	e	i	u	ü	ai	ei	ao	ou	an	en	ia	ua	uo	ie	üe	ang	eng	ong	ing	iao	iou	ian	in	uai	uei	uan	üan	uen	ün	iang	uang	iong
b																																		
p																																		
m																																		
f																																		
d																																		
t																																		
n																																		
l																																		
g																																		
k																																		
h																																		
j																																		
q																																		
x																																		
z																																		
c																																		
s																																		
zh																																		
ch																																		
sh																																		
r																																		

练习 Exercises

1. **朗读下列单音节。** Read the following single syllabuses aloud.

bā	pái	mǒ	fàn
dāo	téng	nǔ	lǘ
guā	káng	hěn	
jiāo	qiú	xǔ	
zuān	cáng	sǐ	
zhān	chóng	shuǐ	rè

2. **朗读下列的双音节。** Read the following double syllabuses aloud.

星期	生词	同时	毕业	欢迎	出口	牛奶
xīngqī	shēngcí	tóngshí	bìyè	huānyíng	chūkǒu	niúnǎi

唱歌	老师	打球	请假	明天	公园	大学
chàng gē	lǎoshī	dǎ qiú	qǐng jià	míngtiān	gōngyuán	dàxué

电影	书店	工作	颜色	白菜	汉语	开门
diànyǐng	shūdiàn	gōngzuò	yánsè	báicài	Hànyǔ	kāimén

第1课

你的名字真棒 (Nǐ de míngzi zhēn bàng)
Your Name's Great

目标 | Objectives

1. 复习基本问候语。Review basic greetings.
2. 学习打招呼的各种方式。Learn different ways to greet.
3. 学习询问和介绍个人基本信息。Learn to inquire and introduce basic personal information.

准备 Preparation

1. 遇到不同的人，应该怎样打招呼？利用下面的表格准备一下，然后和同伴一起试一试。How would you greet different people you meet? Make preparations according to the following form, and then try with your partner.

Different people	Greetings	Responses to greetings
比自己年长的人 People elder than you		
比自己小或者同龄的人 People younger than you or of the same age		
一群人 A group of people		

A tip for students

You should fill in the form with Chinese.

2. 在你们国家，人们见面时通常用哪些话来打招呼？What expressions would people use to greet each other when they meet in your country?

3. 你知道中国人见面怎么打招呼吗？Do you know how Chinese people greet each other when they meet?

词语 Words and Expressions

☐ **朗读下列词语，注意发音和词语的意思。** Read the following words aloud, pay attention to the pronunciation and the meanings. 🔊 01-01

1 好久 hǎojiǔ long time	2 不见 bújiàn no see	3 昨天 zuótiān yesterday	4 下午 xiàwǔ afternoon	5 星期 xīngqī week	6 假期 jiàqī vacation	7 不错 búcuò not bad
8 短 duǎn short	9 上课 shàng kè have class	10 哪个 nǎge which	11 班 bān class	12 国 guó country	13 哪里 nǎlǐ where	14 最近 zuìjìn lately, recently
15 比较 bǐjiào rather	16 注意 zhùyì pay attention	17 身体 shēntǐ body, health	18 教 jiāo teach	19 口语 kǒuyǔ oral language	20 出去 chūqu go out	21 介绍 jièshào introduce
22 中文 Zhōngwén Chinese	23 名字 míngzi name	24 棒 bàng great	25 认识 rènshi know	26 专有名词 Proper nouns	26 山本 Shānběn Yamamoto	27 春香 Chūnxiāng Chun Hyang
28 欧文 Ōuwén Irving	29 李英爱 Lǐ Yīng'ài Lee Young Ae	30 韩国 Hánguó Korea	31 美国 Měiguó U.S.A.	32 李老师 Lǐ lǎoshī Teacher Li	33 大龙 Dàlóng Dalong	34 玛莎 Mǎshā Masha

☐ **选择合适的词语进行搭配。** Match the words below with the proper words.

不错 búcuò	介绍 jièshào	比较 bǐjiào	棒 bàng

☐ **词语搭积木。** Word bricks.

Example:

人 rén	名字 míngzi	一下 yíxià	高兴 gāoxìng
日本人 Rìběn rén	□□名字	□□一下	□高兴
是日本人 shì Rìběn rén	□□□名字	□□□□一下	□□□高兴

句 子 Sentences

☐ **听录音，填词语，然后朗读句子。** Listen to the recording, fill in the blanks, and then read the sentences aloud. 🔘 01-02

① 春香你好！_____。
Chūnxiāng nǐ hǎo! Hǎojiǔ bújiàn.
Hello, Chun Hyang! Long time no see.

② _____过得怎么样？
Jiàqī guò de zěnmeyàng?
How was your vacation?

③ _____都好吗？
Jiā lǐ rén dōu hǎo ma?
How's your family?

④ 你是哪个_____的？
Nǐ shì nǎge bān de?
Which class are you in?

⑤ _____！
Nǎlǐ nǎlǐ!
Not at all!

⑥ _____怎么样？
Zuìjìn zěnmeyàng?
How've you been?

⑦ 欧文，_____啊？
Ōuwén, chūqu a?
Going somewhere, Irving?

⑧ 我来_____一下，这是玛莎。
Wǒ lái jièshāo yíxià, zhè shì Mǎshā.
Allow me to introduce, this is Masha.

⑨ 这个_____是老师给我起的。
Zhège míngzi shì lǎoshī gěi wǒ qǐ de.
(This name) was given by my teacher.

⑩ _____你很高兴。
Rènshi nǐ hěn gāoxìng.
Glad to meet you.

给教师的提示
您可以采用各种方式来操练句子，同时纠正学生的发音和重音。

☐ **看图片，然后和同伴商量他们可能在说什么。** Look at the pictures and discuss with your partner what they are probably talking about.

①   ②   ③

☐ **和同伴一起，选择合适的句子完成下列对话。** Select the proper sentences to complete the dialogues below with your partner.

① A: _____?

B: （假期）过得很好。

Jiàqī) guò de hěn hǎo.

(The vacation) is pretty good.

② A: _____?

B: 我是五班的。

Wǒ shì wǔ bān de.

I'm in class 5.

③ A: 这个名字是谁给你起的?

Zhège míngzi shì shuí gěi nǐ qǐ de?

Who gave you this name?

B: _____。

情 景 Situations

一

☐ **听两遍录音，然后回答问题。** Listen to the recording twice and then answer the questions. 🔘 01-03

① 春香认识山本吗?

Chūnxiāng rènshi Shānběn ma?

Does Chun Hyang know Yamamoto?

② 山本哪天回来的? 春香呢?

Shānběn nǎ tiān huílai de? Chūnxiāng ne?

On which day did Yamamoto come back? How about Chun Hyang?

③ 春香假期过得怎么样?

Chūnxiāng jiàqī guò de zěnmeyàng?

How was Chun Hyang's vacation?

☐ **朗读对话一，注意发音和语气。** Read Dialogue 1 aloud, pay attention to the pronunciation and the tone.

山本:	春香你好! 好久不见[1]。
Shānběn:	Chūnxiāng nǐ hǎo! Hǎojiǔ bújiàn.
春香:	是啊! 你哪天回来的[2]?
Chūnxiāng:	Shì a! Nǐ nǎ tiān huílai de?
山本:	昨天下午刚回来，你呢?
Shānběn:	Zuótiān xiàwǔ gāng huílai, nǐ ne?

春香: 我回来一个星期了³。
Chūnxiāng: Wǒ huílai yí ge xīngqī le.

山本: 假期过得怎么样?
Shānběn: Jiàqī guò de zěnmeyàng?

春香: 还不错,就是⁴时间太短了。
Chūnxiāng: Hái búcuò, jiùshì shíjiān tài duǎn le.

山本: 家里人都好吗?
Shānběn: Jiā lǐ rén dōu hǎo ma?

春香: 都很好。谢谢你。
Chūnxiāng: Dōu hěn hǎo. Xièxie nǐ.

Yamamoto:	Hello, Chun Hyang! Long time no see.
Chun Hyang:	Yeah. When did you come back?
Yamamoto:	Came back yesterday afternoon. How about you?
Chun Hyang:	I've been around for a week.
Yamamoto:	How was your vacation?
Chun Hyang:	Pretty good. Just didn't enjoy long enough.
Yamamoto:	How's your family?
Chun Hyang:	All good. Thank you.

Tips:

1. 好久不见 is a kind of greeting, usually said to those whom the speaker hasn't seen for a long time.

2. 是……的 is an emphasis form. The content to be emphasized is put between 是 and 的. The content is usually the time, venue, method or status related to actions. In oral Chinese, 是 is often omitted. E.g. 我坐飞机 (fēijī aeroplane) 回来的。

3. In Chinese, the sentence pattern "action + continuing time + 了" is often used to express the continuing time of an action or a status. E.g. 认识三年了。

4. 就是 has a similar meaning to 但是 (but) while expressing a gentler tone. E.g. 那儿很好,就是太热 (rè hot)。

❏ **根据对话一,选择合适的句子跟同伴说话。**Choose the proper sentences in Dialogue 1 and talk with your partner.

Ask	Answer
你哪天回来的? Nǐ nǎ tiān huílai de?	
	还不错,就是太短了。 Hái búcuò, jiù shì tài duǎn le.
	都很好,谢谢你。 Dōu hěn hǎo, xièxie nǐ.

❏ **说一说。**Say it.

① 你的假期过得怎么样?

Nǐ de jiàqī guò de zěnmeyàng?

How was your vacation?

② 假期你去哪儿了?

Jiàqī nǐ qù nǎr le?

Where have you been during your vacation?

③ 在你们国家,开学的时候同学们见面怎么打招呼?

Zài nǐmen guójiā, kāi xué de shíhou tóngxuémen jiàn miàn zěnme dǎ zhāohu?

How do classmates greet each other when they meet in the new semester in your country?

☐ **听两遍录音，然后回答问题。** Listen to the recording twice and then answer the questions. 💿 01-04

① 英爱要去哪儿？

Yīng'ài yào qù nǎr?

Where is Young Ae heading?

② 欧文是哪个班的？他是哪国人？

Ōuwén shì nǎge bān de? Tā shì nǎ guó rén?

Which class is Irving in? Where is he from?

③ 英爱是哪个班的？她是哪国人？

Yīng'ài shì nǎge bān de? Tā shì nǎ guó rén?

Which class is Young Ae in? Where is she from?

④ 英爱觉得欧文的汉语怎么样？

Yīng'ài juéde Ōuwén de Hànyǔ zěnmeyàng?

What does Young Ae think of Irving's Chinese?

☐ **朗读对话二，注意发音和语气。** Read Dialogue 2 aloud, pay attention to the pronunciation and the tone.

欧文:	你好！上课去[1]吗？
Ōuwén:	Nǐ hǎo! Shàng kè qù ma?
英爱:	是啊。你是哪个班的？
Yīng'ài:	Shì a. Nǐ shì nǎge bān de?
欧文:	4班的。我叫欧文。
Ōuwén:	Sì bān de. Wǒ jiào Ōuwén.
英爱:	我是5班的，我叫李
Yīng'ài:	Wǒ shì wǔ bān de. Wǒ jiào Lǐ
英爱	英爱。
	Yīng'ài.
欧文:	你是韩国人吧？
Ōuwén:	Nǐ shì Hánguó rén ba?
英爱:	对。你呢？你是哪国人？
Yīng'ài:	Duì. Nǐ ne? Nǐ shì nǎ guó rén?
欧文:	我是美国人。
Ōuwén:	Wǒ shì Měiguó rén.
英爱:	你的汉语说得真好[2]。
Yīng'ài:	Nǐ de Hànyǔ shuō de zhēn hǎo.
欧文:	哪里哪里[3]！
Ōuwén:	Nǎlǐ nǎlǐ!

Irving:	Hello! Are you heading for class?
Young Ae:	Yes. Which class are you in?
Irving:	Class 4. I'm Irving.
Young Ae:	I'm in Class 5. My name is Lee Young Ae.
Irving:	You must be Korean.
Young Ae:	Right. What about you? Where are you from?
Irving:	I'm American.
Young Ae:	Your Chinese is incredible.
Irving:	Not at all!

Tips:

1. "Aim + 去" means to leave one's current position for the aim. E.g. 吃饭去，看电影 (diànyǐng movie) 去。

2. "Verb + 得 + word / phrase of evaluation" expresses one's evaluation. E.g. 他唱 (chàng sing) 得真棒！

3. 哪里哪里 is a polite response to praise given. E.g. A: 你的汉字 (Hànzì Chinese character) 写得真好。B: 哪里哪里。

❑ 根据对话二填空，并试着说说对话二的内容。Fill in the blanks according to Dialogue 2, and then make an effort to tell the story in Dialogue 2.

欧文是_____人，他是_____的。李英爱是_____人，她是_____的。
Ōuwén shì_____rén, tā shì_____de. Lǐ Yīng'ài shì_____rén, tā shì_____de.

他们都去_____，英爱觉得欧文的汉语_____，欧文说_____。
Tāmen dōu qù_____, Yīng'ài juéde Ōuwén de Hànyǔ_____, Ōuwén shuō_____.

A tip for students

You may fill in the blanks with *Pinyin* as well.

三

❑ 听两遍录音，然后判断正误。Listen to the recording twice, and then decide whether the following statements are true or false. 🔊 01-05

(1) 春香最近很好。 ☐
Chūnxiāng zuìjìn hěn hǎo.

(2) 李老师每天都有课。 ☐
Lǐ lǎoshī měi tiān dōu yǒu kè.

(3) 李老师现在教6班。 ☐
Lǐ lǎoshī xiànzài jiāo liù bān.

(4) 春香的班有25个人。 ☐
Chūnxiāng de bān yǒu èrshíwǔ ge rén.

❑ 朗读对话三，注意发音和语气。Read Dialogue 3 aloud, pay attention to the pronunciation and the tone.

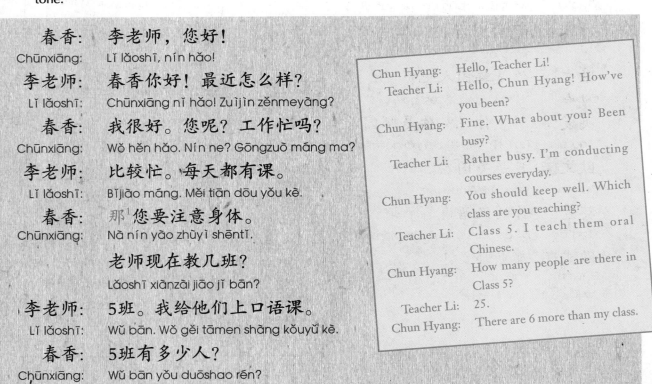

春香： 李老师，您好！
Chūnxiāng: Lǐ lǎoshī, nín hǎo!

李老师： 春香你好！最近怎么样？
Lǐ lǎoshī: Chūnxiāng nǐ hǎo! Zuìjìn zěnmeyàng?

春香： 我很好。您呢？工作忙吗？
Chūnxiāng: Wǒ hěn hǎo. Nín ne? Gōngzuò máng ma?

李老师： 比较忙。每天都有课。
Lǐ lǎoshī: Bǐjiào máng. Měi tiān dōu yǒu kè.

春香： 那[1]您要注意身体。
Chūnxiāng: Nà nín yào zhùyì shēntǐ.

老师现在教几班？
Lǎoshī xiànzài jiāo jǐ bān?

李老师： 5班。我给他们上口语课。
Lǐ lǎoshī: Wǔ bān. Wǒ gěi tāmen shàng kǒuyǔ kè.

春香： 5班有多少人？
Chūnxiāng: Wǔ bān yǒu duōshao rén?

Chun Hyang:	Hello, Teacher Li!
Teacher Li:	Hello, Chun Hyang! How've you been?
Chun Hyang:	Fine. What about you? Been busy?
Teacher Li:	Rather busy. I'm conducting courses everyday.
Chun Hyang:	You should keep well. Which class are you teaching?
Teacher Li:	Class 5. I teach them oral Chinese.
Chun Hyang:	How many people are there in Class 5?
Teacher Li:	25.
Chun Hyang:	There are 6 more than my class.

李老师: 有25个人。
Lǐ lǎoshī: Yǒu èrshíwǔ ge rén.

春香: 比我们班多6个人²呢。
Chūnxiāng: Bǐ wǒmen bān duō liù ge rén ne.

Tips:

1. 那 is a conjunction here. It is the same as 那么. E.g. A: 明天我有事, B: 那我自己去吧。

2. In comparative sentences, quantifiers should be put after adjectives. E.g. 他比我大两岁。他比我两岁大 is not the correct way.

❑ **根据对话三，回答下列问题。** Answer the questions below according to Dialogue 3.

① 李老师最近怎么样?
Lǐ lǎoshī zuìjìn zěnmeyàng?

② 李老师现在教几班? 上什么课?
Lǐ lǎoshī xiànzài jiāo jǐ bān? Shàng shénme kè?

③ 春香的班有多少人? 你怎么知道的?
Chūnxiāng de bān yǒu duōshao rén? Nǐ zěnme zhīdào de?

❑ **和同伴一起，根据下面的提示说说对话三的内容。** Tell the story in Dialogue 3 according to the given hints with your partner.

李老师最近_____，春香告诉老师要_____。李老师现在给_____上_____
Lǐ lǎoshī zuìjìn _____, Chūnxiāng gàosu lǎoshī yào _____. Lǐ lǎoshī xiànzài gěi _____ shàng _____

课，他们班有_____，比_____多_____人。
kè, tāmen bān yǒu _____, bǐ _____ duō _____ rén.

❑ **听两遍录音，然后判断正误。** Listen to the recording twice, and then decide whether the following statements are true or false. 01-06

① 欧文要去找大龙。 ☐
Ōuwén yào qù zhǎo Dàlóng.

③ 大龙的名字是老师给起的。 ☐
Dàlóng de míngzi shì lǎoshī gěi qǐ de.

② 大龙是中国人。 ☐
Dàlóng shì Zhōngguó rén.

□ 朗读对话四，注意发音和语气。Read Dialogue 4 aloud, pay attention to the pronunciation and the tone.

大龙: 欧文，出去啊[1]?
Dàlóng: Ōuwén, chūqu a?

欧文: 是啊，我们正要去找你呢[2]。
Ōuwén: Shì a, wǒmen zhèng yào qù zhǎo nǐ ne.

大龙: 这位是……？
Dàlóng: Zhè wèi shì ......?

欧文: 我来介绍一下，这是玛莎。
Ōuwén: Wǒ lái jièshào yíxià, zhè shì Mǎshā.

大龙: 你好玛莎！我的中文
Dàlóng: Nǐ hǎo Mǎshā! Wǒ de Zhōngwén

名字叫大龙。
míngzi jiào Dàlóng.

玛莎: 大龙你好！你的名字真棒！
Mǎshā: Dàlóng nǐ hǎo! Nǐ de míngzi zhēn bàng!

大龙: 谢谢！这个名字是老师
Dàlóng: Xièxie! Zhège míngzi shì lǎoshī

给我起的。
gěi wǒ qǐ de.

玛莎: 认识你很高兴。
Mǎshā: Rènshi nǐ hěn gāoxìng.

Dalong:	Going somewhere, Irving?
Irving:	Yeah, we're looking for you.
Dalong:	This is…?
Irving:	Allow me to introduce, this is Masha.
Dalong:	Hello, Masha. My Chinese name is Dalong.
Masha:	Hello, Dalong. Your name's great!
Dalong:	Thanks. It was given by my teacher.
Masha:	Glad to meet you.

Tips:

1. Here, 出去啊 is used to greet someone when you see him / her going out. It is only a way to greet in Chinese, without the intention of knowing the precise situation. Therefore, it is not necessarily answered in detail. E.g. 你去哪儿? 你回去了? etc. Influenced by the ü in the previous syllable, 啊 is pronounced ya here.

2. 正要……呢 shows that the speaker is thinking of doing or just about to do something. E.g. 我正要给你打电话呢。

□ 根据对话四填空，并试着说说对话四的内容。Fill in the blanks according to Dialogue 4, and then make an effort to tell the story in Dialogue 4.

大龙去找欧文，欧文＿＿＿＿＿＿找他呢。欧文给大龙＿＿＿＿＿＿一个朋友，

Dàlóng qù zhǎo Ōuwén, Ōuwén＿＿＿＿＿＿ zhǎo tā ne. Ōuwén gěi Dàlóng ＿＿＿＿＿ yí ge péngyou,

她叫玛莎。大龙告诉玛莎他的＿＿＿＿＿＿是老师给＿＿＿＿＿，玛莎觉得这个名字＿＿＿＿＿。

tā jiào Mǎshā. Dàlóng gàosu Mǎshā tā de ＿＿＿＿＿ shì lǎoshī gěi ＿＿＿＿＿, Mǎshā juéde zhège míngzi ＿＿＿＿＿.

她跟大龙说："认识你＿＿＿＿＿＿。"

Tā gēn Dàlóng shuō: "Rènshi nǐ ＿＿＿＿＿＿."

□ 说一说。Say it.

① 你有中文名字吗？这个名字是谁给你起的？

Nǐ yǒu Zhōngwén míngzi ma? Zhège míngzi shì shuí gěi nǐ qǐ de?

Do you have a Chinese name? Who gave you this name?

② 你还知道哪些中国人的名字？

Nǐ hái zhīdào nǎxiē Zhōngguó rén de míngzi?

What other Chinese people's names do you know?

③ 在你们国家女人常见的名字有哪些？男人常用的名字有哪些？

Zài nǐmen guójiā nǚrén chángjiàn de míngzi yǒu nǎxiē? Nánrén chángyòng de míngzi yǒu nǎxiē?

What are the common female names in your country? And common male names?

☐ **朗读下面的短文，然后模仿短文介绍一下自己的班。** Read the passage below aloud, and then imitate the passage to introduce your class. 🔘 01-07

> 这个学期(semester)我在4班学习。我们班有19个人，比5班少6个。其中(amongst)有8个男(male)同学，11个女(female)同学。我们有4位老师，口语老师姓王，叫王红。
>
> Zhège xuéqī wǒ zài sì bān xuéxí. Wǒmen bān yǒu shíjiǔ ge rén, bǐ wǔ bān shǎo liù ge. Qízhōng yǒu bā ge nán tóngxué, shíyī ge nǚ tóngxué. Wǒmen yǒu sì wèi lǎoshī, kǒuyǔ lǎoshī xìng Wáng, jiào Wáng Hóng.

活动 Activities

一、双人活动 Pair work

1. **画线将小词库中的词语与相应的图片连接起来，然后和同伴谈论图片中的几种情况，应该怎么打招呼？** Match the words in the word bank with their corresponding pictures, and then discuss with your partner how to greet in the situations in the pictures.

① 在宿舍楼
in the dormitory

② 在住宅区
in the district

③ 在办公室
in the office

Word bank

上班	运动
shàng bān	yùndòng
go to work	do sports
回家	买早点
huí jiā	mǎi zǎodiǎn
go home	buy breakfast

2. 根据图片中场景试着模拟表演。Make an effort to act out the situations in the pictures.

二、双人活动 Pair work

1. 利用下面的表格准备一下，然后和同伴交流一下个人信息。Make preparations according to the following form, and then exchange your personal information with your partner.

	Chinese name	Nationality	Age	Hobbies	Other information
Yourself					
Your partner					

2. 向大家介绍你的同伴。Introduce your partner to the class.

三、小组活动 Group work

3–4人一组。新学期开学，在你的班里有以前的同学，也会有新来的同学。分别找一个以前认识的同学和一个新同学打个招呼，问问情况，然后给组内同学说说你了解到的情况。Work in groups of 3 or 4. There are old classmates as well as new classmates in your class in the new semester. Greet an old classmate and a new classmate, gather some information about them, and then tell your group what you have found out.

	Information acquired
Partner 1	
Partner 2	
Partner 3	
Partner 4	

❑ 你可以参考以下问题。The questions below are for your reference.

① 你最近怎么样？
Nǐ zuìjìn zěnmeyàng?
How've you been?

② 假期过得怎么样/去哪儿了？
Jiàqī guò de zěnmeyàng / qù nǎr le?
How was your vacation? / Where have you been during your vacation?

③ 你叫什么名字/是哪国人？
Nǐ jiào shénme míngzi / shì nǎ guó rén?
What is your name? / Where are you from?

④ 你以前(previously)是哪个班的？
Nǐ yǐqián shì nǎge bān de?
Which class were you previously in?

语言练习 Language Focus

一、语音和语调 Pronunciation and intonation

1. 听录音，选择你听到的音节。Listen to the recording and choose the syllables you've heard. 🔘 01-08

   ① du-tu   jia-qia-xia   guo-kuo-huo
   zui-cui   ma-na-la   zhen-shen-ren

   ② jia-jian   ban-bang   jie-jiu

   ③ guǒ-guǒ   duǎn-duǎn   bān-bàn   qǐ-qí
   hǎojiǔ-hǎojiǔ   bújiǎn-bǔjiǎn   zhǔyi-zhǔyì   jièshǎo-jièshǎo
   zhōngwén-zhǒngwèn

2. 朗读下列词语，体会重音。Read the words below and feel the accents. 🔘 01-09

   ① 前重后轻 strong-weak

名字	认识	哪个
míngzi	rènshi	nǎge

   ② 前中后重 medium-strong

假期	不错	最近	身体
jiàqī	búcuò	zuìjìn	shēntǐ
口语	星期	中文	
kǒuyǔ	xīngqī	Zhōngwén	

   Tip:

   There are two pronouncing types for disyllabic Chinese words: medium-strong and strong-weak. Medium-strong type indicates that the previous syllable should be pronounced short while the latter should be pronounced long; strong-weak type indicates that the previous syllable should be pronounced long while the latter should be pronounced short.

3. 朗读下列句子，注意语音语调。Read the following sentences aloud and pay attention to the accents.

   ① 你哪天回来的？
   Nǐ nǎ tiān huílai de?

   ② 昨天下午刚回来，你呢？
   Zuótiān xiàwǔ gāng huílai, nǐ ne?

   ③ 你是韩国人吧？
   Nǐ shì Hánguó rén ba?

   ④ 你的汉语说得真好！
   Nǐ de Hànyǔ shuō de zhēn hǎo!

   ⑤ 我们正要去找你呢。
   Wǒmen zhèngyào qù zhǎo nǐ ne.

   ⑥ 这位是……？
   Zhè wèi shì...?

   ⑦ 这个名字是一个中国朋友给我起的。
   Zhège míngzi shì yíge Zhōngguó péngyou gěi wǒ qǐ de.

二、替换练习 Substitution exercises

① 你 哪天　　　　回来的？
Nǐ nǎ tiān　　　huílai de?

跟谁　　　　去
gēn shuí　　　qù

怎么　　　　来
zěnme　　　 lái

什么时候　　走
shénme shíhou zǒu

② 我 回来 一个星期 了。
Wǒ huílai yí ge xīngqī le.

去　　三次
qù　　sān cì

写　　半个小时 (hour)
xiě　　bàn ge xiǎoshí

说　　两遍 (time)
shuō　　liǎng biàn

③ 假期 过得怎么样？
Jiàqī guò de zěnmeyàng?

最近
zuìjìn

生日
shēngrì

周末 (weekend)
zhōumò

④ 还不错，就是时间 太 短 了。
Hái búcuò, jiùshì shíjiān tài duǎn le.

东西　　贵 (expensive)
dōngxi　　guì

说得　　快
shuō de　　kuài

写得　　少
xiě de　　shǎo

⑤ 我们正要 去找你 呢。
Wǒmen zhèng yào qù zhǎo nǐ ne.

吃饭 (dine)
chī fàn

回家
huí jiā

去上课
qù shàng kè

⑥ 你的 汉语　　　　说得真 好！
Nǐ de Hànyǔ　　　shuō de zhēn hǎo!

名字　　　　　起　　棒
míngzi　　　　 qǐ　　bàng

汉字 (Chinese character) 写　　漂亮 (beautiful)
Hànzì　　　　　　xiě　　piàoliang

球　　　　　　　打　　不错
qiú　　　　　　　dǎ　　búcuò

三、口语常用语及常用格式 Common oral expressions and patterns

1. 用"（是）……的"完成下列对话。Complete the following dialogues with （是）……的.

① A：山本几点来的？
　　Shānběn jǐ diǎn lái de?

　 B：＿＿＿＿＿＿＿＿＿＿。

② A：这个礼物 (gift) 是谁给你的？
　　Zhège lǐwù shì shuí gěi nǐ de?

　 B：＿＿＿＿＿＿＿＿＿＿。

③ A：玛莎跟谁去的？
　　Mǎshā gēn shuí qù de?

　 B：＿＿＿＿＿＿＿＿＿＿。

④ A：王军是哪天走的？
　　Wáng Jūn shì nǎ tiān zǒu de?

　 B：＿＿＿＿＿＿＿＿＿＿。

2. 模仿例句，用"比"完成句子。 Imitate the sample sentence to complete the following sentences with 比.

Example： A：5班的人比你们班多吗？
　　　　　　Wǔ bān de rén bǐ nǐmen bān duō ma?

　　　　　B：5班比我们班多6个人。
　　　　　　Wǔ bān bǐ wǒmen bān duō liù ge rén.

① 我18岁，他20岁。　　　（大）
　　Wǒ shíbā suì, tā èrshí suì.　(dà)

　A：他比你大吗？　　　　　　　　　　B：_____。
　　Tā bǐ nǐ dà ma?

② 这件衣服 (garment) 500元 (yuan)，那件衣服200元。（贵）
　　Zhè jiàn yīfu wǔbǎi yuán, nà jiàn yīfu èrbǎi yuán.　(guì)

　A：这件衣服比那件贵吗？　　　　　　B：_____。
　　Zhè jiàn yīfu bǐ nà jiàn guì ma?

③ 我们班有10个男同学，5个女同学。　　　（多）
　　Wǒmen bān yǒu shí ge nán tóngxué, wǔ ge nǚ tóngxué. (duō)

　A：你们班男同学比女同学多吗？　　　　B：_____。
　　Nǐmen bān nán tóngxué bǐ nǚ tóngxué duō ma?

扩展活动 Extended Activities

一、找一个高年级或低年级的班，举办一个联谊晚会 Hold a fellowship party together with a class of higher grade or lower grade

1. **利用下面的表格准备一下自己的情况。** Prepare your own information according to the following form.

2. **在晚会上要尽量多交几个朋友。** Try your best to make some more friends at the party.

3. **在第二天的课上向大家介绍你认识的新朋友。** Introduce your new friends to your classmates at the next day's class.

	Basic information	Words or sentences to be used
Yourself		
New friend A		
New friend B		

	Basic information	Words or sentences to be used
New friend C		

二、看图编故事并表演 Make up a story according to the following pictures and act

我不认识你!
Wǒ bú rènshi nǐ!

① ② ③ ④

三、课堂游戏： 击鼓传花 In-class game: hit the drum and pass on the flower

把一个同学的眼睛蒙上，让他用手敲击桌子，同时大家快速传递一朵花（可以用任何东西代替花），当敲击停止的时候，花在谁的手里，大家就要依次用汉语说关于这个人的信息，让蒙着眼睛的同学猜。猜不中要给大家唱歌，猜中的话，就把拿花同学的眼睛蒙上，游戏继续进行。Cover a person's eyes and make him / her knock on the desk. Meanwhile, the other students pass on a flower (which can be substituted by anything else) one to another quickly. When the knocking stops, everyone tells information about the person with the flower in Chinese in turn and makes the person with eyes covered guess who is being introduced. The person should sing a song to the class if his / her guess fails; otherwise the eyes of the person with the flower should be covered and the class keeps on with the game.

总结与评价 Summary and Evaluation

一、语句整理。Summary.

你学会用汉语打招呼了吗？利用下面的表格复习一下，明天出门的时候记着试一试。
Have you learned to greet in Chinese? Review what you have learned according to the following form. Make sure to do some tryout tomorrow.

Object to greet	What to say
天天见面的熟人 **An acquaintance whom you meet everyday**	

Object to greet	What to say
很久没见面的熟人 An acquaintance whom you haven't seen for a long time	
以前的老师 A previous teacher of yours	
现在的老师 A current teacher of yours	
常见面但还不认识的人 A person you often meet but haven't got to know	

二、完成任务的自我表现评价。Self-evaluation.

- Are you satisfied with your own performance?

  Very good   good   not so good   bad

- Your own evaluation

  A   B   C   Your willingness to state your opinions

  A   B   C   Your willingness to raise your questions

  A   B   C   Your enthusiasm to gather useful information

第 2 课

你几点睡的？ (Nǐ jǐ diǎn shuì de?)

When Did You Go to Bed?

目标 | Objectives

1 复习数字1–100的表达。Review numbers 1 to 100.

2 复习表达日常生活的词语。Review words of daily life.

3 学习询问和表达时间。Learn to enquire and express time.

4 学习简单了解和介绍日常生活。Learn to briefly get to know and introduce daily life.

准备 Preparation

1. 快速读出下列数字和电话号码。Read out the figures and telephone numbers below as fast as you can.

① 13　46　75　28　90

② 105　421　6304　1108

③ 69538571　18501185174　87432916

> **给教师的提示**
>
> 您也可以将这些数字和号码写在卡片上出示给学生。别忘了提醒学生"1"和"o"的读法。

2. 读一读下面的词语，想想你什么时候做这些事情。Read the words below and imagine at what time you do these things.

吃饭
chī fàn

睡觉
shuì jiào

上课
shàng kè

起床
qǐ chuáng

上网
shàng wǎng

洗澡
xǐ zǎo

词 语 Words and Expressions

❑ **朗读下列词语，注意发音和词语的意思。** Read the following words aloud, pay attention to the pronunciation and the meanings. 🔘 02-01

1 号 hào date	**2** 星期日 xīngqīrì Sunday	**3** 生日 shēngrì birthday	**4** 马上 mǎshàng right away	**5** 晚会 wǎnhuì party	**6** 酒吧 jiǔbā bar	**7** 同意 tóngyì agree
8 差 chà to	**9** 刻 kè quarter	**10** 晚 wǎn later	**11** 得 děi have to	**12** 一会儿 yíhuìr a while	**13** 吃饭 chī fàn dine	**14** 约会 yuēhuì date, appointment
15 哦 ò oh	**16** 球 qiú ball	**17** 后天 hòutiān the day after tomorrow		**18** 睡 shuì go to bed	**19** 有点儿 yǒudiǎnr a bit	**20** 困 kùn sleepy
21 平时 píngshí ordinarily	**22** 睡觉 shuì jiào sleep	**23** 左右 zuǒyòu about	**24** 周末 zhōumò weekend	**25** 中午 zhōngwǔ noon	专有名词 **Proper noun**	**26** 王军 Wáng Jūn Wang Jun

❑ **选择合适的词语进行搭配。** Match the words below with the proper words.

马上
mǎshàng   一会儿
yíhuìr   左右
zuǒyòu   有点儿
yǒudiǎnr

❑ **词语搭积木。** Word bricks.

Example: 人   生日   睡觉   约会

rén   shēng rì   shuì jiào   yuēhuì

日本人   □□□生日   □□睡觉   □□约会
Rìběn rén

是日本人   □□□□生日   □□□□睡觉   □□□约会
shì Rìběn rén

句子 Sentences

❑ 听录音，填词语，然后朗读下列句子。Listen to the recording, fill in the blanks, and then read the sentences aloud. 🔊 02-02

① 今天_____?

Jīntiān jǐ hào?

What is the date today?

② 8号是_____吧?

Bā hào shì xīngqīliù ba?

The 8th is Saturday, right?

③ 星期日是欧文的_____。

Xīngqīrì shì Ōuwén de shēngrì.

Sunday's Irving's birthday.

④ _____几点了?

Xiànzài jǐ diǎn le?

What time is it?

⑤ _____一刻六点。

Chà yí kè liù diǎn.

(It's) a quarter to 6.

⑥ 六点半我有个_____。

Liù diǎn bàn wǒ yǒu ge yuēhuì.

I have an appointment at half past 6.

⑦ 你_____每天几点睡觉?

Nǐ píngshí měi tiān jǐ diǎn shuì jiào?

What time do you go to bed everyday?

⑧ 我每天都11点_____，_____会晚一些。

Wǒ měi tiān dōu shíyī diǎn zuǒyòu, zhōumò huì wǎn yìxiē.

Around 11 on weekdays, and later on weekends.

⑨ 今天中午我要多睡_____。

Jīntiān zhōngwǔ wǒ yào duō shuì yíhuìr.

I'll have more sleep at noon.

❑ 看图片，和同伴商量他们可能在说什么。Look at the pictures and discuss with your partner what they are probably talking about.

①　　　　　　　　　　　②

□ 和同伴一起，选择合适的句子完成下列对话。Select the proper sentences to complete the dialogues below with your partner.

1. A: ＿＿＿＿＿＿＿＿？

   B: 今天4号。
   Jīntiān sì hào.
   Today is the 4th.

2. A: ＿＿＿＿＿＿＿＿？

   B: 我平时12点左右睡觉。
   Wǒ píngshí shí'èr diǎn zuǒyòu shuì jiào.
   I go to bed around 12.

3. A: 晚上一起吃饭吧？
   Wǎnshang yìqǐ chī fàn ba?
   Let's go have dinner tonight.

   B: 今天不行，＿＿＿＿＿＿＿＿。
   Jīntiān bù xíng,＿＿＿＿＿＿＿.
   Not today, ＿＿＿＿＿＿.

情景 Situations

一

□ 听两遍录音，并回答下列问题。Listen to the recording twice and then answer the questions.
🔘 02-03

1. 今天几号？
   Jīntiān jǐ hào?
   What is the date today?

2. 8号是星期几？
   Bā hào shì xīngqī jǐ?
   What day is the 8th?

3. 欧文的生日是星期几？
   Ōuwén de shēngrì shì xīngqī jǐ?
   What day is Irving's birthday?

4. 欧文生日的时候他们要去哪儿？
   Ōuwén shēngrì de shíhou tāmen yào qù nǎr?
   Where are they going on Irving's birthday?

□ 朗读对话一，注意发音和语气。Read Dialogue 1 aloud, pay attention to the pronunciation and the tone.

春香： 王军，今天几号？
Chūnxiāng: Wáng Jūn, jīntiān jǐ hào?

王军： 今天4号。
Wáng Jūn: Jīntiān sì hào.

春香： 8号是星期六吧？
Chūnxiāng: Bā hào shì xīngqīliù ba?

王军： 不是星期六，是星期日。
Wáng Jūn: Bú shì xīngqīliù, shì xīngqīrì.

春香： 星期日是欧文的生日。
Chūnxiāng: Xīngqīrì shì Ōuwén de shēngrì.

Tips:
1. 马上就……了 expresses that something is just about to happen. E.g. 他马上就来了。
2. Here, 吧 indicates a tone of suggestion.

王军： 对呀！他马上就20岁了[1]。
Wáng Jūn: Duì ya! Tā mǎshàng jiù èrshí suì le.

春香： 咱们给他开个生日晚会吧[2]。
Chūnxiāng: Zánmen gěi tā kāi ge shēngrì wǎnhuì ba.

王军： 行！去哪儿好呢？
Wáng Jūn: Xíng! Qù nǎr hǎo ne?

春香： 去欧文最喜欢的酒吧怎么样？
Chūnxiāng: Qù Ōuwén zuì xǐhuan de jiǔbā zěnmeyàng?

王军： 我同意。
Wáng Jūn: Wǒ tóngyì.

Chun Hyang:	What is the date today?
Wang Jun:	The 4th.
Chun Hyang:	The 8th is Saturday, right?
Wang Jun:	No, Sunday.
Chun Hyang:	Sunday's Irving's birthday.
Wang Jun:	Right! He's turning 20 real soon.
Chun Hyang:	Let's hold a birthday party for him.
Wang Jun:	Sure! Where shall we go then?
Chun Hyang:	How about his favourite bar?
Wang Jun:	I agree.

❑ **根据对话一，判断下列说法是否正确。** Decide whether the following statements are true or false according to Dialogue 1.

① 今天4号。　　　　　　　　　☐
Jīntiān sì hào.

② 8号是星期六。　　　　　　　☐
Bā hào shì xīngqīliù

③ 星期日是欧文的生日。　　　☐
Xīngqīrì shì Ōuwén de shēngrì.

④ 欧文已经20岁了。　　　　　☐
Ōuwén yǐjīng èrshí suì le.

⑤ 欧文想去酒吧开生日晚会。☐
Ōuwén xiǎng qù jiǔbā kāi shēngrì wǎnhuì.

❑ **和同伴一起，根据下面的提示说说对话一的内容。** Tell the story in Dialogue 1 according to the given hints with your partner.

今天……，8号不是……是……，星期日是……，他马上……。春香说要……，
Jīntiān…, bā hào bú shì… shì…, xīngqīrì shì…, tā mǎshàng… . Chūnxiāng shuō yào… .

他们想去……。
tāmen xiǎng qù … .

（二）

❑ **听两遍录音，然后判断正误。** Listen to the recording twice, and then decide whether the following statements are true or false. 🔘 02-04

① 现在六点一刻。　　　　　　　　　☐
Xiànzài liù diǎn yí kè.

② 欧文和山本六点一起去吃饭。 ☐
Ōuwén hé Shānběn liù diǎn yìqǐ qù chī fàn.

③ 欧文六点一刻有个约会。 ☐
Ōuwén liù diǎn yí kè yǒu ge yuēhuì.

④ 山本和欧文明天下午一起打球。 ☐
Shānběn hé Ōuwén míngtiān xiàwǔ yìqǐ dǎ qiú.

☐ **朗读对话二，注意发音和语气。** Read Dialogue 2 aloud, pay attention to the pronunciation and the tone.

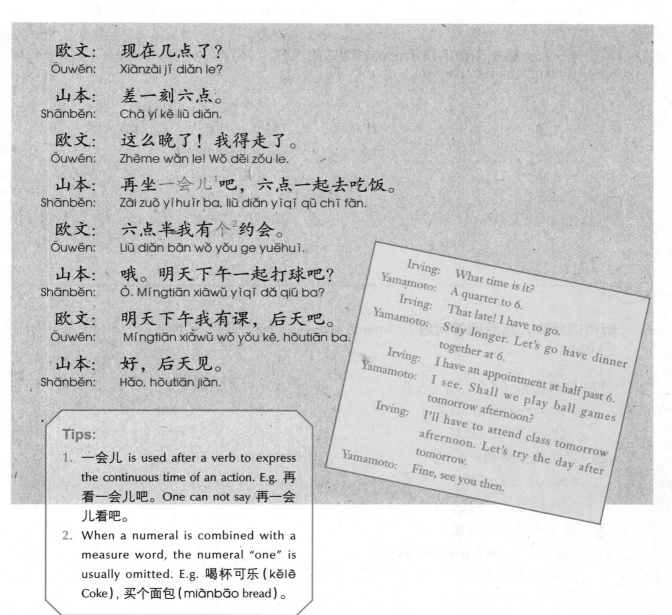

欧文：　现在几点了？
Ōuwén:　Xiànzài jǐ diǎn le?

山本：　差一刻六点。
Shānběn:　Chà yí kè liù diǎn.

欧文：　这么晚了！我得走了。
Ōuwén:　Zhème wǎn le! Wǒ děi zǒu le.

山本：　再坐一会儿¹吧，六点一起去吃饭。
Shānběn:　Zài zuò yíhuìr ba, liù diǎn yìqǐ qù chī fàn.

欧文：　六点半我有个²约会。
Ōuwén:　Liù diǎn bàn wǒ yǒu ge yuēhuì.

山本：　哦。明天下午一起打球吧？
Shānběn:　Ò. Míngtiān xiàwǔ yìqǐ dǎ qiú ba?

欧文：　明天下午我有课，后天吧。
Ōuwén:　Míngtiān xiàwǔ wǒ yǒu kè, hòutiān ba.

山本：　好，后天见。
Shānběn:　Hǎo, hòutiān jiàn.

Irving:　What time is it?
Yamamoto:　A quarter to 6.
Irving:　That late! I have to go.
Yamamoto:　Stay longer. Let's go have dinner together at 6.
Irving:　I have an appointment at half past 6.
Yamamoto:　I see. Shall we play ball games tomorrow afternoon?
Irving:　I'll have to attend class tomorrow afternoon. Let's try the day after tomorrow.
Yamamoto:　Fine, see you then.

Tips:

1. 一会儿 is used after a verb to express the continuous time of an action. E.g. 再看一会儿吧。One can not say 再一会儿看吧。

2. When a numeral is combined with a measure word, the numeral "one" is usually omitted. E.g. 喝杯可乐 (kělè Coke), 买个面包 (miànbāo bread)。

□ **画线连接。** Match the sentences with their proper responses.

1 现在几点了？
Xiànzài jǐ diǎn le?

2 这么晚了！我得走了。
Zhème wǎn le! Wǒ děi zǒu le.

3 六点半我有个约会。
Liù diǎn bàn wǒ yǒu ge yuēhuì.

4 明天下午一起打球吧？
Míngtiān xiàwǔ yìqǐ dǎ qiú ba?

A 明天下午我有课，后天吧。
Míngtiān xiàwǔ wǒ yǒu kè, hòutiān ba.

B 哦。
Ò.

C 差一刻六点。
Chà yíkè liù diǎn.

D 再坐一会儿吧，六点一起去吃饭。
Zài zuò yíhuìr ba, liù diǎn yìqǐ qù chī fàn.

□ **和同伴一起，根据下面的提示说说对话二的内容。** Tell the story in Dialogue 2 according to the given hints with your partner.

现在差……，欧文得……，因为他……。山本想明天……，但是欧文……，
Xiànzài chà … , Ōuwén děi … , yīnwèi tā … . Shānběn xiǎng míngtiān … , dànshì Ōuwén … ,

所以，他们……。
suǒyǐ, tāmen … .

□ **听两遍录音，然后回答问题。** Listen to the recording twice and then answer the questions.
02-05

1 欧文怎么了？
Ōuwén zěnme le?
What's wrong with Irving?

2 欧文几点睡的？
Ōuwén jǐ diǎn shuì de?
What time did Irving go to bed?

3 欧文平时几点睡觉？
Ōuwén píngshí jǐ diǎn shuì jiào?
What time does Irving go to bed usually?

4 春香平时几点睡觉？
Chūnxiāng píngshí jǐ diǎn shuì jiào?
What time does Chun Hyang go to bed usually?

5 欧文中午要做什么？
Ōuwén zhōngwǔ yào zuò shénme?
What is Irving going to do at noon?

❑ **朗读对话三，注意发音和语气。** Read Dialogue 3 aloud, pay attention to the pronunciation and the tone.

春香: 欧文，你怎么了？
Chūnxiāng: Ōuwén, nǐ zěnme le?

欧文: 昨天晚上睡得太晚，有点儿[1]困。
Ōuwén: Zuótiān wǎnshang shuì de tài wǎn, yǒudiǎnr kùn.

春香: 你几点睡的？
Chūnxiāng: Nǐ jǐ diǎn shuì de?

欧文: 快三点才[2]睡。
Ōuwén: Kuài sān diǎn cái shuì.

春香: 啊[3]？那你平时每天几点睡觉？
Chūnxiāng: Á? Nà nǐ píngshí měi tiān jǐ diǎn shuì jiào?

欧文: 12点左右。你呢？
Ōuwén: Shí'èr diǎn zuǒyòu. Nǐ ne?

春香: 我每天都11点左右，周末会晚一些。
Chūnxiāng: Wǒ měi tiān dōu shíyī diǎn zuǒyòu, zhōumò huì wǎn yìxiē.

欧文: 今天中午我要多睡一会儿。
Ōuwén: Jīntiān zhōngwǔ wǒ yào duō shuì yíhuìr.

Chun Hyang:	What's wrong with you, Irving?
Irving:	I went to bed too late last night. I'm feeling sleepy.
Chun Hyang:	What time did you go to bed?
Irving:	At almost 3.
Chun Hyang:	Ah? What time do you go to bed everyday?
Irving:	Around 12. And you?
Chun Hyang:	Around 11 on weekdays, and later on weekends.
Irving:	I'll have more sleep at noon.

Tips:

1. 有点儿 expresses a degree which is not high and means "a bit". It is often used to express something not as one wishes. E.g. 有点儿贵, 有点儿忙.
2. Here, 才 expresses that the action or activity starts or ends late. E.g. 他明天才能回来。
3. Here, 啊 expresses a tone of surprise.

❑ **根据对话三填空，并试着说说对话三的内容。** Fill in the blanks according to Dialogue 3, and then make an effort to tell the story in Dialogue 3.

欧文昨天晚上_____，他_____才睡，所以_____。他_____12点左右睡觉，

Ōuwén zuótiān wǎnshang _____, tā _____ cái shuì, suǒyǐ _____. Tā _____ shí'èr diǎn zuǒyòu shuì jiào,

春香11点左右，周末会_____。欧文今天中午要_____。

Chūnxiāng shíyī diǎn zuǒyòu, zhōumò huì_____. Ōuwén jīntiān zhōngwǔ yào_____.

❑ 说一说。Say it.

① 你每天几点睡觉？几点起床？

Nǐ měi tiān jǐ diǎn shuì jiào? Jǐ diǎn qǐ chuáng?

When do you go to bed everyday? When do you get up?

② 你中午睡午觉吗？

Nǐ zhōngwǔ shuì wǔjiào ma?

Do you take a nap at noon?

③ 你觉得睡午觉好不好？为什么？

Nǐ juéde shuì wǔjiào hǎo bu hǎo? Wèi shénme?

Do you think it is good or not to take a nap at noon? Why?

❑ 朗读下面的短文，然后模仿短文说说自己的情况。Read the passage below aloud, and then imitate the passage to introduce your situation. 02-06

　　我们每天上午都有课。早晨(morning)我6:50起床(get up)，7:00洗澡(take a bath)，7:20吃早饭(breakfast)，差一刻八点去教室(classroom)，八点整(exactly)上课。我中午不睡午觉(take a nap at midday)，晚上十一点左右睡觉。周末我不学习，常常跟朋友一起玩，睡得很晚，所以起得也晚。

　　Wǒmen měi tiān shàngwǔ dōu yǒu kè. Zǎochen wǒ liù diǎn wǔshí qǐ chuáng, qī diǎn xǐ zǎo, qī diǎn èrshí chī zǎofàn, chà yíkè bā diǎn qù jiàoshì, bā diǎn zhěng shàng kè. Wǒ zhōngwǔ bú shuì wǔjiào, wǎnshang shíyī diǎn zuǒyòu shuì jiào. Zhōumò wǒ bù xuéxí, chángcháng gēn péngyou yìqǐ wán, shuì de hěn wǎn, suǒyǐ qǐ de yě wǎn.

活 动 Activities

一、看图学词语 Learn the words in the pictures

将小词库中的词语与相应的图片连接起来，然后朗读词语。 Match the words in the word bank with their corresponding pictures, and read the words aloud.

Word bank

逛街	跑步	聊天儿
guàng jiē	pǎo bù	liáo tiānr
go shopping	run	chat
咖啡馆	学习	健身房
kāfēi guǎn	xuéxí	jiānshēn fáng
coffee shop	learn	gymnasium

二、双人活动 Pair work

先利用下面的表格准备一下，然后向你的同伴介绍自己的生活。并和同伴一起看看谁的时间安排得更好。 Make preparations according to the following form and then introduce your life to your partner. Discuss and see who has a better arrangement.

		Time	Activities
Weekday	早晨 **Morning**		
	中午 **Noon**		
	下午 **Afternoon**		
	晚上 **Evening**		
Weekend	早晨 **Morning**		
	中午 **Noon**		
	下午 **Afternoon**		
	晚上 **Evening**		

三、全班活动 Class work

1. 和你的同伴一起去调查班里同学们每天的生活安排。Make a survey of your classmates' daily arrangements with your partner.

> **A tip for students**
>
> You can work on different situations separately.

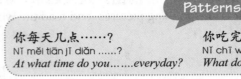

> **Patterns**
>
> 你每天几点……？
> Nǐ měi tiān jǐ diǎn ……?
> *At what time do you……..everyday?*
>
> 你吃完午饭做什么？
> Nǐ chī wán wǔfàn zuò shénme?
> *What do you do after lunch?*

2. 向全班汇报你们的调查情况，说说你们觉得哪位同学的生活安排得比较好。Report your survey to the class and talk about which student has a better arrangement according to your opinions.

四、双人活动 Pair work

明天是王明妈妈的生日，给王明一些建议，让他的妈妈有一个难忘的生日。Tomorrow is the birthday of Wang Ming's mother. Help Wang Ming with some suggestions to give his mother an unforgettable birthday.

> **Word bank**
>
> | 公园 | 晚会 | 商店 | 礼物 |
> | --- | --- | --- | --- |
> | gōngyuán | wǎnhuì | shāngdiàn | lǐwù |
> | park | party | shop | gift |

1. 先填好表格，然后跟同伴说一说你们的想法。Fill in the form first and then talk about your ideas with your partner.

Mother's birthday			
	Time	**Place**	**Activities**
早晨 **Morning**			
下午 **Afternoon**			
晚上 **Evening**			

2. 向大家介绍你们的计划。Introduce your plan to the class.

语言练习 Language Focus

一、语音和语调 Pronunciation and intonation

1. 听录音，选择你听到的音节。 Listen to the recording and choose the syllables you've heard. 🔘 02-07

① he-ke zha-za dou-tou ju-qu
po-mo shen-ren zao-cao

② cha-chao mo-mou men-meng zan-zang

③ hào-hǎo kē-kě shuì-shéi wǎn-wán qiú-jiǔ
mǎshàng-mā shǎng zānmen-zánmen wǎnhuì-wǎnhuī jiǔbā-jiúbā
hòutián-hòutiān zǎofàn-zāofǎn shuìjiào-shuǐjiào zhóumò-zhōumò

2. 朗读下列词语，体会重音。 Read the words below and feel the accents. 🔘 02-08

① **前重后轻** strong-weak

那个	咱们	这么
nàge	zánmen	zhème

② **前中后重** medium-strong

约会	平时	左右	起床	洗澡
yuēhuì	píngshí	zuǒyòu	qǐchuáng	xǐzǎo

3. 朗读下列句子，注意语音语调。 Read the following sentences aloud and pay attention to the accents.

① 不是星期五，是星期四。
Bú shì xīngqīwǔ, shì xīngqīsì.

② 对呀！他马上就18岁了。
Duì ya! Tā mǎshàng jiù shíbā suì le.

③ 去欧文最喜欢的地方怎么样？
Qù Ōuwén zuì xǐhuan de dìfang zěnmeyàng?

④ 明天下午我有事，后天吧。
Míngtiān xiàwǔ wǒ yǒu shì, hòutiān ba.

⑤ 这么晚了，我得回去了。
Zhème wǎn le, wǒ děi huíqu le.

⑥ 昨天我快两点才睡。
Zuótiān wǒ kuài liǎng diǎn cái shuì.

⑦ 昨天晚上睡得太晚，有点儿困。
Zuótiān wǎnshang shuì de tài wǎn, yǒudiǎnr kùn.

二、替换练习 Substitution exercises

① 他　　马上　就　　20岁了。
Tā　mǎshàng jiù　èrshí suì le.

车　　　　　　开
chē　　　　　kāi

王军　　　　　去美国
Wáng Jūn　　qù Měiguó

我们　　　　　毕业(graduate)
wǒmen　　　　bìyè

② 六点半我　　有个约会。
Liù diǎn bàn wǒ yǒu ge yuēhuì.

　　　　　要去上课
　　　　　yào qù shàng kè

　　　　　给你打电话
　　　　　gěi nǐ dǎ diànhuà

　　　　　去吃饭
　　　　　qù chī fàn

③ 昨天晚上　　睡 得太 晚。
Zuótiān wǎnshang shuì de tài wǎn.

　　　　吃　　少
　　　　chī　shǎo

　　　　买　　多
　　　　mǎi　duō

　　　　走　　远
　　　　zǒu　yuǎn

④ 差　一刻　　　　　六点。
Chà yí kè　　　　liù diǎn.

三分钟(minute)　四
sān fēnzhōng　　sì

五分钟　　　　十
wǔ fēnzhōng　　shí

十分钟　　　　八
shí fēnzhōng　　bā

⑤ 快　三点　才　　睡。
Kuài sān diǎn cái　shuì.

上课　　　来
shàng kè　　lái

一年　　　到
yì nián　　dào

一个小时(hour) 完
yí ge xiǎoshí　wán

⑥ 今天中午　我要多　睡 一会儿。
Jīntiān zhōngwǔ wǒ yào duō shuì yíhuìr.

下午　　　　看
xiàwǔ　　　kàn

晚上　　　　写
wǎnshang　　xiě

早晨　　　　学
zǎochen　　xué

三、口语常用语及常用格式 Common oral expressions and patterns

1. 用"有点儿"完成下列对话。Complete the following dialogues with 有点儿.

① A：你家远吗？
Nǐ jiā yuǎn ma?

B：_____。（远）
　　　　　　yuǎn

② A：你们的房间(room)大吗？
Nǐmen de fángjiān dà ma?

B：_____。（小）
　　　　　　xiǎo

③ A：我们现在去酒吧吧？
Wǒmen xiànzài qù jiǔbā ba?

B：_____。（晚）
　　　　　　wǎn

④ A：你觉得老师说得快吗？
Nǐ juéde lǎoshī shuō de kuài ma?

B：_____。（快）
　　　　　　kuài

2. 根据实际情况，跟同伴用"左右"回答问题。Answer the questions with 左右 according to the real situations with your partner.

① 你每天几点睡觉？

Nǐ měi tiān jǐ diǎn shuì jiào?

When do you go to bed everyday?

② 你每天几点吃早饭？

Nǐ měi tiān jǐ diǎn chī zǎofàn?

When do you have breakfast everyday?

③ 你学多长时间汉语了？

Nǐ xué duōcháng shíjiān Hànyǔ le?

How long have you been learning Chinese?

④ 你们国家的人口(population)有多少？

Nǐmen guójiā de rénkǒu yǒu duōshao?

What is the population of your country?

扩展活动 Extended Activities

一、看图编故事并表演 Make up a story according to the following pictures and act

①

②

③

④

二、课堂游戏：我做你猜 In-class game: I act and you guess

两人一组。B同学从教师那里抽取一张卡片，A同学通过B同学的表演，猜出他/她表演的词语。限时1分钟，在限时内猜对的词多者为胜。 Work in pairs. Student B picks out a card from the teacher and act. Student A is required to guess the word from B's acting. The time limit is 1 minute. The very pair that guesses the most words wins.

给教师的提示

您需要提前准备一些词语卡片。

总结与评价 Summary and Evaluation

一、语句整理。Summary.

你能向别人简单介绍自己的日常生活了吗？利用下面的表格复习一下。Can you introduce your daily life to others briefly? Review what you have learned according to the following form.

Words and phrases to express activities of daily life	Sentences used to introduce daily life

二、完成任务的自我表现评价。Self-evaluation.

- Are you satisfied with your own performance?

  Very good　　good　　not so good　　bad

- Your own evaluation

  A　　B　　C　　Your willingness to state your opinions.

  A　　B　　C　　Your willingness to raise your questions.

  A　　B　　C　　Your enthusiasm to gather useful information.

第3课

这个西瓜有几斤？ (Zhège xīguā yǒu jǐ jīn?)
What's the Weight of This Watermelon?

目标 | **Objectives**

1. 复习人民币的表达。Review words of Renminbi.
2. 复习询问价格的基本方式。Review basic ways of asking prices.
3. 学习用各种方式讲价。Learn different ways to bargain.
4. 学习询问重量和尺寸等。Learn to ask about the weights and sizes.
5. 学习简单地描述商品。Learn to describe the merchandises briefly.

准 备 Preparation

1. 看看下面的人民币，算一算一共多少钱？Look at the pictures of Renminbi below, and calculate the total amount.

 一分
yì fēn

 五分
wǔ fēn

 一角
yì jiǎo

 五角
wǔ jiǎo

 一元
yì yuán

 五元
wǔ yuán

 十元
shí yuán

 五十元
wǔshí yuán

 一百元
yìbǎi yuán

2. 和同伴一起说说来中国后第一次买东西的情况。Talk about the situation you've bought something for the first time in China with your partner.

Patterns

你买了什么？花（huā、pay）了多少钱？
Nǐ mǎi le shénme? Huā le duōshao qián?
What did you buy? How much money did you pay?

买东西的时候你说汉语了吗？
Mǎi dōngxi de shíhou nǐ shuō Hànyǔ le ma?
Did you speak Chinese when you were shopping?

3. 看看下面的图片，想想他们可能说了什么？Look at the pictures below and imagine what they are probably talking about.

① ② ③

给教师的提示
您可以帮学生整理一下最简单的关于购物的句子。

词语 Words and Expressions

☐ 朗读下列词语，注意发音和词语的意思。Read the following words aloud, pay attention to the pronunciation and the meanings. 🔘 03-01

给教师的提示
课前别忘了提醒学生预习词语。

1 摊主 tānzhǔ stallholder	2 （一）点儿 (yì) diǎnr a little	3 西瓜 xīguā watermelon	4 斤 jīn catty	5 别的 biéde other	6 葡萄 pútáo grape
7 一共 yígòng altogether	8 拖鞋 tuōxié slipper	9 双 shuāng pair	10 试 shì try	11 挺 tǐng really	12 便宜 piányi cheap	13 样儿 yàngr style
14 售货员 shòuhuòyuán salesperson	15 手机 shǒujī mobile phone	16 随便 suíbiàn randomly	17 帮 bāng help	18 上网 shàng wǎng surf on the Internet	19 颜色 yánsè color
20 贵 guì expensive	21 漂亮 piàoliang pretty	22 T恤 tīxù T-shirt	23 黑 hēi black	24 白 bái white	25 红 hóng red	26 蓝 lán blue

☐ 选择合适的词语进行搭配。Match the words below with the proper words.

一点儿 yìdiǎnr	贵 guì	随便 suíbiàn	一共 yígòng

❑ **词语搭积木。** Word bricks.

Example:	人		双		黑的		好看
	rén		shuāng		hēi de		hǎokàn

日本人　　　　　□双　　　　　□黑的　　　　　□好看
Rìběn rén

是日本人　　　□□□□双　　　□□□黑的　　　□□好看
shì Rìběn rén

我是日本人　□□□□□双　　□□□□□黑的　　□□□□好看
wǒ shì Rìběn rén

给教师的提示
这个练习，您可以按照从上到下的顺序带领学生依次朗读，也可以分为不同的小组先做练习，然后全班交流。

句 子 Sentences

❑ **听录音，填词语，然后朗读下列句子。** Listen to the recording, fill in the blanks, and then read the sentences aloud. 🔘 03-02

给教师的提示
您可以采用各种方式操练句子，并纠正学生的发音。

① 您买_____什么？
Nín mǎi diǎnr shénme?
What do you want?

② 我买_____个可以吗？
Wǒ mǎi bàn ge kěyǐ ma?
Can I buy half of it?

③ _____多少钱一双？
Tuōxié duōshao qián yì shuāng?
How much is one pair of slippers?

④ 您拿一双那种的，我_____。
Nín ná yì shuāng nà zhǒng de, wǒ shìshi.
Please give me that pair, and I will try them on.

⑤ _____一点儿行吗？
Piányi yìdiǎnr xíng ma?
Can it be a little cheaper?

⑥ 25块钱两_____怎么样？
Èrshíwǔ kuài qián liǎng shuāng zěnmeyàng?
How about 25 yuan for 2 pairs?

⑦ 我_____看看。
Wǒ suíbiàn kànkan.
I just have a look randomly.

⑧ _____不错，就是_____了。
Yánsè búcuò, jiùshì tài guì le.
The color is nice, but it is too expensive.

⑨ 这种T恤有_____的吗？
Zhè zhǒng tīxù yǒu hēi de ma?
Do you have black T-shirts of this kind?

⑩ 蓝的也_____好看的。
Lán de yě tǐng hǎokàn de.
The blue one also looks nice.

❑ **看图片，和同伴商量他们可能在说什么。** Look at the pictures and discuss with your partner what they are probably talking about.

① ② ③

❑ **和同伴一起，选择合适的句子完成下列对话。** Select the proper sentences to complete the dialogues below with your partner.

1 A: 您买点儿什么？
Nín mǎi diǎnr shénme?
What do you want?

B: _____。

2 A: _____？

B: 这种没有黑的。
Zhè zhǒng méiyǒu hēi de.
We don't have black of this kind.

3 A: 五十太贵了，_____？
Wǔshí tài guì le, _____?
It is too expensive for fifty yuan, _____?

B: 那就四十吧。
Nà jiù sìshí ba.
How about fourty?

情景 Situations

❑ **听两遍录音，然后回答下列问题。** Listen to the recording twice and then answer the questions.
🔘 03-03

1 欧文想买什么？它怎么卖？
Ōuwén xiǎng mǎi shénme? Tā zěnme mài?
What does Irving want to buy? How much is it?

2 欧文买了多少？
Ōuwén mǎi le duōshao?
How many has Irving bought?

3 欧文还买了什么？多少钱一斤？
Ōuwén hái mǎi le shénme? Duōshao qián yì jīn?
What else has Irving bought? What is the price of one catty?

4 一共多少钱？
Yígòng duōshao qián?
How much money did he pay altogether?

❏ **朗读对话一，注意发音和语气。** Read Dialogue 3 aloud, pay attention to the pronunciation and the tone.

（在水果摊儿）
(Zài shuǐguǒ tānr)

摊主: 您买点儿[1]什么？
Tānzhǔ: Nín mǎi diǎnr shénme?

欧文: 西瓜怎么卖？
Ōuwén: Xīguā zěnme mài?

摊主: 一块二一斤。
Tānzhǔ: Yí kuài èr yì jīn.

欧文: 这个西瓜有几斤？
Ōuwén: Zhège xīguā yǒu jǐ jīn?

摊主: 可能有6、7斤。
Tānzhǔ: Kěnéng yǒu liù, qī jīn.

欧文: 我买半个可以吗[2]？
Ōuwén: Wǒ mǎi bàn ge kěyǐ ma?

摊主: 行。再来[3]点儿别的吧！
Tānzhǔ: Xíng. Zài lái diǎnr biéde ba!

欧文: 葡萄多少钱一斤？
Ōuwén: Pútáo duōshao qián yì jīn?

摊主: 两块五。
Tānzhǔ: Liǎng kuài wǔ.

欧文: 再来二斤葡萄。一共多少钱？
Ōuwén: Zài lái èr jīn pútáo. Yígòng duōshao qián?

摊主: 一共十二块。
Tānzhǔ: Yígòng shí'èr kuài.

(At a fruit stall)

Stallholder:	What do you want?
Irving:	How much is the watermelon?
Stallholder:	1.2 yuan per catty.
Irving:	What is the weight of this one?
Stallholder:	Probably 6 or 7 catties.
Irving:	Can I buy half of it?
Stallholder:	Sure. Do you want to have anything else?
Irving:	How much are the grapes?
Stallholder:	2.5 yuan per catty.
Irving:	I will buy 2 catties. How much altogether?
Stallholder:	12 yuan.

Tips:

1. 一点儿 expresses quantity, and 一 is often omitted when combined with verbs or adjectives. E.g. 吃点儿、喝点儿. It is different from 有点儿. 有点儿 expresses degree, and it must be used before verbs which indicate psychological feelings or adjectives. E.g. 有点儿多。

2. ……可以吗 is used to discuss with others. E.g. 我下午来可以吗？

3. Here, 来 means 要 (want), which is often used in shopping and ordering dishes.

☐ 根据对话一，选择合适的句子跟同伴对话。Speak the proper sentences to your partner according to Dialogue 1.

Ask	Answer
	一块二一斤。 Yí kuài èr yì jīn.
	可能有6、7斤。 Kěnéng yǒu liù, qī jīn.
我买半个可以吗? Wǒ mǎi bàn ge kěyǐ ma?	
	两块五。 Liǎng kuài wǔ.
	一共十二块。 Yígòng shí'èr kuài.

☐ 说一说。Say it.

1 你觉得中国水果便宜还是你的国家水果便宜?

Nǐ juéde Zhōngguó shuǐguǒ piányi háishì nǐ de guójiā shuǐguǒ piányi?

Which one do you think is cheaper, the fruit in China or the fruit in your country?

2 来这儿以后你买过什么水果? 多少钱一斤?

Lái zhèr yǐhòu nǐ mǎi guo shénme shuǐguǒ? Duōshao qián yì jīn?

What kind of fruit have you bought since you came here? What was the price of one catty?

（二）

☐ 听两遍录音，然后判断正误。Listen to the recording twice, and then decide whether the following statements are true or false. 🔵 03-04

1 春香要买拖鞋。 ☐

Chūnxiāng yào mǎi tuōxié.

3 春香觉得这双鞋很便宜。 ☐

Chūnxiāng juéde zhè shuāng xié hěn piányi.

2 春香想试十块一双的。 ☐

Chūnxiāng xiǎng shì shí kuài yì shuāng de.

4 春香25块钱买了两双。 ☐

Chūnxiāng èrshíwǔ kuài qián mǎi le liǎng shuāng.

☐ 朗读对话二，注意发音和语气。Read Dialogue 2 aloud, pay attention to the pronunciation and the tone.

（在小商品市场）
(Zài xiǎo shāngpǐn shìchǎng)

春香: 拖鞋多少钱一双?
Chūnxiāng: Tuōxié duōshao qián yì shuāng?

摊主：　这种十块，那种十五。
Tānzhǔ:　Zhè zhǒng shí kuài, nà zhǒng shíwǔ.

春香：　您拿一双那种的，我试试。
Chūnxiāng:　Nín ná yì shuāng nà zhǒng de, wǒ shìshi.

摊主：　您穿多大¹号的²？
Tānzhǔ:　Nín chuān duō dà hào de?

春香：　24号的。
Chūnxiāng:　Èrshísì hào de.

摊主：　挺好看的³，买一双吧。
Tānzhǔ:　Tǐng hǎo kàn de, mǎi yì shuāng ba.

春香：　便宜点儿行吗⁴？
Chūnxiāng:　Piányi diǎnr xíng ma?

摊主：　您说多少钱？
Tānzhǔ:　Nín shuō duōshao qián?

春香：　25块钱两双怎么样⁵？
Chūnxiāng:　Èrshíwǔ kuài qián liǎng shuāng zěnmeyàng?

摊主：　行。
Tānzhǔ:　Xíng.

(At the small-scale commodity market)

Chun Hyang:　How much is one pair of slippers?

Stallholder:　This pair is 10 yuan, and that pair is 15 yuan.

Chun Hyang:　Please give me that pair, and I will try them on.

Stallholder:　What is the size?

Chun Hyang:　24.

Stallholder:　It is really pretty, why not buy one?

Chun Hyang:　Can it be a little cheaper?

Stallholder:　How much do you want to pay?

Chun Hyang:　How about 25 yuan for 2 pairs?

Stallholder:　OK.

Tips:

1. 多大号的 means "what is the size of your shoes". 鞋 is omitted because both speaker and listener know what it refers to. In Chinese, the information is often omitted when it has appeared before or it can be understood without saying it out, and the phrase with 的 is used instead. E.g. 拿一双那种的。

2. 挺……的 expresses a rather high degree, but lower than 很. E.g. 这本书挺好的。好 + V expresses in which aspects that make people satisfied. E.g. 好玩、好听。

3. ……行吗 is also used to discuss with others, which has a similar meaning to ……可以吗. E.g. 晚上我给你打电话行吗？

4. ……怎么样 is used to ask for others' comments. E.g. 我们一起去吃晚饭（wǎnfàn dinner）怎么样？

❑　**根据对话二，回答下列问题。** Answer the questions below according to Dialogue 2.

① 这里有几种拖鞋？怎么卖？
Zhèlǐ yǒu jǐ zhǒng tuōxié? Zěnme mài?

② 春香想试的鞋多少钱一双？
Chūnxiāng xiǎng shì de xié duōshao qián yì shuāng?

③ 春香穿多大号的？
Chūnxiāng chuān duō dà hào de?

④ 春香买两双拖鞋花了多少钱？
Chūnxiāng mǎi liǎng shuāng tuōxié huā le duōshao qián?

☐ **说一说。Say it.**

① 中国的鞋号和你们国家的一样吗?

Zhōngguó de xié hào hé nǐmen guójiā de yíyàng ma?

Are the size numbers of shoes in China the same as the numbers in your country?

② 你穿多大号的鞋?

Nǐ chuān duō dà hào de xié?

What is the size of your shoes?

③ 你喜欢穿皮鞋还是运动鞋? 为什么?

Nǐ xǐhuan chuān pí xié háishì yùndòng xié? Wèi shénme?

Do you prefer to wear leather shoes or sports shoes? Why?

☐ **听两遍录音,然后回答问题。Listen to the recording twice and then answer the questions.** 🔊 03-05

① 玛莎想买什么样的手机?

Mǎshā xiǎng mǎi shénme yàng de shǒujī?

What kind of mobile phone does Masha want to buy?

② 玛莎为什么不买第一种?

Mǎshā wèi shénme bù mǎi dì yī zhǒng?

Why doesn't Masha buy the first one?

③ 990元的手机怎么样?

Jiǔbǎi jiǔshí yuán de shǒujī zěnmeyàng?

How is the mobile phone priced at 990 yuan?

④ 玛莎买了吗?

Mǎshā mǎi le ma?

Has Masha bought it?

☐ **朗读对话三,注意发音和语气。Read Dialogue 3 aloud, pay attention to the pronunciation and the tone.**

（在电器商店）
(Zài diànqì shāngdiàn)

售货员: 您想买什么样的手机?
Shòuhuòyuán: Nín xiǎng mǎi shénme yàng de shǒujī?

玛莎: 我随便看看。
Mǎshā: Wǒ suíbiàn kànkan.

售货员: 我可以帮您介绍一下。
Shòuhuòyuán: Wǒ kěyǐ bāng nín jièshào yíxià.

玛莎: 我要能上网的。
Mǎshā: Wǒ yào néng shàng wǎng de.

售货员: 您看看这种,3780元。
Shòuhuòyuán: Nín kànkan zhè zhǒng, sānqiān qībǎi bāshí yuán.

(In an electronics store)

Salesperson: What kind of mobile phone do you want to buy?

Masha: I just have a look randomly.

Salesperson: I can give you some recommendations.

Masha: I want one that can surf on the Internet.

Salesperson: How about this one? It is 3,780 yuan.

Masha: The color is nice, but it is too expensive.

Salesperson: How about this one? It is very pretty.

Masha: How much is it?

Salesperson: 990 yuan and it can also play mp3.

Masha: Ok, I will take this one.

玛莎：　　　颜色不错，就是太贵了。
Mǎshā:　　Yánsè búcuò, jiùshì tài guì le.

售货员：　　这种怎么样？很漂亮！
Shòuhuòyuán:　Zhè zhǒng zěnmeyàng? Hěn piàoliang!

玛莎：　　　这种多少钱？
Mǎshā:　　Zhè zhǒng duōshao qián?

售货员：　　990元，还能听mp3。
Shòuhuòyuán:　Jiǔbǎi jiǔshí yuán, hái néng tīng mp3.

玛莎：　　　好，就要这个吧。
Mǎshā:　　Hǎo, jiù yào zhège ba.

Tips:

1. Here, 想 means "expect to" and "be going to". E.g. 我想去上海 (Shànghǎi Shanghai).
2. 看看 is a overlapping form of verb 看, and the second 看 should be pronounced in a neutral tone. Usually the overlapping form of verb indicates that the action only lasts for a short time and repeats several times. Here it is mainly for easing the tone, and expressing the speaker's subjective wish politely.
3. 一下 is put after verbs, which indicates that the action is brief and has a meaning of "try". 儿 (er) can also be placed at the end of the phrase in oral Chinese. E.g. 看一下，试一下。
4. Here, 就 indicates an affirmative tone.

❑ **和同伴一起，根据下面的提示说说对话三的内容。**Tell the story in Dialogue 3 according to the given hints with your partner.

玛莎……，她想要……的。3780元的……，　　　就是……。990元
Mǎshā ...,　tā xiǎng yào ... de. Sānqiān qībǎi bāshí yuán de ..., jiùshì ...　Jiǔbǎi jiǔshí yuán
的……，还能……，玛莎……。
de ...,　hái néng ...,　Mǎshā ... .

❑ **说一说。**Say it.

① 来这儿以后你买新手机了吗？
Lái zhèr yǐhòu nǐ mǎi xīn shǒujī le ma?
Have you bought a new mobile phone since you came here?

② 你觉得手机应该买贵的吗？
Nǐ juéde shǒujī yīnggāi mǎi guì de ma?
What do you think of buying an expensive mobile phone?

③ 你现在的手机是什么颜色的？（灰 huī grey、银 yín silver）

Nǐ xiànzài de shǒujī shì shénme yánsè de?

What is the color of your current mobile phone?

④ 你喜欢你现在的手机吗？为什么？

Nǐ xǐhuan nǐ xiànzài de shǒujī ma? Wèi shénme?

Do you like your current mobile phone? Why?

□ **听两遍录音，然后判断正误。** Listen to the recording twice, and then decide whether the following statements are true or false. 🔘 03-06

① 山本喜欢白色和红色。　□

Shānběn xǐhuan bái sè hé hóng sè.

② 这种T恤只有黑的。　□

Zhè zhǒng tīxù zhǐ yǒu hēi de.

③ 山本不喜欢蓝的。　□

Shānběn bù xǐhuan lán de.

④ 山本穿大号的T恤。　□

Shānběn chuān dà hào de tīxù.

□ **朗读对话四，注意发音和语气。** Read Dialogue 4 aloud, pay attention to the pronunciation and the tone.

山本:	你好！这种T恤有黑的吗？
Shānběn:	Nǐ hǎo! Zhè zhǒng tīxù yǒu hēi de ma?
售货员:	没有，只有白的和红的。
Shòuhuòyuán:	Méiyǒu, zhǐ yǒu bái de hé hóng de.
山本:	我想买一件黑的。
Shānběn:	Wǒ xiǎng mǎi yí jiàn hēi de.
售货员:	那种什么颜色的都¹有。
Shòuhuòyuán:	Nà zhǒng shénme yánsè de dōu yǒu.
山本:	就要那种吧。拿一件大号的。
Shānběn:	Jiù yào nà zhǒng ba. Ná yí jiàn dà hào de.
售货员:	好的。您试一下。
Shòuhuòyuán:	Hǎo de. Nín shì yíxià.
山本:	有蓝的吗？
Shānběn:	Yǒu lán de ma?
售货员:	有，蓝的也挺好看的。
Shòuhuòyuán:	Yǒu, lán de yě tǐng hǎokàn de.
山本:	那我都试试吧。
Shānběn:	Nà wǒ dōu shìshi ba.

Yamamoto:	Hello, do you have black T-shirts of this kind?
Salesperson:	Sorry, we don't. Only white and red ones are available.
Yamamoto:	I just want to buy a black one.
Salesperson:	All colors are available of that kind.
Yamamoto:	OK, please help me with a large size one.
Salesperson:	Sure, please try it on.
Yamamoto:	Are there any blue ones?
Salesperson:	Yes, the blue one also looks nice.
Yamamoto:	I will try them both.

Tip:

1. 什么……都…… expresses that there is no exception of the above mentioned. E.g. 我什么都不买。

❑ **说一说**。Say it.

① 你经常穿什么颜色的衣服？为什么？

Nǐ jīngcháng chuān shénme yánsè de yīfu? Wèi shénme?

What color of clothes do you often wear? Why?

② 你觉得自己穿什么颜色的衣服好看？

Nǐ juéde zìjǐ chuān shénme yánsè de yīfu hǎokàn?

In what color do you think you look nice?

③ 你知道中国人最喜欢什么颜色吗？

Nǐ zhīdào Zhōngguó rén zuì xǐhuan shénme yánsè ma?

Do you know what Chinese people's favourite color is?

④ 你们国家的人最喜欢什么颜色？

Nǐmen guójiā de rén zuì xǐhuan shénme yánsè?

What is the favourite color in your country?

（五）

❑ **朗读下面的短文，然后模仿短文说说自己买东西的事情**。Read the passage below aloud, and then imitate the passage to tell a story of your shopping. 🔘 03-07

　　我想买一件毛衣(sweater)，去了好几个商店(store)。每个商店里都有很多毛衣，有的很漂亮，可是很贵；有的很便宜，可是不好看。最后我在一个小商店里买了一件白色的毛衣。这件毛衣又漂亮又便宜，我特别(very much)喜欢。

　　Wǒ xiǎng mǎi yí jiàn máoyī, qù le hǎo jǐ ge shāngdiàn. Měi ge shāngdiàn lǐ dōu yǒu hěn duō máoyī, yǒude hěn piàoliang, kěshì hěn guì; yǒude hěn piányi, kěshì bù hǎokàn. Zuìhòu wǒ zài yí ge xiǎo shāngdiàn lǐ mǎi le yí jiàn bái sè de máoyī. Zhè jiàn máoyī yòu piàoliang yòu piányi, wǒ tèbié xǐhuan.

活动 Activities

一、双人活动 Pair work

下面是两家超市的商品价格表，先和同伴一起选择一下你们想买的东西，然后给大家说说你们要去哪一个超市买东西，为什么。The following form is the price lists of two supermarkets. Choose what you want to buy with your partner at first. And then tell others which supermarket you are going to and why.

	AIJIA Supermarket	MEIMEI Supermarket
xīguā **Watermelon**	8.00元	7.50元
pútáo **Grape**	6.70元	5.50元
kělè **Coke**	3.00元	3.50元
miànbāo **Bread**	3.50元	4.00元
xiāngjiāo **Banana**	4.50元	3.50元
bǐnggān **Biscuit**	7.80元	8.90元
shuǐ **Water**	2.00元	1.80元
tuōxié **Slipper**	12.50元	15.00元
tīxù **T-shirt**	35.00元	50.00元

Patterns

我要买……，我想去……。
Wǒ yào mǎi ......, wǒ xiǎng qù ....
I want to buy……., and I am going to……

我不去……，因为……。
Wǒ bù qù ......, yīnwèi ....
I am not going to……., because……

给教师的提示
您可以先提示学生注意一下参考句型。

二、全班活动 Class work

2人一组。明天有一个全班聚会，让你们来准备。你们打算买什么东西，花多少钱？先列出购物单，然后和大家交流，看看哪组的计划最好。Work in pairs. There is a get-together of the class tomorrow, and you are in charge of the preparation. What are you going to buy? How much are you going to spend? Make a shopping list at first, and then exchange with others to see which group gets the best plan.

A tip for students

You may list what you are going to buy in different caterogies, and plan the total amount of money for each category.

购物单　shopping list:

Category	Goods to buy	Money
shuǐguǒ **Fruit**		
yǐnliào **Drinks**		
diǎnxīn **Snacks**		
qítā **Others**		

三、全班活动　Class work

全班举行一次"跳蚤市场"活动。请每位同学最少准备一件物品，真卖真买，互相交流。There is going to be a flea market in the class. Each student have to prepare at least one goods. The process of selling and buying is real, and then exchange with others.

1. 利用下面的表格准备一下，想好自己要卖什么东西。要求每人最少卖一件。全班一起列出物品清单。Prepare with the following form, and think about what you are going to sell. Each one is requested to sell at least one goods. At last make a list of the whole class.

Category	Name
自制食品　**Self-made food**	
自制小礼品　**Self-made presents**	
书或杂志　**Books or magzines**	
CD和DVD　**CD and DVD discs**	
学习用品　**Stationeries**	
日用品　**Commodities**	
服装　**Clothing**	
其他　**Others**	

给教师的提示
这个练习,您可以在黑板上列出清单，方便后面的买卖活动。

A tip for students

You may look up in a dictionary or ask others for help if you don't know the name of the goods.

2. 看看物品清单，找找自己感兴趣的东西，并给自己要卖的物品定价。Look at the goods list and find the ones you are interested in, then price the goods you are going to sell.

A tip for students

Do not tell others the selling price of your good.

3. 带自己的商品到"跳蚤市场"交易。Take your goods to the flea market and trade with others.

> **A tip for students**
>
> Do not forget to bargain.

4. 综合买卖情况，全班评出一笔"最合算的买卖"。Collect all the trades and select the most profitable one of the class.

> 给教师的提示
>
> 这个活动需要提前让学生准备好，才能顺利进行。

语言练习 Language Focus

一、语音和语调 Pronunciation and intonation

1. 听录音，选择你听到的音节。Listen to the recording and choose the syllables you've heard. 🔘 03-08

   (1) lao-hao bian-pian hong-gong shi-zhi tuo- huo xie-jie

   (2) ban-bang shang-shuang yan-yuan

   (3) jīn-jìn xíng-xīng hào-hǎo guì-guǐ

   xǐguā-xīguā biéde-biēde tuǒxié-tuōxié

   zhǐliáng-zhìliǎng shǒujī-shōují suī biǎn-suíbiàn

> 给教师的提示
>
> 这部分您可以在听音辨音后再带领学生朗读。

2. 朗读下列词语，体会重音。Read the words below and feel the accents. 🔘 03-09

   (1) 前重后轻 strong-weak

别的	便宜	漂亮
biéde	piányi	piàoliang

   (2) 前中后重 medium-strong

一共	拖鞋	手机	随便	T恤	上网
yígòng	tuōxié	shǒujī	suíbiàn	tīxù	shàng wǎng

3. 朗读下列句子，注意语音语调。Read the following sentences aloud and pay attention to the accents.

   (1) 葡萄怎么卖？
   Pútáo zěnme mài?

   (2) 我买两个可以吗？
   Wǒ mǎi liǎng ge kěyǐ ma?

   (3) T恤多少钱一件？
   Tīxù duōshao qián yí jiàn?

   (4) 您穿多大号的？
   Nín chuān duō dà hào de?

   (5) 十块钱三斤怎么样？
   Shí kuài qián sān jīn zěnmeyàng?

   (6) 你说多少钱？
   Nǐ shuō duōshao qián?

   (7) 那种什么颜色的都有。
   Nà zhǒng shénme yánsè de dōu yǒu.

二、替换练习 Substitution exercises

① 我买半个可以吗？
Wǒ mǎi bàn ge kěyǐ ma?

两个
liǎng ge

半斤
bàn jīn

半份 (section)
bàn fèn

② 您拿一双那种的，我试试。
Nín ná yì shuāng nà zhǒng de, wǒ shìshi.

一件
yí jiàn

一条
yì tiáo

一个
yí ge

③ 便宜点儿行吗？
Piányi diǎnr xíng ma?

好吗
hǎo ma

可以吗
kěyǐ ma

行不行
xíng bu xíng

④ 10块钱两双怎么样？
Shí kuài qián liǎng shuāng zěnmeyàng?

5块钱三斤
Wǔ kuài qián sān jīn

100块钱一件
Yìbǎi kuài qián yí jiàn

10块钱一个
Shí kuài qián yí ge

⑤ 我随便看看。
Wǒ suíbiàn kànkan.

走走
zǒuzou

说说
shuōshuo

问问
wènwen

三、选择合适的量词填空 Fill in the blanks with proper measure words

(个 gè)　　(件 jiàn)　　(条 tiáo)　　(双 shuāng)　　(斤 jīn)　　(本 běn)

一（　）毛衣
yí　　máoyī

一（　）裤子 (trousers)
yì　　kùzi

一（　）拖鞋
yì　　tuōxié

三（　）葡萄
sān　　pútáo

一（　）手机
yí　　shǒujī

一（　）书
yì　　shū

49

四、口语常用语及常用格式 Common oral expressions and patterns

1. 模仿例句，用"挺……的"来完成下列对话。
Imitate the sample sentence to complete the following sentences with 挺……的.

Example：蓝色的挺好看的。
Lán sè de tǐng hǎokàn de.

1 A：我不喜欢这件衣服。
Wǒ bù xǐhuan zhè jiàn yīfu.

B：为什么？我觉得_____。
Wèi shénme? Wǒ juéde_____.

2 A：玛莎不想去那个饭店(restaurant)。
Mǎshā bù xiǎng qù nàge fàndiàn.

B：我觉得_____。
Wǒ juéde_____.

3 A：他汉语说得怎么样？
Tā Hànyǔ shuō de zěnmeyàng?

B：_____。

2. 模仿例句，用"……怎么样"完成对话。
Imitate the sample sentence to complete the following sentences with ……怎么样.

Example：25块钱两双怎么样？
Èrshíwǔ kuài qián liǎng shuāng zěnmeyàng?

1 A：_____？

B：好，下课见。
Hǎo, xià kè jiàn.

2 A：_____？

B：不行，晚上我有课。
Bù xíng, wǎnshang wǒ yǒu kè.

3 A：_____？

A：好的。周末见。
Hǎo de. Zhōumò jiàn.

扩展活动 Extended Activities

一、市场调查 Market survey

出去调查一下本地的商品价格，看看什么东西比你们那儿便宜，什么东西比你们那儿贵，上课的时候向大家介绍。Go to do a price survey of the local goods and find out which are cheaper and which are more expensive than those in your country. Report the result to the class.

二、小组活动 Group activity

李东想在学校附近开个小商店，请你给他一些建议。2–3人一组商量一下他应该开一个什么样的商店，卖什么东西，填好表格后给大家介绍。 Li Dong wants to run a small shop near the school. Please give him some advice. Work in groups of 2 or 3, discuss what kind of shop he should run and what he should sell, then report the result to the class.

Goods	Prices

A tip for students

You may think about what kinds of shops there are near your apartments, and whether it is convenient to buy goods at first.

总结与评价 Summary and Evaluation

一、语句整理。 Summary.

生活中你经常买的东西，你都知道怎么说了吗？找一个超市广告，看看上面都是什么东西，还有哪些是你不会说的。 Do you know the Chinese names of the goods you often buy in your daily life? Look for an advertisement of a supermarket. Find out what kinds of goods they are, and if there is anything that you do not know how to say in Chinese.

买东西的时候应该怎么问？怎么答？

Ask	Answer

二、完成任务的自我表现评价。 Self-evaluation.

- Are you satisfied with your own performance?

  Very good   good   not so good   bad

- Your own evaluation

  A   B   C   Your willingness to state your opinions

  A   B   C   Your willingness to raise your questions

  A   B   C   Your enthusiasm to gather useful information

第4课

今天有什么特价菜？ (Jīntiān yǒu shénme tèjià cài?)
What's the Daily Special?

目标 | Objectives

1 复习与饮食相关的词语。Review words of diet.

2 学习看菜单点菜。Learn to read the menu and order dishes.

3 学习点菜时提出要求。Learn to make requests when ordering dishes.

4 学习了解和评价菜的味道。Learn to get to know and make comments of dishes.

准备 Preparation

1. 看看下面的图片，你最喜欢吃什么？ Look at the pictures below. Which one is your favorite?

面包
miànbāo
Bread

汉堡
hànbǎo
Hamburger

煎蛋
jiān dàn
Omelette

牛排
niúpái
Steak

可乐
kělè
Coke

肉
ròu
Meat

鸡
jī
Chicken

鱼
yú
Fish

米饭
mǐfàn
Rice

面条儿
miàntiáor
Noodle

饺子
jiǎozi
Dumpling

2. 看图片，图片上的东西是什么味道？跟同伴说一说还有什么食物是这些味道。Look at the pictures, and imagine what tastes they are. Discuss with your partner what else food tastes the same as those in the pictures.

甜
tián
sweet

咸
xián
salty

苦
kǔ
bitter

辣
là
spicy

酸
suān
sour

词语 Words and Expressions

☐ 朗读下列词语，注意发音和词语的意思。Read the following words aloud, pay attention to the pronunciation and the meanings. 🔘 04-01

给教师的提示
课前请提醒学生预习词语。

1 服务员 fúwùyuán waiter	2 请问 qǐngwèn excuse me	3 边 biān side	4 杯 bēi glass	5 菜单 càidān menu	6 茄子 qiézi eggplant	7 好像 hǎoxiàng look
8 主食 zhǔshí staple food	9 碗 wǎn bowl	10 米饭 mǐfàn rice	11 点 diǎn order	12 菜 cài dish	13 特价 tèjià special	14 鱼 yú fish
15 土豆 tǔdòu potato	16 够 gòu enough	17 辣 là spicy	18 盐 yán salt	19 甜 tián sweet	20 苦瓜 kǔguā bitter gourd	21 苦 kǔ bitter
22 啤酒 píjiǔ beer	23 买单 mǎi dān pay the bill	24 打包 dǎ bāo doggy bag	25 咸 xián salty	26 酸 suān sour	专有名词 **Proper noun**	27 李红 Lǐ Hóng Li Hong

饭菜名

番茄炒牛肉 fānqié chǎo niúròu fried beef with tomato	水煮鱼 shuǐ zhǔ yú fish filets in hot chili oil	鸡蛋炒饭 jīdàn chǎo fàn fried rice with eggs	炒苦瓜 chǎo kǔguā fried bitter gourd
烧茄子 shāo qiézi braised eggplant	炒土豆丝 chǎo tǔdòu sī fried potato strips	糖醋里脊 táng cù lǐji sweet and sour pork	豆腐汤 dòufu tāng tofu soup

☐ **选择合适的词语进行搭配。** Match the words below with the proper words.

一杯	好像	点	甜
yì bēi	hǎoxiàng	diǎn	tián

☐ **词语搭积木。** Word building.

Example:	人 rén	主食 zhǔshí	菜 cài	盐 yán
	日本人 Rìběn rén	☐☐主食	☐☐菜	☐☐☐盐
	是日本人 shì Rìběn rén	☐☐☐主食	☐☐☐☐菜	☐☐☐☐盐
	我是日本人 wǒ shì Rìběn rén	☐☐☐☐主食	☐☐☐☐☐菜	☐☐☐☐☐盐

> 给教师的提示
> 这个练习，您可以按照从上到下的顺序带领学生依次朗读，也可以分为不同的小组先做练习，然后全班交流。

句子 Sentences

☐ **听录音，填词语，然后朗读下列句子。** Listen to the recording, fill in the blanks, and then read the sentences aloud. 💿 04-02

1 先给我们两＿＿＿＿水，好吗？
Xiān gěi wǒmen liǎng bēi shuǐ, hǎo ma?
Two glasses of water, please.

2 茄子＿＿＿＿也不错。
Qiézi hǎoxiàng yě búcuò.
The eggplant also looks great.

3 你们吃什么＿＿＿＿？
Nǐmen chī shénme zhǔshí?
How about the staple food?

4 ＿＿＿＿，点菜。
Fúwùyuán, diǎn cài.
Waiter, we would like to order dishes.

5 今天有什么＿＿＿＿菜？
Jīntiān yǒu shénme tèjià cài?
What is the special for today?

6 水煮鱼不要太＿＿＿＿。
Shuǐ zhǔ yú búyào tài là.
Do not make the fish too spicy.

7 请少放（一）点儿＿＿＿＿。
Qǐng shǎo fàng (yì) diǎnr yán.
Less salt, please.

8 你们喜欢吃＿＿＿＿吗？
Nǐmen xǐhuan chī tián de ma?
Do you have a sweet tooth?

⑨ 这个_____吧。
Zhège dǎ bāo ba.
Put these in a doggy bag, please.

⑩ 糖醋里脊又_____又_____，真好吃！
Táng cù lǐji yòu tián yòu suān, zhēn hǎo chī!
The sweet and sour pork tastes sweet as well as sour. Very delicious!

给教师的提示

您可以采用各种方式来操练句子，同时纠正学生的发音。

▢ 看图片，和同伴商量他们可能在说什么。Look at the pictures and discuss with your partner what they are probably talking about.

①

②

③

▢ 和同伴一起，选择合适的句子完成下列对话。Select proper sentences to complete the dialogues below with your partner.

① A：_____？

B：那我们就要一个茄子吧。
Nà wǒmen jiù yào yí ge qiézi ba.
We would like to order an eggplant.

② A：_____？

B：好的，你们想吃点儿什么。
Hǎo de, nǐmen xiǎng chī diǎnr shénme.
OK, what do you want to have?

③ A：_____？

B：今天红烧鱼和炒苦瓜很便宜。
Jīntiān hóngshāo yú hé chǎo kǔguā hěn piányi.
The braised fish and the fried bitter gourd are very cheap today.

情景 Situations

一

□ **听两遍录音，然后判断正误。** Listen to the recording twice, and then decide whether the following statements are true or false. 🔊 04-03

1 欧文他们一共两位。 □
Ōuwén tāmen yígòng liǎng wèi.

3 欧文点了一个番茄炒鸡蛋。 □
Ōuwén diǎn le yí ge fānqié chǎo jīdàn.

2 欧文他们想先点菜。 □
Ōuwén tāmen xiǎng xiān diǎn cài.

4 他们吃米饭。 □
Tāmen chī mǐfàn.

□ **朗读对话一，注意发音和语气。** Read Dialogue 1 aloud, pay attention to the pronunciation and the tone.

服务员：	您好！请问几位¹？
Fúwùyuán：	Nín hǎo! Qǐngwèn jǐ wèi?
欧文：	两位。
Ōuwén：	Liǎng wèi.
服务员：	坐这边吧。
Fúwùyuán：	Zuò zhè biān ba.
春香：	先给我们两杯水²，好吗？
Chūnxiāng：	Xiān gěi wǒmen liǎng bēi shuǐ, hǎo ma?
服务员：	好的。这是菜单。
Fúwùyuán：	Hǎo de. Zhè shì càidān.
欧文：	这是什么菜？
Ōuwén：	Zhè shì shénme cài?
服务员：	番茄炒牛肉。
Fúwùyuán：	Fānqié chǎo niúròu.
欧文：	来一个吧？
Ōuwén：	Lái yí ge ba?
春香：	好。茄子好像也不错。
Chūnxiāng：	Hǎo. Qiézi hǎoxiàng yě búcuò.
欧文：	那再来一个烧茄子。
Ōuwén：	Nà zài lái yí ge shāoqiézi.
服务员：	你们吃什么主食？
Fúwùyuán：	Nǐmen chī shénme zhǔshí?
春香：	两碗³米饭。
Chūnxiāng：	Liǎng wǎn mǐfàn.

Waitress:	Hello, how many people are for the meal?
Irving:	Just two.
Waitress:	This way please.
Chun Hyang:	Two glasses of water, please.
Waitress:	No problem. And this is the menu.
Irving:	What is this?
Waitress:	Fried beef with tomato.
Irving:	How about having one?
Chun Hyang:	OK, and the eggplant also looks great.
Irving:	Braised eggplant, please.
Waitress:	How about the staple food?
Chun Hyang:	Two bowls of rice, please.

Tips:

1. 位 is a quantifier, which is used to modify person, and contains respect.

2. Here, 给 is a verb. It is often used as: 给＋sb.＋sth. E.g. 给他一本书.

3. Originally 碗 is a noun of container, however it can be used as a quantifier as well. There are some other quantifiers, such as 杯，瓶（píng bottle），盘（pān plate）etc..

☐ **根据对话一内容，选择合适的句子跟同伴说话。** Speak the proper sentences to your partner according to Dialogue 1.

Ask	Answer
	两位。 Liǎng wèi.
	好的。 Hǎo de.
	番茄炒牛肉。 Fānqié chǎo niúròu.
	两碗米饭。 Liǎng wǎn mǐfàn.

☐ **说一说。** Say it.

1 你吃过什么中国菜？

Nǐ chī guo shénme Zhōngguó cài?

What Chinese food have you had?

3 你还知道哪些中国菜的名字？

Nǐ hái zhīdào nǎxiē Zhōngguó cài de míngzi?

What other names of Chinese food do you know?

2 你最喜欢吃的中国菜是什么？

Nǐ zuì xǐhuan chī de Zhōngguó cài shì shénme?

What is your favorite Chinese food?

二

☐ **听两遍录音，然后判断正误。** Listen to the recording twice, and then decide whether the following statements are true or false. 🔊 04-04

1 今天没有特价菜。　☐

Jīntiān méiyǒu tèjià cài.

4 李红喜欢很辣的水煮鱼。　☐

Lǐ Hóng xǐhuan hěn là de shuǐzhǔ yú.

2 李红喜欢吃鱼和鸡蛋。　☐

Lǐ Hóng xǐhuan chī yú hé jīdàn.

5 春香喜欢菜里少放盐。　☐

Chūnxiāng xǐhuan cài lǐ shǎo fàng yán.

3 她们点了两碗米饭。　☐

Tāmen diǎn le liǎng wǎn mǐfàn.

☐ **朗读对话二，注意发音和语气。** Read Dialogue 2 aloud, pay attention to the pronunciation and the tone.

> 春香：　服务员，点菜。
>
> Chūnxiāng:　Fúwùyuán, diǎn cài.

25

服务员： 你们想吃点儿什么？
Fúwùyuán: Nǐmen xiǎng chī diǎnr shénme?

李红： 今天有什么特价菜[1]？
Lǐ Hóng: Jīntiān yǒu shénme tèjià cài?

服务员： 水煮鱼和炒土豆丝。
Fúwùyuán: Shuǐ zhǔ yú hé chǎo tǔdòu sī.

李红： 鱼和土豆我都喜欢。
Lǐ Hóng: Yú hé tǔdòu wǒ dōu xǐhuan.

春香： 那就点这两个菜吧。
Chūnxiāng: Nà jiù diǎn zhè liǎng ge cài ba.

李红： 再要一个鸡蛋炒饭。
Lǐ Hóng: Zài yào yí ge jīdàn chǎo fàn.

服务员： 还要别的吗？
Fúwùyuán: Hái yào bié de ma?

春香： 够了。不要了。
Chūnxiāng: Gòu le. Bú yào le.

李红： 水煮鱼不要太辣。
Lǐ Hóng: Shuǐ zhǔ yú bú yào tài là.

春香： 请少放（一）点儿[2]盐。
Chūnxiāng: Qǐng shǎo fàng (yì) diǎnr yán.

Chun Hyang:	Waiter, we would like to order dishes.
Waiter:	What do you want to have?
Li Hong:	What are the specials for today?
Waiter:	Fish filets in hot chili oil and fried potato strips.
Li Hong:	I like fish and potato both.
Chun Hyang:	OK, we will have them both.
Li Hong:	And fried rice with eggs, please.
Waiter:	Anything else?
Chun Hyang:	None , it is enough.
Li Hong:	Don't make the fish too spicy.
Chun Hyang:	And less salt, please.

Tips:

1. There are some specials everyday in many restaurants, which are cheaper than usual. That is why they are called 特价菜.
2. More/less + V + 一点儿 is often used to give advice, suggestions and requests. E.g. 多放（一）点儿糖（táng sugar）。

❑ 根据对话二的内容，回答下列问题。Answer the questions below according to Dialogue 2.

① 今天有什么特价菜？
Jīntiān yǒu shénme tèjià cài?

② 她们点特价菜了吗？为什么？
Tāmen diǎn tèjià cài le ma? Wèi shénme?

③ 李红告诉服务员什么？
Lǐ Hóng gàosu fúwùyuán shénme?

④ 春香告诉服务员什么？
Chūnxiāng gàosu fúwùyuán shénme?

❑ 根据对话二填空，并试着说说对话二的内容。Fill in the blanks according to Dialogue 2, and then make an effort to tell the story in Dialogue 2.

春香和李红去 ＿＿＿＿，李红想知道今天有什么＿＿＿＿。服务员说有＿＿＿＿
Chūnxiāng hé Lǐ Hóng qù ＿＿, Lǐ Hóng xiǎng zhīdào jīntiān yǒu shénme ＿＿. Fúwùyuán shuō yǒu

和＿＿＿＿，李红喜欢＿＿＿＿和＿＿＿＿。她们又要了＿＿＿＿。李红说水煮
hé ＿＿, Lǐ Hóng xǐhuan ＿＿ hé ＿＿. Tāmen yòu yào le ＿＿. Lǐ Hóng shuō shuǐ zhǔ

鱼＿＿＿＿，春香说请少放＿＿＿＿。
yú ＿＿, Chūnxiāng shuō qǐng shǎo fàng ＿＿.

☐ **听两遍录音，然后回答问题。** Listen to the recording twice and then answer the questions. 💿 04-05

1 玛莎喜欢吃甜的吗？

Mǎshā xǐhuan chī tián de ma?

Does Masha have a sweet tooth?

2 他们点的什么菜是甜的？

Tāmen diǎn de shénme cài shì tián de?

What food they ordered is sweet?

3 炒苦瓜苦不苦？

Chǎo kǔguā kǔ bu kǔ?

Is fried bitter gourd bitter?

4 他们都点了什么？

Tāmen dōu diǎn le shénme?

What had they ordered?

☐ **朗读对话三，注意发音和语气。** Read Dialogue 3 aloud, pay attention to the pronunciation and the tone.

欧文： Ōuwén:	你们喜欢吃甜的吗？ Nǐmen xǐhuan chī tián de ma?
玛莎： Mǎshā:	我喜欢。 Wǒ xǐhuan.
欧文： Ōuwén:	那来一个糖醋里脊吧。 Nà lái yí ge táng cù lǐji ba.
山本： Shānběn:	苦瓜也不错。 Kǔguā yě búcuò.
玛莎： Mǎshā:	苦瓜？苦不苦？ Kǔguā? Kǔ bu kǔ?
山本： Shānběn:	有一点儿，但是很好吃。 Yǒu yìdiǎnr, dànshì hěn hǎo chī.
欧文： Ōuwén:	那就来一个炒苦瓜。 Nà jiù lái yí ge chǎo kǔguā.
玛莎： Mǎshā:	再来个豆腐汤怎么样？ Zài lái ge dòufu tāng zěnmeyàng?
山本： Shānběn:	行。我们喝点儿啤酒吧？ Xíng. Wǒmen hē diǎnr píjiǔ ba?
欧文： Ōuwén:	好。 Hǎo.

Irving:	Do you have a sweet tooth?
Masha:	Yes, I do.
Irving:	We can try some sweet and sour pork.
Yamamoto:	Bitter gourd also looks great.
Masha:	Bitter gourd? Is it bitter?
Yamamoto:	Just a little, but it is delicious.
Irving:	Then fried bitter gourd as well.
Masha:	How about tofu soup?
Yamamoto:	All right. Shall we have beer?
Irving:	OK.

□ **和同伴一起，根据下面的提示说说对话三的内容。** Tell the story in Dialogue 3 according to the given hints with your partner.

> 欧文问大家(everyone)＿＿＿，玛莎＿＿＿，欧文要了＿＿＿。山本说＿＿＿也不错，有一
> Ōuwén wèn dàjiā＿＿＿, Mǎshā＿＿＿, Ōuwén yào le＿＿＿. Shānběn shuō＿＿＿ yě búcuò, yǒu yì
>
> 点儿＿＿＿，但是＿＿＿。欧文说可以＿＿＿，玛莎想再＿＿＿，山本还想＿＿＿。
> diǎnr＿＿＿, dànshì＿＿＿. Ōuwén shuō kěyǐ＿＿＿, Mǎshā xiǎng zài＿＿＿, Shānběn hái xiǎng＿＿＿.

□ **说一说。** Say it.

① 你喜欢吃甜的吗？哪些东西是甜的？

Nǐ xǐhuan chī tián de ma? Nǎxiē dōngxi shì tián de?

Do you have a sweet tooth? What food are sweet?

② 在酸、甜、苦、辣、咸五种味道中，你最喜欢吃哪种味道的菜？

Zài suān, tián, kǔ, là, xián wǔ zhǒng wèidào zhōng, nǐ zuì xǐhuan chī nǎ zhǒng wèidào de cài?

Which is your favorite taste among sour, sweet, bitter, spicy and salty?

③ 你们国家的菜主要是什么味道的？

Nǐmen guójiā de cài zhǔyào shì shénme wèidào de?

How do the dishes mainly taste in your country?

□ **听两遍录音，然后回答问题。** Listen to the recording twice and then answer the questions.
🔘 04-06

① 饭菜她们都吃完了吗？

Fàncài tāmen dōu chī wán le ma?

Have they finished eating?

② 欧文觉得这儿的菜怎么样？

Ōuwén juéde zhèr de cài zěnmeyàng?

How did Irving think about the food?

③ 玛莎觉得哪个菜好，为什么？

Mǎshā juéde nǎge cài hǎo, wèi shénme?

Which one did Masha prefer? Why?

④ 山本喜欢哪个菜？

Shānběn xǐhuan nǎ ge cài?

Which one did Yamamoto prefer?

⑤ 最后谁买单了？

Zuìhòu shuí mǎi dān le?

Who paid the bill at last?

☐ 朗读对话四，注意发音和语气。Read Dialogue 4 aloud, pay attention to the pronunciation and the tone.

欧文： 服务员，买单[1]。
Ōuwén： Fúwùyuán, mǎi dān.

玛莎： 这个打包吧。
Mǎshā： Zhège dǎ bāo ba.

服务员： 好的。请等一下。
Fúwùyuán： Hǎo de. Qǐng děng yíxià.

山本： 你们觉得这儿的菜怎么样？
Shānběn： Nǐmen juéde zhèr de cài zěnmeyàng?

欧文： 还可以[2]，就是有点儿咸。
Ōuwén： Hái kěyǐ, jiùshì yǒudiǎnr xián.

玛莎： 我喜欢糖醋里脊，又甜又[3]酸，
Mǎshā： Wǒ xǐhuan táng cù lǐji, yòu tián yòu suān,

真好吃！
zhēn hǎo chī!

山本： 我也是[4]。
Shānběn： Wǒ yě shì.

欧文： 多少钱？
Ōuwén： Duōshao qián?

服务员： 一共36。
Fúwùyuán： Yígòng sānshíliù.

玛莎： 咱们AA吧，每人12。
Mǎshā： Zánmen AA ba, měi rén shí'èr.

Irving:	Waiter, my bill please.
Masha:	And put these in a doggy bag please.
Waitress:	No problem. One minute please.
Yamamoto:	What do you think about the food here?
Irving:	Not bad. But it is a little bit salty.
Masha:	I like the sweet and sour pork. It tastes sweet as well as sour, very delicious.
Yamamoto:	So do I.
Irving:	How much?
Waitress:	36 yuan in total.
Masha:	Let's split the bill. 12 yuan for each.

Tips:

1. 买单 means to pay the bill. It is a popular saying.
2. 还可以 expresses an agreement on something but at a lower degree. E.g. A: 你最近怎么样？B: 还可以。A: 他汉字（Hànzì Chinese character）写得怎么样？B: 还可以。
3. 又……又…… links several related matters or several aspects of one matter. The words linked by 又 should be of similar situations. E.g. 这个菜又贵又不好吃。It can not be said as 这个菜又贵又好吃。
4. ……也是 expresses the same situation. E.g. 他不喜欢喝茶，我也是。

☐ 画线连接。Match the sentences with their proper responses.

① 服务员，买单。
Fúwùyuán, mǎi dān.

② 你们觉得这儿的菜怎么样？
Nǐmen juéde zhèr de cài zěnmeyàng?

③ 我喜欢糖醋里脊，又甜又酸，真好吃！
Wǒ xǐhuan táng cù lǐji yòu tián yòu suān, zhēn hǎo chī!

④ 一共36。
Yígòng sānshí liù.

Ⓐ 我也是。
Wǒ yě shì.

Ⓑ 好的。请等一下儿。
Hǎo de. Qǐng děng yíxiǎr.

Ⓒ 咱们AA吧，每人12。
Zánmen AA ba, měi rén shí'èr.

Ⓓ 还可以。就是有点儿咸。
Hái kěyǐ. Jiùshì yǒudiǎnr xián.

☐ **和同伴一起，根据下面的提示说说对话四的内容。** Tell the story in Dialogue 4 according to the given hints with your partner.

欧文叫服务员＿＿，玛莎告诉＿＿。山本问大家(everyone)＿＿，欧文觉得＿＿，
Ōuwén jiào fúwùyuán＿＿，Mǎshā gàosù＿＿，Shānběn wèn dàjiā＿＿，Ōuwén juéde＿＿，

玛莎喜欢＿＿，山本也＿＿。这顿(a measure word for meal)饭一共＿＿元。
Mǎshā xǐhuan＿＿，Shānběn yě＿＿，Zhè dùn fàn yígòng＿＿yuán.

 五

☐ **朗读下面的短文，然后模仿短文说说自己的情况。** Read the passage below aloud, and then imitate the passage to say something about yourself. 💿 04-07

学校附近有一个饭店 (restaurant)，那儿的菜又便宜又好吃，有时候还有特价菜，我们经常 (often) 去那儿吃饭。我最喜欢的菜是糖醋里脊，有点儿甜，还有点儿酸，真好吃！你呢？你喜欢什么菜？

Xuéxiào fùjìn yǒu yí ge fàndiàn, nàr de cài yòu piányi yòu hǎochī, yǒu shíhou hái yǒu tèjià cài, wǒmen jīngcháng qù nàr chī fàn. Wǒ zuì xǐhuan de cài shì táng cù lǐji, yǒudiǎnr tián, hái yǒudiǎnr suān, zhēn hǎo chī! Nǐ ne? Nǐ xǐhuan shénme cài?

活动 Activities

一、看图学词语 Learn the words in the pictures

1. **将小词库中的词语与相应的图片连接起来，然后朗读词语。说说你比较喜欢吃哪些菜。** Match the words in the word bank with their corresponding pictures, and read the words aloud. Talk about the ones you prefer to eat.

Word bank

黄瓜 huángguā cucumber	洋葱 yángcōng onion	西红柿 xīhóngshì tomato
胡萝卜 húluóbo carrot	白菜 báicài cabbage	青椒 qīngjiāo green pepper

2. **读一读下列菜名，然后分类。** Read the names of vegetables below aloud, and then classify them.

烤羊腿
kǎo yáng tuǐ
roast lamb leg

蛋炒饭
dàn chǎo fàn
fried rice with eggs

铁板牛肉
tiěbǎn niúròu
sizzling beef

清炒西兰花
qīng chǎo xīlánhuā
sauteed broccoli

红烧鱼
hóngshāo yú
braised fish

大拌菜
dà bàn cài
mixed vegetables

家常豆腐
jiācháng dòufu
home style bean curd

酸辣汤
suān là tāng
hot and sour soup

Meat dish	Vegetable dish	Staple food	Soup

二、双人活动 Pair work

1. **利用下面的表格准备一下打电话到饭店叫外卖时要问什么、说什么。** Make preparations of what you are going to ask and say according to the following form when you are calling a restaurant for take-away.

Ask	Suitable questions
菜名 Names of dishes	What dishes do you have?
价格 Prices of dishes	

Ask	Suitable questions
送餐时间 Time of delivery	
送餐地址 Address of delivery	
联系方式 Contact information	

2. **2人一组，打电话到饭店叫外卖或模拟表演。** Work in pairs. Call a restaurant for take-away or just act out the situation.

> 给教师的提示
>
> 为了模拟真实情景，您也可以告诉学生一些有送餐业务的餐馆、饭店的名字。

三、小组活动 Group work

3－4人一组。按照每人15－20元的标准模拟去餐馆点餐，一人付账或AA制。要求：1人为服务员；每人都要点菜、说话。 Work in groups of 3 or 4. Act out the situation of ordering dishes in a restaurant. The standard is 15 to 20 yuan for each person. One person pay the bill or split the bill. Requirements: one person acts as waiter; everyone must order dishes and speak.

> 给教师的提示
>
> 在全班汇报正式点餐时，请您将每组的服务员调换一下，为其他组的人点菜。汇报结束后，全班可以推选1~2位"最佳服务员"。

1. **各组商量一下选择什么样的餐馆。** Every group discusses what kind of the restaurant to choose.

☐ 家常菜饭馆
jiācháng cài fànguǎn
home cooking style restaurant

☐ 高级餐厅
gāojí cāntīng
high grade restaurant

☐ 小吃店
xiǎochī diàn
snack bar

☐ 快餐店
kuàicān diàn
fast food restaurant

Word bank

风味 fēngwèi flavor	式 shì style	家常菜 jiācháng cài home cooking
高级 gāojí high grade	小吃 xiǎochī snack	

2. 一起商量点哪些菜。Discuss what dishes to order.

> **home cookbook**
>
> 宫保鸡丁
> gōng bǎo jī dīng
> spicy diced chicken with peanuts
>
> 炒青菜
> chǎo qīngcài
> sauteed vegetables
>
> 西红柿炒鸡蛋
> xīhóngshì chǎo jīdàn
> scrambled eggs with tomato
>
> 红烧茄子
> hóngshāo qiézi
> braised eggplant

3. 每人选择一个特别要求。Everyone chooses a particular request.

□ 选择(choose)你们喜欢的座位(seat)
xuǎnzé nǐmen xǐhuan de zuòwèi

□ 要餐巾纸(napkin)
yào cānjīnzhǐ

□ 菜里不要放某种(particular)东西
cài lǐ búyào fàng mǒuzhǒng dōngxi

□ 希望(hope)菜快一点儿
xīwàng cài kuài yìdiǎnr

□ 要餐具(tableware)
yào cānjù

□ 要免费(free)茶或水
yào miǎnfèi chá huò shuǐ

□ 打包
dǎ bāo

□ 换杯子
huàn bēizi

4. 正式点菜。Order dishes formally.

> **A tip for students**
>
> When one group is ordering dishes, other groups watch carefully. You can also set some difficulties to the waiter/waitress from other groups. And then select the best waiter/waitress.

语言练习 Language Focus

一、语音和语调 Pronunciation and intonation

1. 听录音，选择你听到的音节。Listen to the recording and choose the syllables you've heard. 💿 04-08

① bian-pian gong-kong de-te jia-xia

suan-shuan zu-zhu cai-chai gua-kua

② ban-bian dan-duan duo-dou chang-chuang

③ biān-biǎn bēi-běi cāi-cǎi cháng-chāng suān-suǎn
qǐngwèn-qīngwěn cǎidān-cāidān tǔdòu-tūdǒu pījiǔ-píjiǔ

2. 朗读下列词语，体会重音。Read the words below and feel the accents. 🔘 04-09

① 前重后轻 strong-weak

茄子
qiézi

② 前中后重 medium-strong

主食	米饭	特价	买单	苦瓜	打包
zhǔshí	mǐfàn	tèjià	mǎi dān	kǔguā	dǎ bāo

③

一点儿	一会儿	一下	一共
yìdiǎnr	yíhuìr	yíxià	yígòng
不吃	不要	不去	不走
bù chī	búyào	bú qù	bù zǒu

3. 朗读下列句子，注意语音语调。Read the following sentences aloud and pay attention to the accents.

① 服务员，先给我们来点儿水吧。
Fúwùyuán, xiān gěi wǒmen lái diǎnr shuǐ ba.

② 这是什么菜？
Zhè shì shénme cài?

③ 今天有没有特价菜？
Jīntiān yǒu méiyǒu tèjià cài?

④ 请少放点儿盐。
Qǐng shǎo fàng diǎnr yán.

⑤ 我们喝点儿啤酒吧？
Wǒmen hē diǎnr píjiǔ ba?

⑥ 还可以，就是有点儿咸。
Hái kěyǐ, jiùshì yǒudiǎnr xián.

⑦ 咱们AA吧，每人12。
Zánmen AA ba, měi rén shí'èr.

二、替换练习 Substitution exercises

① 先给我们　　**两杯水**，好吗?
　　Xiān gěi wǒmen liǎng bēi shuǐ, hǎo ma?

他	一碗米饭
tā	yì wǎn mǐfàn
欧文	一双(pair)筷子(chopsticks)
Ōuwén	yì shuāng kuàizi
老师	一本书
lǎoshī	yì běn shū

③ **水煮鱼**　　不要太　　**辣**。
　　Shuǐ zhǔ yú bùyào tài là.

烧茄子		咸
Shāo qiézi		xián
糖醋里脊		酸
Táng cù lǐji		suān
红烧鱼(braised fish)		甜
Hóngshāo yú		tián

② 请 **少** 放一点儿盐。
　　Qǐng shǎo fàng yìdiǎnr yán.

多 吃	饭
duō chī	fàn
多 带	衣服(clothes)
duō dài	yīfu
少 买	肉(meat)
shǎo mǎi	ròu

④ **糖醋里脊又 甜又酸，真 好吃!**
　　Táng cù lǐji yòu tián yòu suān, zhēn hǎochī!

他的房间	大	亮(bright)	舒服(comfortable)
Tā de fángjiān dà	liàng		shūfu
这个菜	苦	咸	难吃(terrible)
Zhège cài	kǔ	xián	nán chī
这个西瓜	甜	红	好吃
Zhège xīguā tián	hóng		hǎo chī

三、填量词 Fill in the blanks with proper measure words

位 wèi	杯 bēi	个 gè	碗 wǎn	点儿 diǎnr

两（　　）米饭　　三（　　）老师　　五（　　）水　四（　　）菜　　一（　　）盐
liǎng（　）mǐfàn　　sān（　）lǎoshī　　wǔ（　）shuǐ　sì（　）cài　　yì（　）yán

四、口语常用语及常用格式 Common oral expressions and patterns

1. **模仿例句，用"有一点儿……但是……"回答问题。** Imitate the sample sentence to answer the following questions with 有一点儿……但是…….

Example：A：苦瓜? 苦不苦?
　　　　　　Kǔguā? Kǔ bu kǔ?
　　　　　B：有一点儿，但是很好吃。
　　　　　　Yǒu yìdiǎnr, dànshì hěn hǎochī.

① A：他的宿舍(dormitory)小不小?
　　　Tā de sùshè xiǎo bu xiǎo?
　　B：＿＿＿＿＿＿＿＿＿＿＿。

② A：水煮鱼辣不辣?
　　　Shuǐ zhǔ yú là bu là?
　　B：＿＿＿＿＿＿＿＿＿＿＿。

③ A：汉语难不难？
   Hànyǔ nán bu nán?

   B：_____。

④ A：八点去晚不晚？
   Bā diǎn qù wǎn bu wǎn?

   B：_____。

2. **模仿例句，完成下列对话。** Imitate the sample sentence to complete the following sentences.

   Example：A：我喜欢糖醋里脊，又甜又酸，真好吃！
              Wǒ xǐhuan táng cù lǐji, yòu tián yòu suān, zhēn hǎochī!

            B：我也是。
              Wǒ yě shì.

① A：_____。（电视）(television)
           diànshì

   B：我也是。
      Wǒ yě shì.

③ A：_____。（T恤，红的）
           tīxù, hóng de

   B：我也是。
      Wǒ yě shì.

② A：_____。（豆腐汤）
           dòufu tāng

   B：我也是。
      Wǒ yě shì.

④ A：_____。（手机）
           shǒujī

   B：我也是。
      Wǒ yě shì.

扩展活动 Extended Activities

一、看图比较 Make comparisons according to the following pictures

A

A tip for students

Work in groups of 2. One looks at picture A and the other the picture B (on next page). Describe your picture in Chinese to your partner and the listener should point out the differences from the picture you see.

给教师的提示

您需要提醒学生在完成对自己的图片的描述前，不要看同伴的图片。

B

二、课堂游戏： 词语乒乓球 In-class game: Words' relay

将全班同学分为两组，老师先开始说一个字，由A组先用这个字组成一个词语，B组要用A组这个词语的最后一个字组成另外一个词语。只要读音相同就可以。例如："鸡蛋－蛋糕－高兴－幸福－富人"以此类推。哪个组最后接不上，让词语乒乓球落地，哪个组就输了。如果组成的词是前面说过的也算输。Divide the class into 2 groups. The teacher starts with one word, and group A need to make a phrase with this word, then group B need to make a phrase with the last word given by group A. The words that have the same pronunciations are acceptable. E.g. 鸡蛋－蛋糕－高兴－幸福－富人 and so on. The group that can not keep the game going on loses. And the group that repeats the same phrases loses as well.

总结与评价 Summary and Evaluation

一、语句整理。 Summary.

你经常去饭馆吃饭吗？你都知道哪些中国菜的名字？你最近想吃什么？会用汉语说了吗？利用下面的表格复习一下。Do you often go to restaurant? What names of Chinese food do you know? What do you want to eat recently? Can you say it in Chinese? Review what you have learned according to the following form.

Name of dishes	Expressions used in the restaurant

Name of dishes	Expressions used in the restaurant

二、完成任务的自我表现评价。 Self-evaluation.

- Are you satisfied with your own performance?

  Very good   good   not so good   bad

- Your own evaluation

  A   B   C   Your willingness to state your opinions

  A   B   C   Your willingness to raise your questions

  A   B   C   Your enthusiasm to gather useful information

第 5 课

我就在阳光小区门口 (Wǒ jiù zài Yángguāng Xiǎoqū ménkǒu)
I'm at the Entrance of Sunshine Community

目标 | Objectives

1. 复习常用的方位词语。Review common words of location.
2. 学习问路的常用语句。Learn common words and sentences of asking for directions.
3. 学习简单说明行走路线。Learn to explain the routes briefly.
4. 学习说出自己身处的方位。Learn to describe your location.

准备 Preparation

1. 跟同伴一起，先读一读下列词语，然后说说在自己的不同方位都有什么。Read the words below aloud with your partner. And then talk about the things around you.

前	后	上	下	左	右	旁边	中间
qián	hòu	shàng	xià	zuǒ	yòu	pángbiān	zhōngjiān
front	back	up	down	left	right	beside	middle

Pattern

我的前边是桌子。
Wǒ de qiānbian shì zhuōzi.
There is a desk in front of me.

2. 看图片，跟同伴一起回答下列问题。Look at the pictures and answer the following questions with your partner.

- 邮局在哪儿？ *Where is the post office?*
  Yóujú zài nǎr?

- 食堂在哪儿？ *Where is the canteen?*
  Shítáng zài nǎr?

- 宿舍在哪儿？ *Where is the dormitory?*
  Sùshè zài nǎr?

- 银行在哪儿？ *Where is the bank?*
  Yínháng zài nǎr?

- 超市在哪儿？ *Where is the supermarket?*
  Chāoshì zài nǎr?

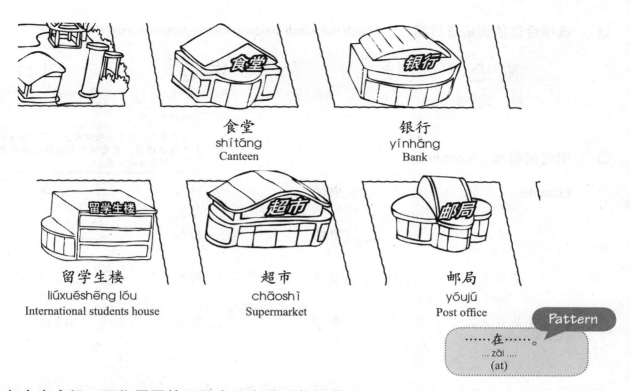

食堂
shítáng
Canteen

银行
yínháng
Bank

留学生楼
liúxuéshēng lóu
International students house

超市
chāoshì
Supermarket

邮局
yóujú
Post office

Pattern

······ 在 ······。
... zài ....
(at)

3. 向大家介绍一下你周围的不同方位坐着哪些同学。Introduce the students sitting at different directions around you to the class.

词语 Words and Expressions

给教师的提示
课前请提醒学生预习词语。

□ 朗读下列词语，注意发音和词语的意思。Read the following words aloud, pay attention to the pronunciation and the meanings. 🔊 05-01

1 不好意思 bù hǎoyìsi I'm sorry	2 没关系 méi guānxi that's all right	3 别人 biérén someone else	4 大爷 dàye old man	5 一直 yìzhí straight	6 然后 ránhòu then
7 左 zuǒ left	8 拐 guǎi turn	9 分钟 fēnzhōng minute	10 小姐 xiǎojiě Miss	11 附近 fùjìn near	12 超市 chāoshì supermarket	13 东边 dōngbian east
14 西边 xībian west	15 马路 mǎlù street	16 路口 lùkǒu corner	17 右 yòu right	18 喂 wèi hi	19 门口 ménkǒu entrance	20 接 jiē pick up
21 小区 xiǎoqū community	22 中学 zhōngxué middle school	专有名词 **Proper nouns**	23 图书大厦 Túshū Dàshà Book Building	24 娜拉 Nàlā Nara	25 阳光小区 Yángguāng Xiǎoqū Sunshine Community

给教师的提示
您别忘了提醒学生课前预习这些词语。

73

☐ 选择合适的词语进行搭配。Match the words below with the proper words.

附近	接	东边	门口
fùjìn	jiē	dōngbian	ménkǒu

☐ 词语搭积木。Word bricks.

Example:	人	中学	别人	门口
	rén	zhōngxué	biérén	ménkǒu

日本人　　　□□中学　　　□□别人　　　□□门口
Rìběn rén

是日本人　　□□□中学　　□□□别人　　□□□门口
shì Rìběn rén

我是日本人　□□□□中学　□□□□别人　□□□□门口
wǒ shì Rìběn rén

句 子 Sentences

☐ 听录音，填词语，然后朗读下列句子。Listen to the recording, fill in the blanks, and then read the sentences aloud. 🔊 05-02

1 ＿＿＿＿去图书大厦怎么走？
Qǐngwèn qù Túshū Dàshà zěnme zǒu?
Where is the Book Building?

2 ＿＿＿＿＿，我也不知道。
Bù hǎoyìsi, wǒ yě bù zhīdào.
I am sorry, I don't know either.

3 ＿＿＿＿＿，我再问问别人。
Méi guānxi, wǒ zài wènwen biérén.
That is all right. I will ask someone else.

4 一直往前走，然后往左＿＿＿＿＿。
Yìzhí wǎng qián zǒu, ránhòu wǎng zuǒ guǎi.
Go straight and then turn left.

5 不远，十多＿＿＿＿＿就到了。
Bù yuǎn, shí duō fēnzhōng jiù dào le.
It is not far, about 10 minutes walk.

6 过了＿＿＿＿＿往东走，第一个＿＿＿＿＿往右拐。
Guò le mǎlù wǎng dōng zǒu, dì yī ge lùkǒu wǎng yòu guǎi.
Go across the street and head for east, then turn left at the first corner.

7 你现在＿＿＿＿＿哪儿？
Nǐ xiànzài zài nǎr?
Where are you right now?

8 我就在阳光小区＿＿＿＿＿。
Wǒ jiù zài Yángguāng Xiǎoqū ménkǒu.
I am just at the entrance of Sunshine Community.

9 你等着，我去＿＿＿＿＿你。
Nǐ děng zhe, wǒ qù jiē nǐ.
Wait for a moment. I am going to pick you up.

10 我家在＿＿＿＿＿最里边，旁边是一所＿＿＿＿＿。
Wǒ jiā zài xiǎoqū zuì lǐ biān, pángbiān shì yì suǒ zhōngxué.
I live at the innermost of the community, beside a middle school.

❑ **看图片，和同伴商量他们可能在说什么。** Look at the pictures and discuss with your partner what they are probably talking about.

① Qǐngwèn qù Túshū Dàshà zěnme zǒu?

③ Wǒ jiù zài Yángguāng Xiǎoqū ménkǒu.

❑ **和同伴一起，选择合适的句子完成下列对话。** Select the proper sentences to complete the dialogues below with your partner.

1 A: _____。

B: 不用了，我自己能找到。
Bú yòng le, wǒ zìjǐ néng zhǎo dào.
It is unnecessary. I can find it by myself.

2 A: 请问，去超市怎么走？
Qǐngwèn, qù chāoshì zěnme zǒu?
Excuse me, how to get to the supermarket?

B: _____。

3 A: 你家在哪儿？
Nǐ jiā zài nǎr?
Where is your home?

B: _____。

情景 Situations

❑ 听两遍录音，然后回答问题。Listen to the recording twice and then answer the questions. 💿 05-03

① 山本要去哪儿？
Shānběn yào qù nǎr?
Where is Yamamoto going?

② 那位先生告诉山本了吗？
Nà wèi xiānsheng gàosù Shānběn le ma?
Had that man told Yamamoto?

③ 山本又问了谁？
Shānběn yòu wèn le shuí?
Who else did Yamamoto ask?

④ 山本知道图书大厦怎么走了吗？
Shānběn zhīdào Túshū Dàshà zěnme zǒu le ma?
Did Yamamoto know how to go to the book building?

⑤ 图书大厦远不远？
Túshū Dàshà yuǎn bu yuǎn?
Is Book Building far?

❑ 朗读对话一，注意发音和语气。Read Dialogue 1 aloud, pay attention to the pronunciation and the tone.

山本： Shānběn:	先生，请问去图书大厦怎么走？ Xiānsheng, qǐngwèn qù Túshū Dàshà zěnme zǒu?
先生： Xiānsheng:	不好意思[1]，我也不知道。 Bù hǎoyìsi, wǒ yě bù zhīdào.
山本： Shānběn:	没关系，我再问问别人。 Méi guānxi, wǒ zài wènwen biérén.
先生： Xiānsheng:	那位老大爷可能知道。 Nà wèi lǎodàye kěnéng zhīdào.
山本： Shānběn:	老大爷，您知道图书大厦怎么走吗？ Lǎodàye, nín zhīdào Túshū Dàshà zěnme zǒu ma?
老大爷： Lǎodàye:	一直往前走，然后往左拐。 Yīzhí wǎng qián zǒu, ránhòu wǎng zuǒ guǎi.
山本： Shānběn:	远不远？ Yuǎn bu yuǎn?
老大爷： Lǎodàye:	不远，十多分钟就[2]到了。 Bù yuǎn, shí duō fēnzhōng jiù dào le.
山本： Shānběn:	谢谢您。 Xièxie nín.

Yamamoto: Excuse me sir, where is the Book Building?

Man: I am sorry, I don't know either.

Yamamoto: That is all right. I will ask someone else.

Man: That old man maybe knows.

Yamamoto: Excuse me sir, do you know where the Book Building is?

Old man: Go straight and then turn left.

Yamamoto: Is it far?

Old man: It is not far, about 10 minutes' walk.

Yamamoto: Thank you very much.

Tips:

1. Here, 不好意思 expresses a feeling of apology for not being able to help. The answers can be 没关系, 没事儿.

2. 就 indicates that the action or activity starts or ends early. E.g. 还有五分钟就上课了。

❑ **根据对话一，选择合适的句子跟同伴说话。** Choose the proper sentences to speak to your partner according to Dialogue 1.

Ask	Answer
	不好意思，我也不知道。 Bù hǎoyìsi, wǒ yě bù zhīdào.
老大爷，您知道图书大厦怎么走吗？ Lǎodàye, nín zhīdào Túshū Dàshà zěnme zǒu ma?	
远不远？ Yuǎn bu yuǎn?	

❑ **说一说。** Say it.

① 你们学校附近有书店吗？你知道去那儿怎么走吗？

Nǐmen xuéxiào fùjìn yǒu shū diàn ma? Nǐ zhīdào qù nàr zěnme zǒu ma?

Is there any book store near your school? Do you know how to get there?

② 从你住的地方走路到学校要多长时间？

Cóng nǐ zhù de dìfang zǒu lù dào xuéxiào yào duō cháng shíjiān?

How long will it take on foot from the place you live to school?

二 ○—————————————————○

❑ **听两遍录音，然后判断正误。** Listen to the recording twice, and then decide whether the following statements are true or false. 🔊 05-04

① 学校附近有两个超市。　☐　　③ 西边的超市很远。　☐

Xuéxiào fùjìn yǒu liǎng ge chāoshì.　　　　Xībian de chāoshì hěn yuǎn.

② 东边的超市比较小，但是很近。　☐

Dōngbian de chāoshì bǐjiào xiǎo, dànshì hěn jìn.

❑ **朗读对话二，注意发音和语气。** Read Dialogue 2 aloud, pay attention to the pronunciation and the tone.

小姐： 请问，学校附近有超市吗？
Xiǎojiě: Qǐngwèn, xuéxiào fùjìn yǒu chāoshì ma?

欧文： 东边和西边都有。
Ōuwén: Dōngbian hé xībian dōu yǒu.

小姐： 哪个比较大？
Xiǎojiě: Nǎge bǐjiào dà?

春香: 东边的比较大，但是有点儿远。
Chūnxiāng: Dōngbian de bǐjiào dà, dànshì yǒudiǎnr yuǎn.

小姐: 去那儿怎么走？
Xiǎojiě: Qù nǎr zěnme zǒu?

欧文: 过[1]了马路往东走，第一个路口
Ōuwén: Guō le mǎlù wǎng dōng zǒu, dì yī ge lùkǒu

往左拐。
wǎng zuǒ guǎi.

小姐: 西边的超市远吗？
Xiǎojiě: Xībian de chāoshì yuǎn ma?

春香: 不远，往右一拐
Chūnxiāng: Bù yuǎn, wǎng yòu yì guǎi

就到了[2]。
jiù dào le.

小姐: 谢谢你们！
Xiǎojiě: Xièxie nǐmen!

Tips:

1. Here, 过 is a verb which expresses from one location or time to another location or time. E.g. 过两个路口。
2. Here, 一……就…… links 2 verbs, which expresses that certain conditions lead to certain result. 往右拐 is the condition, and 到了 is the result. E.g. 你一到路口就看见了。

Miss:	Excuse me, is there any supermarket near the school?
Irving:	There are supermarkets at both east and west.
Miss:	Which one is bigger?
Chun Hyang:	The one at east is bigger, but further.
Miss:	How to get there?
Irving:	Go across the street and head for east, then turn left at the first corner.
Miss:	Is the supermarket at west far from here?
Chun Hyang:	No, just turn right and you will find it.
Miss:	Thank you!

❑ 根据对话二的内容，回答下列问题。Answer the questions below according to Dialogue 2.

① 学校附近有超市吗？
Xuéxiào fùjìn yǒu chāoshì ma?

② 哪个超市比较大？
Nǎge chāoshì bǐjiào dà?

③ 东边的超市远吗？怎么走？
Dōngbian de chāoshì yuǎn ma? Zěnme zǒu?

④ 西边的超市远吗？怎么走？
Xībian de chāoshì yuǎn ma? Zěnme zǒu?

❑ 和同伴一起，根据下面的提示说说对话二的内容。Tell the story in Dialogue 2 according to the given hints with your partner.

学校附近_____，一个是_____，一个是_____。东边的超市_____，
Xuéxiào fùjìn_____, yí ge shì_____, yí ge shì_____. Dōngbian de chāoshì_____,

过了马路_____，第一个路口_____。西边的超市_____，_____就到了。
guō le mǎlù_____, dì yī ge lùkǒu_____. Xībian de chāoshì_____, _____jiù dào le.

三

☐ **听两遍录音，然后判断正误。** Listen to the recording twice, and then decide whether the following statements are true or false. 🔘 05-05

① 李红家住在阳光小区。 ☐　　**③** 李红去接娜拉。 ☐
Lǐ Hóng jiā zhù zài Yángguāng Xiǎoqū.　　Lǐ Hóng qù jiē Nàlā.

② 娜拉现在在中学门口。 ☐　　**④** 李红的家在小区最外边。 ☐
Nàlā xiànzài zài zhōngxué ménkǒu.　　Lǐ Hóng de jiā zài xiǎoqū zuì wàibian.

☐ **朗读对话三，注意发音和语气。** Read Dialogue 3 aloud, pay attention to the pronunciation and the tone.

娜拉： 喂，李红，你家是¹在阳光小区吗？
Nàlā: Wèi, Lǐ Hóng, nǐ jiā shì zài Yángguāng Xiǎoqū ma?

李红： 对啊，你找到了吗？
Lǐ Hóng: Duì a, nǐ zhǎo dào le ma?

娜拉： 找到了。
Nàlā: Zhǎo dào le.

李红： 你现在在哪儿？
Lǐ Hóng: Nǐ xiànzài zài nǎr?

娜拉： 我就²在阳光小区的门口。
Nàlā: Wǒ jiù zài Yángguāng Xiǎoqū de ménkǒu.

李红： 你等着，我去接你。
Lǐ Hóng: Nǐ děng zhe, wǒ qù jiē nǐ.

娜拉： 不用了，我自己能找到。
Nàlā: Bù yòng le, wǒ zìjǐ néng zhǎo dào.

李红： 我家在小区最里边，旁边是
Lǐ Hóng: Wǒ jiā zài xiǎoqū zuì lǐbian, pángbiān shì

一所中学³。
yì suǒ zhōngxué.

娜拉： 我知道了。
Nàlā: Wǒ zhīdào le.

一会儿见。
Yíhuìr jiàn.

Tips:

1. 是 expresses a tone of emphasis. It emphasizes the tangibility of certain situation and should be accentuated. E.g. 这儿是东门吗？超市是在小区里吗？

2. Here, 就 expresses emphasis, and should be accentuated.

3. This is an existential sentence. "Location + 是 + object" means something is at some place. E.g. 桌子（zhuōzi desk）上是一本书。

Nara:	Hi, Li Hong. Is your home in Sunshine Community?
Li Hong:	Yes, can you find it?
Nara:	Yes.
Li Hong:	Where are you right now?
Nara:	I am just at the entrance of Sunshine Community.
Li Hong:	Wait for a moment. I am going to pick you up.
Nara:	It is unnecessary. I can find it by myself.
Li Hong:	I live at the innermost of the community, beside a middle school.
Nara:	I get it. See you soon.

❑ 根据对话三，回答下列问题。Answer the questions below according to Dialogue 3.

① 李红家住在哪儿？
Lǐ Hóng jiā zhù zài nǎr?

② 娜拉现在在哪儿？
Nàlā xiànzài zài nǎr?

③ 李红去接娜拉了吗？
Lǐ Hóng qù jiē Nàlā le ma?

④ 娜拉知道李红家怎么走吗？
Nàlā zhīdào Lǐ Hóng jiā zěnme zǒu ma?

❑ 根据对话三填空，并试着说说对话三的内容。Fill in the blanks according to Dialogue 3, and then try to tell the story in Dialogue 3.

娜拉要去_____，她家住在_____。娜拉现在就在_____，李红让娜拉_____，
Nàlā yào qù_____, tā jiā zhù zài_____. Nàlā xiànzài jiù zài_____, Lǐ Hóng ràng Nàlā_____,
她去_____。但是娜拉说她_____。李红说她家在小区_____，旁边是_____。
tā qù_____. Dànshì Nàlā shuō tā_____. Lǐ Hóng shuō tā jiā zài xiǎoqū_____, pángbiān shì_____.

（四）

❑ 朗读下面的短文，然后模仿短文介绍一下自己的学校。Read the passage below aloud, and then imitate the passage to introduce your school. 🔘 05-06

从我们学校去哪儿都方便(convenient)，去超市更方便。学校附近有两个超市，小一点儿的超市离(away from)学校很近(near)。出学校大门(gate)向右拐，第二个路口再往左拐。大超市坐车3站就到了。

Cóng wǒmen xuéxiào qù nǎr dōu fāngbiàn, qù chāoshì gèng fāngbiàn. Xuéxiào fùjìn yǒu liǎng ge chāoshì, xiǎo yìdiǎnr de chāoshì lí xuéxiào hěn jìn. Chū xuéxiào dàmén xiàng yòu guǎi, dì èr ge lùkǒu zài wǎng zuǒ guǎi. Dà chāoshì zuò chē sān zhàn jiù dào le.

活动 Activities

一、看图学词语 Learn the words in the pictures

画线将小词库中的词语与相应的图片连接起来，然后朗读词语。Match the words in the word bank with their corresponding pictures, and read the words aloud.

Word bank				
电影院 diànyǐngyuàn cinema	麦当劳 Màidāngláo McDonald's	商店 shāngdiàn shop	天桥 tiānqiáo overpass	地下通道 dìxià tōngdào underpass

二、双人活动 Pair work

1. **2人一组。根据下面的地图，找出句子中所说的地方。** Work in pairs. Try to find the locations of the given sentences according to the map below.

① 过天桥一直往南走是＿＿＿＿＿。
Guò tiānqiáo yìzhí wǎng nán zǒu shì ＿＿＿＿＿.

② 图书大厦在＿＿＿＿＿的东边。
Túshū Dàshà zài ＿＿＿＿＿ de dōngbian.

③ 安娜家的旁边是一所＿＿＿＿＿。
Ānnà jiā de pángbiān shì yì suǒ ＿＿＿＿＿.

④ 从超市往南走，过了地下通道就是＿＿＿＿＿。
Cóng chāoshì wǎng nán zǒu, guò le dìxià tōngdào jiù shì ＿＿＿＿＿.

⑤ 从图书大厦一直往北走，第一个路口往右拐是＿＿＿＿＿。
Cóng Túshū Dàshà yìzhí wǎng běi zǒu, dì yī ge lùkǒu wǎng yòu guǎi shì ＿＿＿＿＿.

⑥ 从阳光小区出来，过天桥一直往北走，第一个路口往左拐是＿＿＿＿＿。
Cóng Yángguāng Xiǎoqū chūlai, guò tiānqiáo yìzhí wǎng běi zǒu, dì yī ge lùkǒu wǎng zuǒ guǎi shì ＿＿＿＿＿.

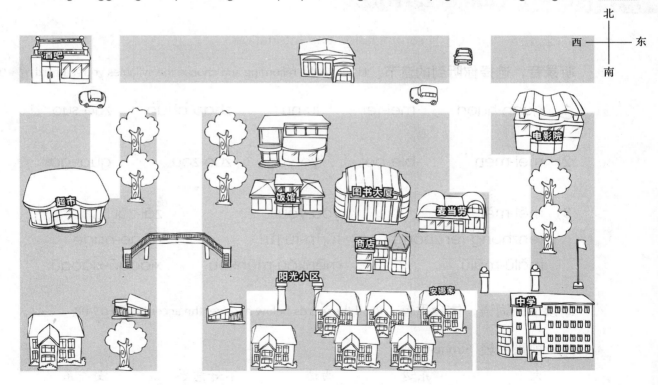

2. **3人一组。安娜的好朋友来看安娜。她喜欢吃麦当劳，喜欢看电影，喜欢购物，晚上还想去酒吧。商量一下安娜应该怎么陪朋友过好这一天。根据上面的图，设计一条最佳路线，从家出发最后回来，要在一天的时间内做完这些事情。** Work in groups of 3. Anna's best friend is going to visit her. She likes eating McDonald's, watching movies, shopping and going to bars at night. Discuss how Anna can spend one day with her friend well. According to the pictures above, try to design a perfect route including all the activities mentioned before. The route should both starts and ends at Anna's home.

三、小组活动 Pair work

根据同伴的描述画出他/她家周围的简图，然后按照自己画的图给大家介绍他/她家周围的情况。 Draw a map briefly of your partner's home according to his/her description, and then introduce the situations of his/her home based on the map you have drawn to the class.

Word bank

米	大概	左右	教堂	公路
mǐ	dàgài	zuǒyòu	jiāotáng	gōnglù
meter	approximately	left/right; more or less	church	road

桥	河	公园	树林
qiáo	hé	gōngyuán	shùlín
bridge	river	park	forest

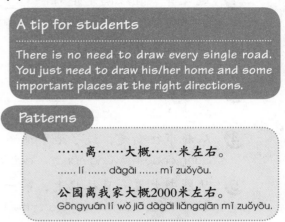

A tip for students

There is no need to draw every single road. You just need to draw his/her home and some important places at the right directions.

Patterns

……离……大概……米左右。
...... lí ...... dàgài ...... mǐ zuǒyòu.

公园离我家大概2000米左右。
Gōngyuán lí wǒ jiā dàgài liǎngqiān mǐ zuǒyòu.

语言练习 Language Focus

一、语音和语调 Pronunciation and intonation

1. **听录音，选择你听到的音节。** Listen to the recording and choose the syllables you've heard. 🔘 05-07

   (1) guan-huan   mei-fei   lu-nu   zhao-chao   zuo-suo

   (2) mei-men   bie-bei   ye-yue   zuo-zou   guai-gai

   (3) měi-měi   yōu-yǒu   zāi-zǎi
       fēnzhōng-fēnzhōng   fùjìn-fǔ jìn   nàge-nǎge
       mǎlù-mālǔ   mēnkǒu-ménkǒu   xiǎoqū-xiǎoqū

2. **朗读下列词语，体会重音。** Read the words below and feel the accents. 🔘 05-08

   (1) **前重后轻** Strong-weak

大爷	东边	西边	不好意思	没关系
dàye	dōngbian	xībian	bù hǎoyìsi	méi guānxi

   (2) **前中后重** Medium-strong

超市	不用	中学	路口
chāoshì	bú yòng	zhōngxué	lùkǒu

3. **朗读下列句子，注意语音语调。**Read the following sentences aloud and pay attention to the accents.

① 老大爷，您知道阳光小区怎么走吗？
Lǎodàye, nín zhīdào Yángguāng Xiǎoqū zěnme zǒu ma?

② 往前走，再往右一拐就到了。
Wǎng qián zǒu, zài wǎng yòu yì guǎi jiù dào le.

③ 喂，李红，你家是在阳光小区吗？
Wèi, Lǐ Hóng, nǐ jiā shì zài Yángguāng Xiǎoqū ma?

④ 我现在就在你们学校门口。
Wǒ xiànzài jiù zài nǐmen xuéxiào ménkǒu.

⑤ 我家在小区最西边。
Wǒ jiā zài xiǎoqū zuì xībian.

⑥ 你等着，我去接你。
Nǐ děng zhe, wǒ qù jiē nǐ.

二、替换练习 Substitution exercises

① 请问去　图书大厦怎么走？
Qǐngwèn qù Túshū Dàshà zěnme zǒu?

银行 (bank)
yínháng

阳光小区
Yángguāng Xiǎoqū

超市
chāoshì

② 你找到了吗？
Nǐ zhǎo dào le ma?

看
kàn

听
tīng

买
mǎi

③ 我就在阳光小区　门口。
Wǒ jiù zài Yángguāng Xiǎoqū ménkǒu.

宿舍 (dormitory)　楼 (building) 下
sùshè　　　　　lóu　　　　xià

超市　　　　　前边
chāoshì　　　　qiánbian

图书大厦　　　旁边
Túshū Dàshà　　pángbiān

④ 旁边是一所 中学。
Pángbiān shì yì suǒ zhōngxué.

东边　个 小超市
Dōngbian ge xiǎo chāoshì

左边　个 书店 (bookstore)
Zuǒbian ge shū diàn

右边　个 商店 (shop)
Yòubian ge shāngdiàn

⑤ 过了马路往东走。
Guò le mǎlù wǎng dōng zǒu.

过　天桥
guò tiānqiáo

下　车
xià　chē

到　第一个路口
dào dì yī ge lùkǒu

三、口语常用语及常用格式 Common oral expressions and patterns

1. 模仿例句，用指定的词语完成对话。Imitate the sample sentence to complete the following sentences with particular words.

Example: 一直往前走，然后往左拐。
Yìzhí wǎng qián zǒu, ránhòu wǎng zuǒ guǎi.

1 A：请问留学生楼怎么走？
Qǐngwèn liúxuéshēng lóu zěnme zǒu?

B：＿＿＿＿＿＿＿＿＿＿＿。（从……一直往……）
cóng ... yìzhí wǎng ...

2 A：您知道附近有超市吗？
Nín zhīdào fùjìn yǒu chāoshì ma?

B：＿＿＿＿＿＿＿＿＿＿＿。（往……拐）
wǎng ... guǎi

3 A：你现在在哪儿？
Nǐ xiànzài zài nǎr?

B：＿＿＿＿＿＿＿＿＿＿＿。（就在）
jiù zài

> **Pattern**
> 一直往前走，然后往左拐。
> Yìzhí wǎngqián zǒu, ránhòu wǎng zuǒ guǎi.

4 A：李红家在哪儿？
Lǐ Hóng jiā zài nǎr?

B：＿＿＿＿＿＿＿＿＿＿＿。（里面）
lǐmiàn

2. 模仿例句，用"不好意思"来回答问题。Imitate the sample sentence to complete the following sentences with 不好意思.

Example: A：先生，请问去图书大厦怎么走？
Xiānsheng, qǐngwèn qù Túshū Dàshà zěnme zǒu?

B：不好意思，我也不知道。
Bù hǎoyìsi, wǒ yě bù zhīdào.

1 A：你知道老师家住哪儿吗？
Nǐ zhīdào lǎoshī jiā zhù nǎr ma?

B：＿＿＿＿＿＿＿＿＿＿＿。（不知道）
bù zhīdào

2 A：下午你能跟我去超市吗？
Xiàwǔ nǐ néng gēn wǒ qù chāoshì ma?

B：＿＿＿＿＿＿＿＿＿＿＿。（有事儿）
yǒushìr

> **Patterns**
> A：先生，请问去图书大厦
> Xiānsheng, qǐngwèn qù Túshū Dàshà
> 怎么走？
> zěnme zǒu?
> B：不好意思，我也不知道。
> Bù hǎoyìsi, wǒ yě bù zhīdào.

3 A：你能帮我一下吗？
Nǐ néng bāng wǒ yíxià ma?

B：＿＿＿＿＿＿＿＿＿＿＿。（上课）
shàng kè

4 A：您能告诉我他的电话吗？
Nín néng gàosu wǒ tā de diànhuà ma?

B：＿＿＿＿＿＿＿＿＿＿＿。（丢）(lose)
diū

扩展活动 Extended Activities

一、校园寻宝

教师课前将写有宝物的小纸条放在校园内的不同地方，要求学生从教室出发去寻宝。 The teacher put some "treasure" notes at different places in the schoolyard before class, and the students are required to find them.

要求：1. 学生两人一组。每组从教师那里得到一个信封，信封中装有宝物的地址。两人通过用汉语问路，找到宝物。

2. 最先拿到宝物纸条返回并能向教师准确陈述所行路线的组为胜。

Requests: 1. The students work in pairs. Each group will get an envelope from the teacher which contains the addresses of treasure. The students are required to find the treasure by asking for directions in Chinese.

2. The very first group that returns with the notes and can also describe all the routes to the teacher is the winner.

二、课堂游戏：贴眉毛 In-class game: paste eyebrows

在黑板上画一个人的脸，唯独缺少眉毛。两人一组。其中一位同学蒙着眼睛，根据同伴的指令来贴眉毛。在最短的时间内贴出位置最合适的眉毛的组获胜。 Draw one human face on the blackboard without eyebrows. Work in pairs. The one whose eyes are covered is required to paste the eyebrows under the other's instructions. The very group that pastes the eyebrows at the perfect place in the shortest time is the winner.

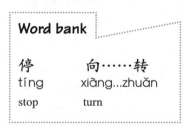

Word bank

停	向……转
tíng	xiǎng...zhuǎn
stop	turn

给教师的提示

您要提前准备好几组眉毛的贴画。也可以将各组贴好眉毛的画用照相机拍摄下来，进行对比，贴的最好的组可以得到奖励。

总结与评价 Summary and Evaluation

一、语句整理。Summary.

你能用汉语询问和介绍方位了吗？利用下面的表格复习一下。 Can you ask for and explain directions in Chinese? Review what you have learned according to the following form.

Expressions to indicate directions	Expressions to explain directions

二、完成任务的自我表现评价。 Self-evaluation.

- Are you satisfied with your own performance?

  Very good   good   not so good   bad

- Your own evaluation

  A   B   C   Your willingness to state your opinions

  A   B   C   Your willingness to raise your questions

  A   B   C   Your enthusiasm to gather useful information

第6课

上车请投币 (Shàng chē qǐng tóu bì)
Please Insert Coins When Get on a Bus

目标 | Objectives

1. 复习交通工具的名称。Review words of transport.
2. 学习乘坐出租车时的常用语句。Learn common words and sentences of taking taxi.
3. 学习乘坐交通工具时的常用语句。Learn common words and sentences of taking transport.
4. 学习简单说明如何换乘交通工具。Learn to explain the change of transport briefly.

准 备 Preparation

给教师的提示

这一课需要您事先准备一张本地的公交路线图。

1. **利用下面的表格简单准备一下，然后询问同伴从宿舍去这四个地方应该怎么走。Make preparations according to the following form, and then ask your partner about how to get to these 4 places from dormitory.**

A tip for students

Locate yourself and make notes briefly. Then make comparisons with your partners.

Place	Location	How to get there
食堂		
银行		
邮局		
超市		

2. 看看下列图片，你知道这些交通工具的名称吗？Look at the pictures below. Do you know all the names of the transport?

公共汽车
gōnggòng qìchē

出租车
chūzū chē

地铁
dìtiě

大巴
dàbā

飞机
fēijī

火车
huǒchē

自行车
zìxíngchē

3. 在你们国家，你最喜欢去哪儿旅行？怎么去？Where is your favourite place for trip in your country? How to get there?

词语 Words and Expressions

给教师的提示
课前请提醒学生预习词语。

☐ 朗读下列词语，注意发音和词语的意思。Read the following words aloud, pay attention to the pronunciation and the meanings. 🔊 06-01

1 大使馆 dàshǐguǎn embassy	2 司机 sījī driver	3 小时 xiǎoshí hour	4 堵 dǔ jam	5 ……的话 … de huà if	6 票 piào ticket	7 售票员 shòupiào yuán ticket seller
8 图书馆 túshūguǎn library	9 着急 zháojí in a hurry	10 刷卡 shuā kǎ swipe card	11 投币 tóu bì insert coins	12 糟糕 zāogāo awful	13 零钱 língqián change(*n.*)	14 投 tóu insert
15 公交卡 gōngjiāo kǎ bus card	16 师傅 shīfu a respectful address for a skilled person	17 换 huàn change	18 植物园 zhíwùyuán arboretum	19 路 lù route	20 地铁 dìtiě subway	21 直达 zhídá go…directly

22 动物园 dōngwù yuán zoo	23 公共汽车 gōnggòng qìchē bus	24 大概 dàgài about	专有名词 Proper nouns	25 日本 Rìběn Japan	26 新华书店 Xīnhuá Shūdiàn Xinhua Bookstore

给教师的提示
您别忘了提醒学生课前预习这些词语。

❏ 选择合适的词语进行搭配。Match the words below with the proper words.

票 piào 零钱 língqián 换 huàn 大概 dàgài

给教师的提示
这个练习，您可以按照从上到下的顺序带领学生依次朗读，也可以分为不同的小组先做练习，然后全班交流。

❏ 词语搭积木。Word bricks.

Example:
人 rén 大使馆 dàshǐguǎn 币 bì 车 chē
日本人 Rìběn rén □□大使馆 □币 □车
是日本人 shì Rìběn rén □□□大使馆 □币 □□车

句子 Sentences

❏ 听录音，填词语，然后朗读下列句子。Listen to the recording, fill in the blanks, and then read the sentences aloud. 🔊 06-02

1 去日本_____。
Qù Rìběn dàshǐguǎn.
To Japanese embassy, please.

2 半个_____能到吗？
Bàn ge xiǎoshí néng dào ma?
Can we be there in half an hour?

3 我就在这儿_____吧。
Wǒ jiù zài zhèr xià ba.
I am getting off here.

4 到_____还得坐几站？
Dào túshūguǎn hái děi zuò jǐ zhàn?
How many stops left to the library?

5 别_____，到站我叫你。
Bié zháojí, dào zhàn wǒ jiào nǐ.
Don't worry. I will remind you there.

6 上车请_____，没卡请_____。
Shàng chē qǐng shuā kǎ, méi kǎ qǐng tóu bì.
Please swipe your card or insert coins before you travel.

7 去新华书店在哪儿_____车？
Qù Xīnhuá Shūdiàn zài nǎr huàn chē?
Where should we change the bus if we are going to Xinhua Bookstore?

8 去_____坐几路车？
Qù zhíwùyuán zuò jǐ lù chē?
Which bus is to the arboretum?

9 坐_____能到那儿吗？
Zuò dìtiě néng dào nǎr ma?
Can I get there by subway?

10 坐_____得多长时间？
Zuò gōnggòng qìchē děi duō cháng shíjiān?
How long will it take by bus?

给教师的提示
您可以采用各种方式来操练句子，同时纠正学生的发音。

❑ **看图片，和同伴商量他们可能在说什么。** Look at the pictures and discuss with your partner what they are probably talking about.

❑ **和同伴一起，选择合适的句子完成下列对话。** Select the proper sentences to complete the dialogues below with your partner.

1 A: 您去哪儿？
Nín qù nǎr?
Where are you going?

B: _____。

2 A: _____？

B: 没问题，二十分钟就能到。
Méi wèntí, èrshí fēnzhōng jiù néng dào.
No problem. We can get there in twenty minutes.

3 A: _____？

B: 坐公共汽车得四十分钟。
Zuò gōnggòng qìchē děi sìshí fēnzhōng.
It will take forty minutes by bus.

4 A: _____？

B: 坐地铁不到，你坐出租车去吧。
Zuò dìtiě bú dào, nǐ zuò chūzū chē qù ba.
You can't get there by subway Take a taxi.

情景 Situations

❑ **听两遍录音，然后回答问题。** Listen to the recording twice and then answer the questions. 🔘 06-03

1 山本要去哪儿？
Shānběn yào qù nǎr?
Where is Yamamoto going?

3 山本要在哪儿下车？
Shānběn yào zài nǎr xià chē?
Where will Yamamoto get off?

2 多长时间能到？
Duō cháng shíjiān néng dào?
How long will it take to get here?

☐ **朗读对话一，注意发音和语气。** Read Dialogue 1 aloud, pay attention to the pronunciation and the tone.

山本: Shānběn:	去日本大使馆。 Qù Rìběn dàshǐguǎn.
司机: Sījī:	上车吧。 Shàng chē ba.
山本: Shānběn:	半个小时能到吗？ Bàn ge xiǎoshí néng dào ma?
司机: Sījī:	不堵车的话¹ 也就² 十几分钟。 Bù dǔ chē de huà yě jiù shí jǐ fēnzhōng.
山本: Shānběn:	今天好像还不错。 Jīntiān hǎoxiàng hái búcuò.
司机: Sījī:	是啊。你到东门吗？ Shì a. Nǐ dào dōng mén ma?
山本: Shānběn:	对。 Duì.
司机: Sījī:	前边就是。 Qiánbian jiù shì.
山本: Shānběn:	我就在这儿下吧。 Wǒ jiù zài zhèr xià ba.
司机: Sījī:	好的。16块。 Hǎo de. Shíliù kuài.

Yamamoto: Japanese embassy, please.
Driver: Hop in.
Yamamoto: Can we be there in half an hour?
Driver: It will only take 10 minutes or so if there is no traffic jam.
Yamamoto: It seems not bad today.
Driver: Yes. Do you want to get off at the east gate?
Yamamoto: Right.
Driver: Here we are.
Yamamoto: OK, I am getting off here.
Driver: 16 yuan, please.

Tips:

1. （如果）……的话 expresses a hypothesis relation, and 如果 can be omitted. E.g. 明天下雨的话，我就不去了。
2. 也就 expresses a meaning of emphasis. It emphasizes short time, small quantity and low degree. E.g. 走路的话也就七八分钟。他也就二十多岁。

☐ **画线连接。** Match the sentences with their proper responses.

① 去日本大使馆。
Qù Rìběn dàshǐguǎn.

② 半个小时能到吗？
Bàn ge xiǎoshí néng dào ma?

③ 你到东门吗？
Nǐ dào dōng mén ma?

④ 我就在这儿下吧。
Wǒ jiù zài zhèr xià ba.

A) 对。
Duì.

B) 好的。16块。
Hǎo de. Shíliù kuài.

C) 上车吧。
Shàng chē ba.

D) 不堵车的话也就十几分钟。
Bù dǔ chē de huà yě jiù shí jǐ fēnzhōng.

☐ **说一说。** Say it.

① 在这儿你坐过出租车吗？你去哪儿了？
Zài zhèr nǐ zuò guo chūzū chē ma? Nǐ qù nǎr le?
Have you ever taken a taxi here? Where have you gone to?

91

② 你们国家坐出租车一公里多少钱？

Nǐmen guójiā zuò chūzū chē yì gōnglǐ duōshǎo qián?

How much is it per kilometres by taxi in your country?

③ 在你们国家坐出租车便宜还是在这里便宜？

Zài nǐmen guójiā zuò chūzū chē piányi háishi zài zhèlǐ piányi?

Which one is cheaper, taking a taxi here or in your country?

（二）

☐ 听两遍录音，然后判断正误。Listen to the recording twice, and then decide whether the following statements are true or false. 💿 06-04

① 欧文要去图书馆。 ☐   **③** 欧文不知道在哪儿下车。 ☐

Ōuwén yào qù túshūguǎn.   Ōuwén bù zhīdào zài nǎr xià chē.

② 图书馆很远。 ☐

Túshūguǎn hěn yuǎn.

☐ 朗读对话二，注意发音和语气。Read Dialogue 2 aloud, pay attention to the pronunciation and the tone.

欧文： Ōuwén:	买一张票。 Mǎi yì zhāng piào.
售票员： Shòupiàoyuán:	您到哪儿？ Nín dào nǎr?
欧文： Ōuwén:	图书馆。 Túshūguǎn.
售票员： Shòupiàoyuán:	一块，给您票。 Yí kuài, gěi nín piào.
欧文： Ōuwén:	到图书馆还得坐几站？ Dào túshūguǎn hái děi zuò jǐ zhàn?
售票员： Shòupiàoyuán:	八站。 Bā zhàn.
欧文： Ōuwén:	还有那么远啊[1]？ Hái yǒu nàme yuǎn a?
售票员： Shòupiàoyuán:	别着急，到站我叫你。 Bié zháojí, dào zhàn wǒ jiào nǐ.
欧文： Ōuwén:	谢谢！ Xièxie!
售票员： Shòupiàoyuán:	不客气！ Bú kèqi!

Tip:

1. Here, 啊 is an interjection. Influenced by the n in the previous syllable, 啊 is pronounced nǎ here.

Irving: One ticket please.

Ticket seller: Where are you going?

Irving: The library.

Ticket seller: 1 yuan. Here is your ticket.

Irving: How many stops left?

Ticket seller: 8 stops.

Irving: That is so fat.

Ticket seller: Don't worry. I will remind you there.

Irving: Thank you!

Ticket seller: You are welcome.

❏ **根据对话二，回答下列问题。** Answer the questions below according to Dialogue 2.

(1) 欧文要去哪儿？
Ōuwén yào qù nǎr?

(2) 车票多少钱一张？
Chē piào duōshao qián yì zhāng?

(3) 欧文到那儿还得坐几站？
Ōuwén dào nǎr hái děi zuò jǐ zhàn?

(4) 售票员为什么说"别着急"？
Shòupiàoyuán wèi shénme shuō "bié zháo jí"?

❏ **说一说。** Say it.

(1) 在你们国家，你经常用什么交通工具？在这儿呢？
Zài nǐmen guójiā, nǐ jīngcháng yòng shénme jiāotōng gōngjù? Zài zhèr ne?
What kind of transport do you often take in your country? How about here now?

(2) 在国外，你一个人出去时，坐公共汽车吗？
Zài guówài, nǐ yí ge rén chūqu shí, zuò gōnggòng qìchē ma?
Will you take a bus when you're going out alone in foreign countries?

(3) 你们国家的公共汽车上有售票员吗？
Nǐmen guójiā de gōnggòng qìchē shàng yǒu shòupiàoyuán ma?
Are there ticket sellers on the bus in your country?

(4) 你知道在中国怎样坐公共汽车吗？
Nǐ zhīdào zài Zhōngguó zěnyàng zuò gōnggòng qìchē ma?
Do you know how to take a bus in China?

三

❏ **听两遍录音，然后判断正误。** Listen to the recording twice, and then decide whether the following statements are true or false. 🔘 06-05

(1) 司机说上车请买票。☐
Sījī shuō shàng chē qǐng mǎi piào.

(2) 玛莎没有零钱。☐
Mǎshā méiyǒu língqián.

(3) 春香不用投币。☐
Chūnxiāng búyòng tóu bì.

(4) 玛莎她们要去图书馆。☐
Mǎshā tāmen yào qù túshūguǎn.

❑ 朗读对话三，注意发音和语气。Read Dialogue 3 aloud, pay attention to the pronunciation and the tone.

司机: 上车[1]请刷卡，没卡[2]请投币。
Sījī: Shàng chē qǐng shuā kǎ, méi kǎ qǐng tóu bì.

玛莎: 糟糕，我没有零钱了。
Mǎshā: Zāogāo, wǒ méiyǒu língqián le.

春香: 我有一块，给你。
Chūnxiāng: Wǒ yǒu yí kuài, gěi nǐ.

司机: 投在这里。
Sījī: Tóu zài zhèlǐ.

玛莎: 那你呢？
Mǎshā: Nà nǐ ne?

春香: 我有公交卡，我
Chūnxiāng: Wǒ yǒu gōngjiāo kǎ, wǒ

刷卡。
shuā kǎ.

玛莎: 师傅，去新华书店在哪儿换车？
Mǎshā: Shīfu, qù Xīnhuá Shūdiàn zài nǎr huàn chē?

司机: 在下一站。
Sījī: Zài xià yí zhàn.

玛莎: 谢谢！
Mǎshā: Xièxie!

Driver:	Please swipe your card or insert coins.
Masha:	I am sorry. I don't have any change.
Chun Hyang:	I have one yuan. Here you are.
Driver:	Please insert here.
Masha:	How about you?
Chun Hyang:	I have a card.
Masha:	Excuse me, where should we change the bus if we are going to Xinhua Bookstore.
Driver:	At the next stop.
Masha:	Thanks.

Tips:
1. Here, 以后(after) is omitted after 上车.
2. Here, ……的话 is omitted after 没卡.

❑ 根据对话三，回答下列问题。Answer the questions below according to Dialogue 3.

1 这路车的票价是多少？
Zhè lù chē de piào jià shì duōshǎo?

2 这路车有售票员吗？
Zhè lù chē yǒu shòupiàoyuán ma?

3 玛莎要零钱干什么？
Mǎshā yào língqián gàn shénme?

4 春香为什么不用零钱？
Chūnxiāng wèi shénme búyòng língqián?

5 玛莎她们在哪儿下车？
Mǎshā tāmen zài nǎr xià chē?

❏ **和同伴一起，根据下面的提示说说对话三的内容。**Tell the story in Dialogue 3 according to the given hints with your partner.

这路车＿＿＿＿＿，玛莎说糟糕，＿＿＿＿＿。春香有，她＿＿＿＿＿。春香不用＿＿＿＿＿，

Zhè lù chē ＿＿＿＿＿, Mǎshā shuō zāogāo, ＿＿＿＿＿. Chūnxiāng yǒu, tā ＿＿＿＿＿. Chūnxiāng búyòng ＿＿＿＿＿,

因为＿＿＿＿＿。她们要去＿＿＿＿＿，司机告诉她们＿＿＿＿＿。

yīnwèi ＿＿＿＿＿. Tāmen yào qù ＿＿＿＿＿, sījī gàosu tāmen ＿＿＿＿＿.

❏ **听两遍录音，然后回答问题。**Listen to the recording twice and then answer the questions. 🎧 06-06

① 去植物园坐几路车？用换车吗？

Qù zhíwùyuán zuò jǐ lù chē? Yòng huàn chē ma?

Which bus is to the arboretum? Need to change bus or not?

② 坐地铁能到植物园吗？

Zuò dìtiě néng dào zhíwùyuán ma?

Is subway to the arboretum?

③ 坐公共汽车到植物园得多长时间？

Zuò gōnggòng qìchē dào zhíwùyuán děi duō cháng shíjiān?

How long will it take to the arboretum by bus?

④ 玛莎想什么时候去植物园？

Mǎshā xiǎng shénme shíhou qù zhíwùyuán?

When does Masha want to go to the arboretum?

❏ **朗读对话四，注意发音和语气。**Read Dialogue 4 aloud, pay attention to the pronunciation and the tone.

玛莎：李红，去植物园坐几路车？
Mǎshā: Lǐ Hóng, qù zhíwùyuán zuò jǐ lù chē?

李红：坐105路和376路都行。
Lǐ Hóng: Zuò yāo líng wǔ lù hé sān qī liù lù dōu xíng.

玛莎：用[1]换车吗？
Mǎshā: Yòng huàn chē ma?

李红：不用。105和376都到植物园门口。
Lǐ Hóng: Búyòng. Yāo líng wǔ hé sān qī liù dōu dào zhíwùyuán ménkǒu.

> **Tip:**
> 1. Here, 用 expresses "need to or have to". It is used for asking questions. E.g. 去那儿用坐车吗？

玛莎：　坐地铁能到那儿吗？
Mǎshā:　Zuò dìtiě néng dào nàr ma?

李红：　不能直达，要²在动物园换车。
Lǐ Hóng:　Bù néng zhí dá, yào zài dòngwùyuán huàn chē.

玛莎：　坐公共汽车得多长时间？
Mǎshā:　Zuò gōnggòng qìchē děi duō cháng shíjiān?

李红：　大概得40分钟吧³。你什么时候去？
Lǐ Hóng:　Dàgài děi sìshí fēnzhōng ba. Nǐ shénme shíhou qù?

玛莎：　我想这个周末去。
Mǎshā:　Wǒ xiǎng zhège zhōumò qù.

> 2. Here, 要 expresses "have to or must". E.g. 要在下一站换地铁。
>
> 3. Here, 吧 expresses a tone of speculation. E.g. 可能得走十分钟吧。

Masha:	Li Hong, which bus is to the arboretum?
Li Hong:	Both No.105 and No.376 are OK.
Masha:	Need to change the bus?
Li Hong:	No, they stop at the entrance of the arboretum.
Masha:	Can I get there by subway?
Li Hong:	Not directly. You have to change a bus at the zoo.
Masha:	How long will it take by bus?
Li Hong:	About 40 minutes. When will you go there?
Masha:	I suppose this weekend.

❑ 　**根据对话四，选择合适的句子跟同伴对话。** Choose the proper sentences to talk to your partner according to Dialogue 4.

Ask	Answer
去植物园坐几路车？ Qù zhíwùyuán zuò jǐ lù chē?	
用换车吗？ Yòng huàn chē ma?	
	不能直达，要在动物园换车。 Bù néng zhí dá, yào zài dòngwùyuán huàn chē.
	大概得40分钟吧。 Dàgài děi sìshí fēnzhōng ba.

❑ 　**根据对话四填空，并试着说说对话四的内容。** Fill in the blanks according to Dialogue 4, and then make an effort to tell the story in Dialogue 4.

玛莎想去_____，她问李红_____。李红告诉她_____和_____都行，
Mǎshā xiǎng qù _____, tā wèn Lǐ Hóng _____. Lǐ Hóng gàosu tā _____ hé _____ dōu xíng,

坐地铁不能_____，坐公共汽车大概得_____。玛莎想_____去。
zuò dìtiě bù néng _____, zuò gōnggòng qìchē dàgài děi _____. Mǎshā xiǎng _____ qù.

五

□ **朗读下面的短文，然后模仿短文说说从一个地方到你们学校的路线。** Read the passage below aloud, and then imitate the passage to introduce one route from some place to your school. 🔘 06-07

王军家离学校很远。他回家的时候先坐205路公共汽车，坐6站到地铁站，然后换地铁2号线(line)，坐10站才到。他也可以先坐685路，坐两站，然后换城铁(subway)13号线，坐11站就到家了。

Wáng Jūn jiā lí xuéxiào hěn yuǎn. Tā huí jiā de shíhou xiān zuò èr líng wǔ lù gōnggòng qìchē, zuò liù zhàn dào dìtiě zhàn, ránhòu huàn dìtiě èr hào xiàn, zuò shí zhàn cái dào. Tā yě kěyǐ xiān zuò liù bā wǔ lù, zuò liǎng zhàn, ránhòu huàn chéngtiě shísān hào xiàn, zuò shíyī zhàn jiù dào jiā le.

活 动 Activities

一、双人活动 Pair work

春香在上海的朋友要来看她，火车早上6：05分到站，春香要去接她。 One of Chun Hyang's friends is coming from Shanghai. The train arrives at 6:05 in the morning. And Chun Hyang is going to pick her up.

1. 帮春香选择一种既经济又省时的方法。和同伴看着下面的图，找找对你们做决定有帮助的信息。
   Help Chun Hyang choose a both cost-effective and timesaving method. Look at the picture below with your partner, and find useful information for making decision.

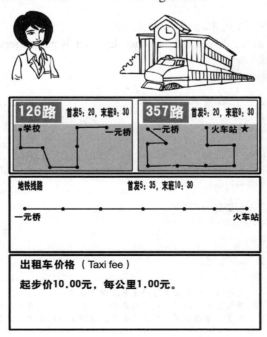

2. 说说你们的办法并说明理由。
Tell the class your method and the reason.

Word bank

首发	末班	起步价	公里
shǒufā	mòbān	qǐbù jià	gōnglǐ
first bus	last bus	flag-down fare	kilometer

二、小组活动 Group work

3人一组。大家一起看看本市交通图。如果你从现在的地方出发去下列目的地，应该怎样坐车最好呢？请说一说。 Work in groups of 3. Look at the city traffic map with your partners. Discuss the best way of taking transport to the following destinations from where you are right now.

☐ 最大的博物馆
zuì dà de bówùguǎn
the largest museum

☐ 火车站
huǒchē zhàn
train station

☐ 机场
jīchǎng
airport

☐ 主要的商业街
zhǔyào de shāngyè jiē
main shopping mall

☐ 最著名的名胜古迹
zuì zhùmíng de míngshèng gǔjì
famous places of interest

> **给教师的提示**
> 请您和学生找几张本地的公交路线图。

三、小组活动 Group work

4人一组，先商量一下，然后模拟表演乘车。 Work in groups of four. Make an effort to act out the situations of taking a bus after discussion.

1. 乘坐无人售票车。（1人为司机、3人为乘客）
Take a bus without ticket sellers. (One acts as the driver, and the other three act as passengers.)

2. 乘坐有人售票车。（1人为售票员，3人为乘客）
Take a bus with ticket sellers. (One acts as the ticket seller, and the other three act as passengers.)

3. 乘坐出租车。（1人为司机，3人为乘客）
Take a taxi. (One acts as the driver and the other three act as passengers.)

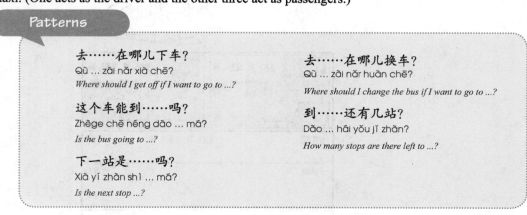

Patterns

去……在哪儿下车？
Qù ... zài nǎr xià chē?
Where should I get off if I want to go to ...?

这个车能到……吗？
Zhège chē néng dào ... mǎ?
Is the bus going to ...?

下一站是……吗？
Xià yí zhàn shì ... mǎ?
Is the next stop ...?

去……在哪儿换车？
Qù ... zài nǎr huàn chē?
Where should I change the bus if I want to go to ...?

到……还有几站？
Dào ... hái yǒu jǐ zhàn?
How many stops are there left to ...?

> **给教师的提示**
> ① 您可以先带领学生复习上面的常用语句。
> ② 您可以给"司机"或"售票员"一些卡片，上面有一些麻烦问题，来增加挑战性。如"方向反了、坐错车了、整钱找不开、这路车不能直接到、要求乘客从前门或中门上车……"等。

语言练习 Language Focus

一、语音和语调 Pronunciation and intonation

1. **听录音，选择你听到的音节。** Listen to the recording and choose the syllables you've heard. 🔘 06-08

   ① shi-si   jiao-piao   du-tu   zao-zhao

   ② xiang-xiao   da-dai   zhen-zheng   ke-ka

   ③ piāo-piáo   shuā-shuǎ   huǎn-hái
   shōupiāoyuán-shǒupiāoyuán   túshūguǎn-túshūguǎn   kěqì-kěqi
   zhíwǔyuán-zhíwǔyuán   dǎgài-dàgài

2. **朗读下列词语，体会重音。** Read the words below and feel the accents. 🔘 06-09

   ① 前重后轻 Strong-weak.

   客气
   kèqi

   ② 前中后重 Medium-strong

司机	小时	堵车	着急	零钱	大概
sījī	xiǎoshí	dǔchē	zháojí	língqián	dàgài

3. **朗读下列句子，注意语音语调。** Read the following sentences aloud and pay attention to the accents.

   ① 你是到正门吗？
   Nǐ shì dào zhèng mén ma?

   ② 我就在这儿下吧。
   Wǒ jiù zài zhèr xià ba.

   ③ 还有那么远啊？
   Hái yǒu nàme yuǎn a?

   ④ 糟糕，我没有零钱了。
   Zāogāo, wǒ méiyǒu língqián le.

   ⑤ 坐105路和376路都行。
   Zuò yāo líng wǔ lù hé sān qī liù lù dōu xíng.

   ⑥ 不能直达，要换车。
   Bù néng zhí dá, yào huàn chē.

二、 替换练习 Substitution exercises

1 不堵车的话也就十几分钟。
Bù dǔ chē de huà yě jiù shíjǐ fēnzhōng.

走路
Zǒu lù

坐车
Zuò chē

骑自行车 (ride a bike)
Qí zìxíngchē

2 我就在这儿下吧。
Wǒ jiù zài zhèr xià ba.

门口
ménkǒu

前面
qiánmiàn

旁边
pángbiān

3 到图书馆还得坐几站?
Dào túshūguǎn hái děi zuò jǐ zhàn?

邮局 (post office)
yóujú

植物园
zhíwùyuán

动物园
dòngwùyuán

4 去新华书店在哪儿换车?
Qù Xīnhuá shūdiàn zài nǎr huàn chē?

图书大厦
túshū dàshà

植物园
zhíwùyuán

机场 (airport)
jīchǎng

三、 口语常用语及常用格式 Common oral expressions and patterns

1. 模仿例句,用上所给的词语,用"能……吗"提问。Imitate the sample sentence to complete the following sentences with 能……吗.

Example: A: 坐地铁能到那儿吗?
　　　　　Zuò dìtiě néng dào nǎr ma?

　　　　B: 能。
　　　　　Néng.

1 A: _____? (去超市)
　　　　　　　　　　　　　　　　　　　(qù chāoshì)

B: 不行,下午我有课。
　　Bù xíng, xiàwǔ wǒ yǒu kè.

2 A: _____? (地铁 机场)
　　　　　　　　　　　　　　　　　　　(dìtiě jīchǎng)

B: 可以。
　　Kěyǐ.

3 A: _____? (他 休息)
　　　　　　　　　　　　　　　　　　　(tā xiūxi)

B: 可以。
　　Kěyǐ.

4 A: _____? (我 来)
　　　　　　　　　　　　　　　　　　　(wǒ lái)

B: 行。
　　Xíng.

2. 模仿例句，用"……的话"完成对话。Imitate the sample sentence to complete the following sentences with ……的话.

Example: A：半个小时能到吗？
Bàngè xiǎoshí néng dào ma?

B：不堵车的话也就十几分钟。
Bù dǔchē de huà yě jiù shíjǐ fēnzhōng.

① A：你明天去图书馆吗？
Nǐ míngtiān qù túshūguǎn ma?

B：_____。

② A：你平时几点睡觉？
Nǐ píngshí jǐ diǎn shuì jiào?

B：_____。

③ A：明天下午我们去打球吧？
Míngtiān xiàwǔ wǒmen qù dǎ qiú ba?

B：_____。

3. 用"糟糕"来回答问题。Answer the questions with 糟糕.

① A：明天是欧文的生日，你能来吗？
Míngtiān shì Ōuwén de shēngrì, nǐ néng lái ma?

B：_____。

② A：车来了，我们上车吧。
Chē lái le, wǒmen shàng chē ba.

B：_____。（公交卡）
gōngjiāo kǎ

③ A：我们先回宿舍 (dormitory)，然后去超市吧。
Wǒmen xiān huí sùshè, ránhòu qù chāoshì ba.

B：_____。（钥匙）(key)
yàoshi

扩展活动 Extended Activities

一、看图编故事并表演 Make up a story according to the following pictures and act.

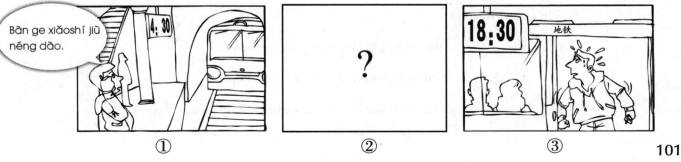

Bàn ge xiǎoshí jiù néng dào.

① ② ③

二、小组活动：我们的友好学校 Group work: Our friendship school

3人一组。从你们这个城市的交通图上寻找乘车线路。 Work in groups of 3. Try to find the routes according to the city traffic map.

1. 你们的友好学校为地图上离你们最远的那个学校。先在地图上找到那个学校。
   The friendship school is the farest one from your school on the map. Find that school on the map first.

2. 寻找去那个学校的乘车线路。
   Find the routes to the school.

> 给教师的提示
> 课前您需要准备几张你所在城市的交通地图。

3. 给大家介绍你们找到的乘车线路，看哪一组的线路最节省时间。
   Tell the class the routes you find and discuss the most timesaving one.

总结与评价 Summary and Evaluation

一、语句整理。 Summary.

你一个人出门乘车时，会询问和说明换乘等情况了吗？你知道应该如何对司机和售票员说明自己的要求了吗？利用下面的表格复习一下。 Will you ask the way of changing transport when you are taking a bus alone? Do you know how to tell the driver and the ticket seller your requests? Review what you have learned according to the following form.

Situations	What to say
在哪儿下车　Want to know where to get off	
能否到达目的地　Want to know if it is to your destinations	
多长时间能到　Want to know how long will it take	
如何换乘　Want to know how to change transport	
告诉别人如何换乘　Want to tell others how to change transport	

二、完成任务的自我表现评价。 Self-evaluation.

- Are you satisfied with your own performance?

  Very good　　good　　not so good　　bad

- Your own evaluation

  A　　B　　C　　Your willingness to state your opinions

  A　　B　　C　　Your willingness to raise your questions

  A　　B　　C　　Your enthusiasm to gather useful information

复习 1

Review 1

一、语言练习 Language exercises

1. **有问有答**。Ask and Answer.

Ask	Answer
	我是3班的。 Wǒ shì sān bān de.
	我们班有18个人。 Wǒmen bān yǒu shíbā ge rén.
	我前天回来的。 Wǒ qiántiān huílai de.
	8号不是星期六，是星期日。 Bā hào bú shì xīngqīliù, shì xīngqīrì.
	我平时每天11点睡觉。 Wǒ píngshí měi tiān shíyī diǎn shuì jiào.
	明天下午我有课，后天吧。 Míngtiān xiàwǔ wǒ yǒu kè, hòutiān ba.
	西瓜一块四一斤。 Xīguā yí kuài sì yì jīn.
	一共八块六。 Yígòng bā kuài liù.
	没有，只有白的和红的。 Méiyǒu, zhǐ yǒu bái de hé hóng de.
	这是番茄炒牛肉。 Zhè shì fānqié chǎo niúròu.
	两碗米饭。 Liǎng wǎn mǐfàn.
	一直往前走，然后往左拐。 Yìzhí wǎng qián zǒu, ránhòu wǎng zuǒ guǎi.
	我就在阳光小区的门口。 Wǒ jiù zài yángguāng xiǎoqū de ménkǒu.
	大概得40分钟吧。 Dàgài děi sìshí fēnzhōng ba.

2. 用所给的词语口头完成句子。Complete the following sentences orally with given words.

(1) 我刚从超市回来，＿＿＿＿＿＿＿＿＿＿＿＿＿＿（有点儿）
Wǒ gāng cóng chāoshì huílai, ＿＿＿＿＿＿＿＿＿＿ (yǒudiǎnr)

(2) 我早晨没吃饭，＿＿＿＿＿＿＿＿＿＿＿＿＿＿（有点儿）
Wǒ zǎochen méi chī fàn, ＿＿＿＿＿＿＿＿＿＿＿ (yǒudiǎnr)

(3) 他多大我不知道，可能＿＿＿＿＿＿＿＿＿＿＿（左右）
Tā duōdà wǒ bù zhīdào, kěnéng ＿＿＿＿＿＿＿＿ (zuǒyòu)

(4) 大使馆很远，坐车＿＿＿＿＿＿＿＿＿＿＿＿（左右）
Dàshǐguǎn hěn yuǎn, zuò chē ＿＿＿＿＿＿＿＿ (zuǒyòu)

(5) ＿＿＿＿＿＿＿＿＿＿＿，多穿点儿衣服。（挺……的）
＿＿＿＿＿＿＿＿＿＿, duō chuān diǎnr yīfu. (tǐng ... de)

(6) 那个女孩儿是你们班的吗?＿＿＿＿＿＿＿＿＿（挺……的）
Nàge nǚháir shì nǐmen bān de ma? ＿＿＿＿＿＿ (tǐng ... de)

(7) 他只学了一年汉语，＿＿＿＿＿＿＿＿＿＿＿＿（但是）
Tā zhǐ xué le yì nián Hànyǔ, ＿＿＿＿＿＿＿＿ (dànshì)

(8) 早饭我吃了很多，＿＿＿＿＿＿＿＿＿＿＿＿＿（但是）
Zǎofàn wǒ chī le hěn duō, ＿＿＿＿＿＿＿＿＿ (dànshì)

(9) ＿＿＿＿＿＿＿＿＿＿＿，明天也行。（……的话）
＿＿＿＿＿＿＿＿＿＿, míngtiān yě xíng. (... de huà)

(10) ＿＿＿＿＿＿＿＿＿＿＿，我就不去了。（……的话）
＿＿＿＿＿＿＿＿＿＿, wǒ jiù bú qù le. (... de huà)

(11) 我星期三回来的，他＿＿＿＿＿＿＿＿＿＿＿。（是……的）
Wǒ xīngqīsān huílai de, tā ＿＿＿＿＿＿＿＿＿. (shì ... de)

(12) 她很喜欢那本书，因为＿＿＿＿＿＿＿＿＿＿＿。（是……的）
Tā hěn xǐhuan nà běn shū, yīnwèi ＿＿＿＿＿＿＿. (shì ... de)

(13) 这件衣服不是我买的，＿＿＿＿＿＿＿＿＿＿＿。（是……的）
Zhè jiàn yīfu bú shì wǒ mǎi de. ＿＿＿＿＿＿＿ (shì ... de)

二、 活动 Activities

1. 请向同伴描述一下学校图书馆的位置，听的人边听边在下面画示意图。然后两人一起根据所画的图，商量从学校的门口走到图书馆，应该如何描述。Describe the location of the library in school to your partner. The other draws a sketch map according to the description. Then you discuss how to describe the way from the entrance of the school to the library according to the picture.

2. 在班里办一个拍卖会，请同学们把自己没有用的东西都拿来拍卖。There is going to be an auction in the class. Everyone can auction the things that are not needed.

A tip for students

Register the things you are going to auction after pricing. The price should be reasonable.

给教师的提示

您可以把学生交上来的拍品编上号码且不告知学生，然后按照序号开始拍卖，拍定后公布所拍的物品。

3. 猜词语比赛。Guess-word game.

2人一组。将1到6课中的一些词语做成卡片，由一个同学用汉语说，另一个同学猜。看哪一组猜出的词语最多。Work in pairs. Make cards of the words from lesson 1 to lesson 6. One describes them in Chinese while the other guesses. The very group that guesses the most words wins.

A tip for students

You can use body language for help. But it is strongly recommended to use as many Chinese words as you can.

给教师的提示

您需要事先准备词语卡片，尽量不要选择那些意思比较抽象的。

三、短剧表演 Playlet

将全班分成小组，抽签选择短剧的内容。大家一起商量短剧怎么演，每个人应该说什么话，准备好以后给大家表演。最后利用下面的表格给自己的小组和自己的表现打分，也要给其他的小组打分。Work in groups and select the the subjects by drawing wts. Discuss how to play and what to say before acting in class. Mark the performance of all the groups according to the following form.

参考内容：For your reference:
1. 初到中国的第一天去饭馆吃饭。Go to restaurant on the first day in China.
2. 去小市场买衣服，砍价后买了，但是发现别的摊位上卖得更便宜。You have bought clothes after bargaining at a small market. But then you found a cheaper one at other stalls.
3. 打车时因为说不清楚和听不懂汉语，所以耽误了跟中国女朋友的约会。You are late for the date with your Chinese girlfriend because you can't speak or understand Chinese well when taking a taxi.

学生用的评价表 Self-evaluation form for students

自己小组的表现 Performance of your group	A B C D E
自己的表现 Performance of yourself	A B C D E
表现最好的小组 Group with best performance	一组 二组 三组
表现最好的同学 Students with best performance	1. 2. 3.

教师用的评价表 Evaluation form for the teacher

语言综合表现评价参考标准

等　级	语音和语调	语法和词汇	流利性	合作性
优	非常准确	基本没有错误	语速适当，非常流利	能经常提示或帮助他人回答
良	正确	偶尔有失误	语速适当，但有停顿	偶尔能提醒对方
中	基本正确	语法词汇错误较多，但有控制	停顿较多，句子总量不够	基本没有主动参与的意识
差	不正确	缺乏语法控制能力，词汇错误较多	对语速没有控制，结结巴巴	完全不能参与到活动中

给教师的提示
您可以利用这个表格对学生的学习进行引导和评价。

第 7 课

房间要打扫吗？ (Fángjiān yào dǎsǎo ma?)
Does This Room Need Cleaning?

目标 | Objectives

1. 复习提要求的基本语句。Review basic sentences of making requests.
2. 学习请求帮助时的常用语句。Learn common words and sentences of asking for help.
3. 学习说明自己生活中遇到的困难。Learn to describe the difficulties in daily life.

准备 Preparation

1. 看下面的图片，和同伴一起说说，他们可能说了什么。Look at the pictures below and discuss with your partner what they are probably talking about.

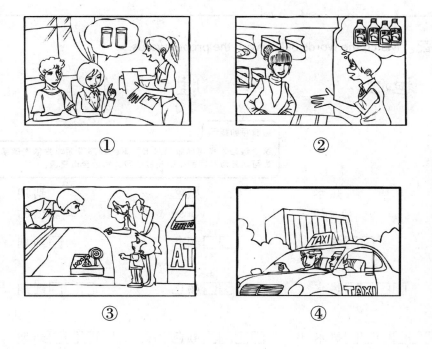

①   ②

③   ④

Patterns

……行吗/好吗？
... xíng ma / hǎo ma?
Is...OK?

我要……
Wǒ yào ...
I want to...

请……
Qǐng ...
Please...

---

2. 利用上面的句型，向旁边的同学提一个请求。Make a request to the classmate beside you according to the patterns above.

给教师的提示

您可以从自己开始。由您先向某一个同学提请求，然后由他/她向旁边的同学提请求。

词语 Words and Expressions

给教师的提示

课前请提醒学生预习词语。

❑ 朗读下列词语，注意发音和词语的意思。Read the following words aloud, pay attention to the pronunciation and the meanings. 🔘 07-01

1 前台 qiántái reception	2 房间 fángjiān room	3 热 rè hot	4 洗澡 xǐ zǎo take bath	5 床单 chuángdān sheet	6 被罩 bèizhào quilt cover	7 脏 zāng dirty
8 打扫 dǎsǎo clean	9 坏 huài broken	10 了 le modal particle	11 总是 zǒngshì always	12 占线 zhàn xiàn busy	13 声音 shēngyīn sound	14 修 xiū repair
15 签证 qiānzhèng visa	16 到期 dào qī become due	17 办 bàn handle	18 担心 dānxīn worry	19 延长 yáncháng extend	20 包 bāo bag	21 刚才 gāngcái just now
22 忘 wàng forget	23 里面 lǐmiàn inside	24 词典 cídiǎn dictionary	专有名词 Proper noun	25 张老师 Zhāng lǎoshī Teacher Zhang		

❑ 选择合适的词语进行搭配。Match the words below with the proper words.

坏了 huài le   担心 dānxīn   脏 zāng   修 xiū

给教师的提示

这个练习，您可以按照从上到下的顺序带领学生依次朗读，也可以分为不同的小组先做练习，然后全班交流。

❑ 词语搭积木。Word bricks.

Example:	人 rén	热水 rè shuǐ	颜色 yánsè	到期 dào qī
	日本人 Rìběn rén	□□热水	□□颜色	□到期
	是日本人 shì Rìběn rén	□□□□热水	□□□颜色	□□□到期
	我是日本人 wǒ shì Rìběn rén	□□□□□□热水	□□□□颜色	□□□□□到期

句 子 Sentences

☐ **听录音，填词语，然后朗读下列句子。** Listen to the recording and fill in the blanks, and then read the sentences aloud. 🔊 07-02

① 喂，请问是_____吗？
Wèi, qǐngwèn shì qiántái ma?
Hello, is that the reception?

② 我的房间没有热水，不能_____。
Wǒ de fángjiān méiyǒu rè shuǐ, bù néng xǐ zǎo.
There is no hot water in the room for bath.

③ 床单和被罩_____了，能换一下吗？
Chuángdān hé bèizhào zāng le, néng huàn yíxià ma?
Can you change the sheet and the quilt cover, please?

④ 打不了电话，总是_____的声音。
Dǎ bu liǎo diànhuà, zǒngshì zhàn xiàn de shēngyīn.
I can't make any call. It is always busy.

⑤ 我们马上去_____。
Wǒmen mǎshàng qù xiū.
We will be right there to fix it.

⑥ 我的_____要到期了。
Wǒ de qiānzhèng yào dào qī le.
My visa will be out of validity soon.

⑦ 请问，您看见一个_____了吗？
Qǐngwèn, nín kànjiàn yí ge bāo le ma?
Excuse me, did you see a bag here?

⑧ 您的包是什么_____的？
Nín de bāo shì shénme yánsè de?
What is the color of your bag?

⑨ 有_____和手机，还有一本书。
Yǒu cídiǎn hé shǒujī, háiyǒu yì běn shū.
There is one dictionary, one mobile phone and one book.

给教师的提示
您可以采用各种方式操练句子，并纠正学生的发音。

☐ **看图片，和同伴商量他们可能在说什么。** Look at the pictures and discuss with your partner what they are probably talking about.

① ② ③

☐ **和同伴一起，选择合适的句子完成下列对话。** Select the proper sentences to complete the dialogues below with your partner.

① A：_____？

B：是前台，您有什么事儿？
Shì qiántái, nín yǒu shénme shìr?
This is the reception. What can I do for you?

② A：_____？

B：我的包是红色的。
Wǒ de bāo shì hóngsè de.
My bag is red.

③ A：你的包里都有什么？
Nǐ de bāo lǐ dōu yǒu shénme?
What do you have in your bag?

B：_____。

情景 Situations

①

☐ 听两遍录音，然后回答问题。Listen to the recording twice and then answer the questions. 📀 07-03

① 山本为什么给前台打电话？
Shānběn wèi shénme gěi qiántái dǎ diànhuà?
Why did Yamamoto call the reception?

③ 服务员什么时候来？
Fúwùyuán shénme shíhou lái?
When will the waiter come?

② 山本还有什么问题？
Shānběn hái yǒu shénme wèntí?
Did Yamamoto have any more questions?

④ 山本的房间要打扫吗？
Shānběn de fángjiān yào dǎsǎo ma?
Does Yamamoto's room need cleaning?

☐ 朗读对话一，注意发音和语气。Read Dialogue 1 aloud, pay attention to the pronunciation and the tone.

山本： Shānběn:	喂，请问是前台吗？ Wèi, qǐngwèn shì qiántái ma?
服务员： Fúwùyuán:	是，您有什么事儿？ Shì, nín yǒu shénme shìr?
山本： Shān běn:	我的房间没有热水，不能洗澡。 Wǒ de fángjiān méiyǒu rè shuǐ, bù néng xǐ zǎo.
服务员： Fúwùyuán:	好，我们一会儿就去看看。 Hǎo, wǒmen yíhuìr jiù qù kànkan.
山本： Shānběn:	还有[1]，床单和被罩脏了， Hái yǒu, chuángdān hé bèizhào zāng le, 能换一下吗？ néng huàn yíxià ma?
服务员： Fúwùyuán:	可以。房间要打扫吗？ Kěyǐ. Fángjiān yào dǎsǎo ma?
山本： Shānběn:	不用。谢谢。 Búyòng. Xièxie.

Yamamoto: Hello, is that the reception?
Waitress: Yes, what can I do for you?
Yamamoto: There is no hot water in the room for bath.
Waitress: We will be there in a few minutes.
Yamamoto: Besides, can you change the sheet and the quilt cover, please?
Waitress: No problem. Does the room need cleaning?
Yamamoto: No, thanks.

Tip:

Here, 还有 expresses something additional. E.g. 请帮我买一瓶 (píng bottle) 水。还有，再要一个面包 (miànbāo bread)。

☐ 根据对话一内容，选择合适的句子跟同伴说话。Choose the proper sentences in Dialogue 1 and talk with your partner.

Ask	Answer
	是（前台）。 Shì (qiántái).
您有什么事儿？ Nín yǒu shénme shìr?	

Ask	Answer
	可以，一会儿就给您换。 Kěyǐ, yíhuìr jiù gěi nín huàn.
	不用，谢谢。 Búyòng, xièxie.

☐ **说一说。Say it.**

① 什么样的宾馆你不会去住？
Shénme yàng de bīnguǎn nǐ bú huì qù zhù?
What kind of hotels that you won't live in?

② 你现在的房间能洗澡吗？
Nǐ xiànzài de fángjiān néng xǐ zǎo ma?
Is the bathroom available in your room now?

二

☐ **听两遍录音，然后判断正误。Listen to the recording twice, and then decide whether the following statements are true or false.** 💿 07-04

① 欧文房间的电话坏了。　　☐
Ōuwén fángjiān de diànhuà huài le.

③ 欧文住1012房间。　　☐
Ōuwén zhù yāo líng yāo èr fángjiān.

② 电话坏一个星期了。　　☐
Diànhuà huài yí ge xīngqī le.

④ 服务员马上去修。　　☐
Fúwùyuán mǎshàng qù xiū.

☐ **朗读对话二，注意发音和语气。Read Dialogue 2 aloud, pay attention to the pronunciation and the tone.**

欧文： 你好，我房间的电话坏了[1]。
Ōuwén: Nǐ hǎo, wǒ fángjiān de diànhuà huài le.

服务员： 怎么了？
Fúwùyuán: Zěnme le?

欧文： 打不了[2]，总是占线的声音。
Ōuwén: Dǎ bu liǎo, zǒngshì zhàn xiàn de shēngyīn.

服务员： 多长时间了？
Fúwùyuán: Duō cháng shíjiān le?

欧文： 两天了。
Ōuwén: Liǎngtiān le.

服务员： 你住哪个房间？
Fúwùyuán: Nǐ zhù nǎge fángjiān?

欧文： 我住1102。
Ōuwén: Wǒ zhù yāo yāo líng èr.

服务员： 好的，我们马上去修。
Fúwùyuán: Hǎo de, wǒmen mǎshàng qù xiū.

Irving:	Hello, the telephone in my room doesn't work.
Waitress:	What is the problem?
Irving:	I can't make any call. It is always busy.
Waitress:	For how long?
Irving:	Two days.
Waitress:	What is your room number?
Irving:	1102.
Waitress:	Ok, we will be right there to fix it.

Tips:

1. Here, 了 expresses a tone of affirmation at the end of the sentence, which emphasizes the change of the situation. E.g. 桌子 (zhuōzi desk) 脏了。

2. V + 得/不了 expresses the possibility whether an action can be carried out or not. E.g. 去不了 means "can't go", 去得了 means "can go"。

❑ **根据对话二，回答下列问题。** Answer the questions below according to Dialogue 2.

① 欧文房间的电话怎么了？
　 Ōuwén fángjiān de diànhuà zěnme le?

② 多长时间了？
　 Duō cháng shíjiān le?

③ 欧文住哪个房间？
　 Ōuwén zhù nǎge fángjiān?

④ 服务员要做什么？
　 Fúwùyuán yào zuò shénme?

❑ **和同伴一起，根据下面的提示说说对话二的内容。** Tell the story in Dialogue 2 according to the given hints with your partner.

> 欧文房间的_____，_____，总是_____。服务员问他_____，他说_____。他
> Ōuwén fángjiān de _____，_____，zǒngshì _____。Fúwùyuán wèn tā _____，tā shuō _____。Tā
> 住_____，服务员_____。
> zhù _____，fúwùyuán _____。

三

❑ **听两遍录音，然后判断正误。** Listen to the recording twice, and then decide whether the following statements are true or false. 🎧 07-05

① 玛莎要找张老师。　　☐
　 Mǎshā yào zhǎo Zhāng lǎoshī.

② 张老师不在。　　☐
　 Zhāng lǎoshī bú zài.

③ 玛莎的签证要到期了。　　☐
　 Mǎshā de qiānzhèng yào dào qī le.

④ 签证两个星期就能办好。　　☐
　 Qiānzhèng liǎng ge xīngqī jiù néng bàn hǎo.

❑ **朗读对话三，注意发音和语气。** Read Dialogue 3 aloud, pay attention to the pronunciation and the tone.

> 玛莎： 您好，请问张老师在吗？
> Mǎshā： Nín hǎo, qǐngwèn Zhāng lǎoshī zài ma?
>
> 张老师： 我就是。您是哪位？
> Zhāng lǎoshī： Wǒ jiù shì. Nín shì nǎ wèi?
>
> 玛莎： 张老师，我是玛莎。
> Mǎshā： Zhāng lǎoshī, wǒ shì Mǎshā.

张老师：　玛莎，你好。
Zhāng lǎoshī:　Mǎshā, nǐ hǎo.

玛莎：　张老师，我的签证要到期了[1]，怎么办？
Mǎshā:　Zhāng lǎoshī, wǒ de qiānzhèng yào dào qī le, zěnme bàn?

张老师：　别担心，可以延长。
Zhāng lǎoshī:　Bié dānxīn, kěyǐ yáncháng.

玛莎：　一个月能办好吗？
Mǎshā:　Yí ge yuè néng bàn hǎo ma?

张老师：　两个星期就能办好。
Zhāng lǎoshī:　Liǎng ge xīngqī jiù néng bàn hǎo.

玛莎：　太好了。
Mǎshā:　Tài hǎo le.

Masha:	Hello, is Teacher Zhang here?
Teacher Zhang:	Yes, I am. Who are you by the way?
Masha:	I am Masha.
Teacher Zhang:	Nice to meet you Masha.
Masha:	Teacher Zhang, my visa will be out of validity soon. What should I do?
Teacher Zhang:	Don't worry. It can be extended.
Masha:	Will it be issued in one month?
Teacher Zhang:	Just in two weeks.
Masha:	That is great.

Tip:

1. 要……了 expresses something new is going to come out or change. E.g. 妈妈要来了；要放假 (fàngjià take a holiday) 了。

❑ **画线连接。** Match the sentences with their proper responses.

① 您好，请问张老师在吗？
Nín hǎo, qǐngwèn Zhāng lǎoshī zài ma?

② 张老师，我的签证要到期了。
Zhāng lǎoshī, wǒ de qiānzhèng yào dào qī le.

③ 一个月能办好吗？
Yī ge yuè néng bàn hǎo ma?

Ⓐ 两个星期就能办好。
Liǎng ge xīngqī jiù néng bàn hǎo.

Ⓑ 别担心，可以延长。
Bié dānxīn, kěyǐ yáncháng.

Ⓒ 我就是。您是哪位？
Wǒ jiù shì, nín shì nǎ wèi?

❑ **根据对话三填空，并试着说说对话三的内容。** Fill in the blanks according to Dialogue 3, and then make an effort to tell the story in Dialogue 3.

玛莎＿＿＿找张老师。因为她的＿＿＿要＿＿＿了。张老师说＿＿＿，可以＿＿＿。
Mǎshā＿＿＿zhǎo Zhāng lǎoshī. Yīnwèi tā de＿＿＿yào＿＿＿le. Zhāng lǎoshī shuō＿＿＿, kěyǐ＿＿＿.

玛莎希望＿＿＿能办好。张老师告诉她＿＿＿就能办好。
Mǎshā xīwàng＿＿＿néng bàn hǎo. Zhāng lǎoshī gàosu tā＿＿＿jiù néng bàn hǎo.

❑ 　**说一说**。Say it.

(1) 你的签证什么时候到期？

Nǐ de qiānzhèng shénme shíhou dào qī?

When will your visa be out of validity?

(2) 从你们国家去哪个国家不用签证？

Cóng nǐmen guójiā qù nǎge guójiā búyòng qiānzhèng?

Which countries can you go to without visas from your country?

四

❑ 　**听两遍录音，然后判断正误**。Listen to the recording twice, and then decide whether the following statements are true or false. 🔘 07-06

(1) 春香的包忘在这儿了。 ☐

Chūnxiāng de bāo wàng zài zhèr le.

(2) 春香昨天晚上在这里吃的饭。 ☐

Chūnxiāng zuótiān wǎnshang zài zhèlǐ chī de fàn.

(3) 春香的包是红色的。 ☐

Chūnxiāng de bāo shì hóngsè de.

(4) 春香的包里只有一本书。 ☐

Chūnxiāng de bāo lǐ zhǐ yǒu yì běn shū.

❑ 　**朗读对话四，注意发音和语气**。Read Dialogue 4 aloud, pay attention to the pronunciation and the tone.

春香: Chūnxiāng:	请问，您看见一个包了吗？ Qǐngwèn, nín kàn jiàn yí ge bāo le ma?
服务员: Fúwùyuán:	什么包？ Shénme bāo?
春香: Chūnxiāng:	我刚才吃完饭，包忘在这儿了。 Wǒ gāngcái chī wán fàn, bāo wàng zài zhèr le.
服务员: Fúwùyuán:	您的包是什么颜色的？ Nín de bāo shì shénme yánsè de?
春香: Chūnxiāng:	黑色的。 Hēisè de.
服务员: Fúwùyuán:	里面都有什么？ Lǐmian dōu yǒu shénme?
春香: Chūnxiāng:	有词典和手机，还有一本书。 Yǒu cídiǎn hé shǒujī, hái yǒu yì běn shū.

Chun Hyang:	Excuse me. Did you see a bag here?
Waiter:	What bag?
Chun Hyang:	I left my bag here after dinner just now.
Waiter:	What is the color of your bag?
Chun Hyang:	It is black.
Waiter:	What's inside?
Chun Hyang:	There is one dictionary, one mobile phone and one book.
Waiter:	Here you are. Is it this bag?
Chun Hyang:	Yes, thank you very much.

服务员： 您看，是这个包吗？
Fúwùyuán: Nín kàn, shì zhège bāo ma?

春香： 就是它，谢谢您。
Chūnxiāng: Jiù shì tā, xièxie nín.

Tip:
V + 在 expresses to leave something at some place after some certain actions or situations. E.g. 衣服放在朋友家了。

❏ **根据对话四，回答下列问题。**Answer the questions below according to Dialogue 4.

① 春香为什么去找服务员？
Chūnxiāng wèi shénme qù zhǎo fúwùyuán?

② 春香什么时候在这里吃的饭？
Chūnxiāng shénme shíhou zài zhèlǐ chī de fàn?

③ 春香的包是什么颜色的？
Chūnxiāng de bāo shì shénme yánsè de?

④ 春香的包里都有什么？
Chūnxiāng de bāo lǐ dōu yǒu shénme?

❏ **和同伴一起，根据下面的提示试着说说对话四的内容。**Tell the story in Dialogue 4 according to the given hints with your partner.

春香问服务员＿＿＿＿。她刚才＿＿＿＿。她的包是＿＿＿＿，里面有＿＿＿＿。
Chūnxiāng wèn fúwùyuán＿＿＿. Tā gāngcái＿＿＿. Tā de bāo shì＿＿＿, lǐmiàn yǒu＿＿＿.

服务员＿＿＿＿。
Fúwùyuán＿＿＿.

（五）

❏ **朗读下面的短文，然后模仿短文说说自己的情况。**Read the passage below aloud, and then imitate the passage to talk about something happened to you. 🔘 07-07

我刚买了一个手机，非常漂亮，可是用了一个月就坏了。我不知道在哪儿能修，王军告诉我，学校西门旁边有一个修理铺(mendery)。我的手机在那儿修好了。要是(if)你的东西坏了，你怎么办呢？

Wǒ gāng mǎi le yí ge shǒujī, fēicháng piàoliang, kěshì yòng le yí ge yuè jiù huài le. Wǒ bù zhīdào zài nǎr néng xiū, Wáng Jūn gàosu wǒ, xuéxiào xī mén pángbiān yǒu yí ge xiūlǐ pù. Wǒ de shǒujī zài nǎr xiū hǎo le. Yàoshi nǐ de dōngxi huài le, nǐ zěnme bàn ne?

活动 Activities

一、单人活动 Individual work

画线将小词库中的词语与相应的图片连接起来，然后朗读词语。Match the words in the word bank with their corresponding pictures, and read aloud.

电视	马桶	洗衣机	台灯	电	漏水	关机	图像	堵
diànshì	mǎtǒng	xǐyījī	táidēng	diàn	lòu shuǐ	guān jī	túxiàng	dǔ
TV	closestool	washing machine	reading lamp	electricity	leak	shutdown	picture	block

Dēng zěnme le?

① ② ③ ④ ⑤

二、双人活动 Pair work

1. 住宾馆的时候你最怕什么？把它们简单列出来。What are you worried about most when living in a hotel? Try to make a list.

①

②

③

2. 填写下面的表格，为旅馆提供你的各项信息。Fill in the form below with your information to the hotel.

Name	
Nationality	
Gender	
Request	1.
	2.
	3.
	4.

3. 向同伴介绍你的要求，并比较你们所说的内容有什么不同。Tell your request to your partner and then make a comparison with his/hers.

三、小组活动 Group work

1. 3－4人一组。先想一想住宾馆的时候客人最不开心的事情是什么？Work in groups of 3 or 4. Think about the most unhappy things when living in a hotel.

2. 利用下面的表格准备一下。Make preparations according to the following form.

Problems may be met in a hotel	Reasons of unhappiness

3. 根据上面的情况，编一个故事并给大家表演。Make up a story according to the form above and act.

四、小组活动 Group work

3－4人一组。先利用下面的表格准备一下，然后跟同伴说说你的经历和你的处理方式。Work in groups of 3 or 4. Make preparations according to the following form. And then tell your partner your experiences and the ways you solve the problems.

Problems	Experiences	How to solve
房间不干净 fángjiān bù gānjìng		
东西坏了 dōngxi huài le		
东西丢了 dōngxi diū le		
……		

给教师的提示

小组活动后，您可以让每组介绍一下情况，以达到全班交流的目的。

语言练习 Language Focus

一、语音和语调 Pronunciation and intonation

1. **听录音，选择你听到的音节。** Listen to the recording and choose the syllables you've heard. 🔘 07-08

   ① qian-jian　　gang-fang　　zheng-sheng　　　tai-cai

   　　zao-zhao　　dan-ban　　re-se　　　　　　　jian- xian

   ② ban-bao　　dan-dian　　zhao-zhan

   　　zao-zang　　xin-xing　　chang-chuang

   ③ rè-rě　　huāi-huái　　le-liǎo　　xiū-xiù　　bān-bān

   　　qiāntái-qiántái　　xǐzǎo-xǐzǎo　　bēizhāo-běizhāo

   　　zōngshǐ-zǒngshì　　yánchāng-yǎncháng　　cǐdiān-cídiǎn

2. **朗读下列词语，体会重音。** Read the words below and feel the accents. 🔘 07-09

   ① 前重后轻　strong-weak

坏了	脏了	黑色的
huāi le	zāng le	hēisē de

   ② 前轻后重　medium-strong

房间	床单	占线	签证	担心
fángjiān	chuángdān	zhàn xiàn	qiānzhèng	dānxīn
刚才	延长	手机	打扫	到期
gāngcái	yáncháng	shǒujī	dǎsǎo	dào qī

3. **朗读下列句子，注意语音语调。** Read the following sentences aloud and pay attention to the accents.

   ① 您有什么事？
   　Nín yǒu shénme shì?

   ② 我们一会儿就去看看。
   　Wǒmen yíhuìr jiù qù kànkan.

   ③ 房间要打扫吗？
   　Fángjiān yào dǎsǎo ma?

   ④ 您好，请问张老师在吗？
   　Nín hǎo, qǐngwèn Zhāng lǎoshī zài ma?

   ⑤ 签证延长的话，一个月能办好吗？
   　Qiānzhèng yáncháng de huà, yí ge yuè néng bàn hǎo ma?

   ⑥ 我刚才吃完饭，包忘在这儿了。
   　Wǒ gāngcái chī wán fàn, bāo wàng zài zhèr le.

   ⑦ 就是它，谢谢您。
   　Jiù shì tā, xièxie nín.

二、替换练习 Substitution exercises

① 请问是前台吗？
Qǐngwèn shì qiántái ma?

张老师
Zhāng lǎoshī

办公室 (office)
bàngōngshì

欧文
Ōuwén

② 能换一下吗？
Néng huàn yíxià ma?

修
xiū

写
xiě

看
kàn

③ 我房间的电话坏了。
Wǒ fángjiān de diànhuà huài le.

空调 (airconditioner)
kōngtiáo

灯
dēng

电视
diànshì

④ 好的，我们马上去修
Hǎo de, wǒmen mǎshàng qù xiū

明天
míngtiān

晚上
wǎnshang

星期日
xīngqīrì

⑤ 请问，您看见一个 包了吗？
Qǐngwèn, nín kàn jiàn yí ge bāo le ma?

个 手机
ge shǒujī

本 书
běn shū

件 衣服
jiàn yīfu

⑥ 包忘在这儿了。
Bāo wàng zài zhèr le.

钥匙 房间里
yàoshi fángjiān lǐ

书 教室
shū jiàoshì

衣服 他家
yīfu tā jiā

三、口语常用语及常用格式 Common oral expressions and patterns

1. **模仿例句，用"……不了……"完成下列对话。** Imitate the sample sentence to complete the following sentences with ……不了…….

Example: 打不了，总是占线的声音。
Dǎ bu liǎo, zǒngshì zhàn xiàn de shēngyīn.

① A：你的手机怎么了？
Nǐ de shǒujī zěnme le?

B：_____。(打)
dǎ

② A：坐地铁能到机场吗？
Zuò dìtiě néng dào jīchǎng ma?

B：_____。(到)
dào

③ A：还要别的菜吗？
Hái yào biéde cài ma?

B：太多了，_____。(吃)
Tài dōu le, chī

④ A：我能用一下你的电脑 (computer) 吗？
Wǒ néng yòng yíxià nǐ de diànnǎo ma?

B：_____。(用)
yòng

119

四、连词成句 Make sentences with given words

1. 去 qù　超市 chāoshì　面包 miànbāo　我 wǒ　买 mǎi

2. 手机 shǒujī　帮 bāng　修 xiū　请 qǐng　我 wǒ　一下 yíxià

3. 回 huí　宿舍 sùshè　他 tā　睡觉 shuìjiào

4. 吧 ba　我们 wǒmen　番茄炒牛肉 fānqié chǎo niúròu　个 gè　来 lái

扩展活动 Extended Activities

一、4－5人一组，排练小品《倒霉的朱莉安》 Work in groups of 4 or 5. Rehearse the play of "Unlucky Julian"

这个故事的内容是：一个叫朱莉安的人，遇到很多倒霉的事。The play is about a man named Julian who has met a lot of misadventures.

> **A tip for students**
>
> You can arrange the story, the ending and the names of characters by yourself. Try to make it humorous, interesting, positive and rich in content.

1. 全班分成三组。各组讨论一下朱莉安可能碰到什么麻烦、困难。各组给每个人分配角色，确定小品的大致内容。Work in three groups. Each group discusses the troubles that Julian may meet . Distribute the roles and make a decision of the content.

2. 准备一下自己的台词，各组分头排练，准备表演。Prepare the lines and practise before acting.

> **A tip for students**
>
> Don't forget to take cameras and vidicons to record your precious experiences.

二、课堂游戏：出主意想办法 In-class game: brain storm

每人从老师那儿抽一张写着一个名词和一个动词的小纸条。开始的人如果拿到了"书"和"丢"，应该说"我的书丢了，怎么办？"旁边的人应该马上说出自己的办法，然后继续进行。Everyone picks a note that has one noun and one verb from the teacher. If the first one gets "book" and "lose", he/she should say "I lost my book", and the one next to him/her must think out a way to deal with it. Then the game goes on.

给教师的提示
您可以事先将学生学过的词语分写在两组卡片上由学生来抽取。

总结与评价 Summary and Evaluation

一、语句整理。Summary.

看看你房间里的东西，你都能用汉语说了吗？如果生活中遇到困难你知道怎么求助了吗？利用下面的表格复习一下。Look at the things in your room. Can you say all the names in Chinese? Do you know how to ask for help in daily life? Review what you have learned according to the following form.

Names	Sentences often used when asking for help

二、完成任务的自我表现评价。Self-evaluation.

- Are you satisfied with your own performance?

  Very good   good   not so good   bad

- Your own evaluation

  A   B   C   Your willingness to state your opinions

  A   B   C   Your willingness to raise your questions

  A   B   C   Your enthusiasm to gather useful information

121

第 8 课

用美元换人民币 (Yòng Měiyuán huàn Rénmínbì)
Exchange Dollars for Renminbi

目标 | Objectives

1. 复习询问时的常用语句。Review common words and sentences of enquiry.
2. 学习换钱时的常用语句。Learn common words and sentences of exchanging money.
3. 学习存、取款时的常用语句。Learn common words and sentences of depositing and withdrawing.
4. 学习上网及在网吧的常用语句。Learn common words and sentences used on the Internet and in Internet bars.

准备 Preparation

A tip for students

There is more than one answer to each question.

1. 用"什么、吗、多少、……不……、怎么"来提问。Ask questions with 什么、吗、多少、……不……、怎么.

Ask	Answer
	我叫大龙。 My name is Dalong.
	我是韩国人。 I'm Korean.
	我们班有25人。 There are 25 in our class.
	她不会说汉语。 She doesn't speak Chinese.
	我不喜欢打球。 I don't like to play ball.
	我也不知道。 I don't know, neither.

2. 看着图片，说说这是什么地方？你经常去这些地方吗？去做什么？Look at the pictures and discuss where it is. Do you often go there? And why?

①

②

③

词 语 Words and Expressions

❑ 朗读下列词语，注意发音和词语的意思。Read the following words aloud, pay attention to the pronunciation and the meanings. 🔘 08-01

1	2	3	4	5	6	7
职员 zhíyuán staff member	美元 Měiyuán dollar	人民币 Rénmínbì Renminbi	毛 máo mow, 0.1 yuan	百 bǎi hundred	千 qiān thousand	除了 chúle besides
8	**9**	**10**	**11**	**12**	**13**	**14**
银行 yínháng bank	酒店 jiǔdiàn hotel	存 cún deposit	存折 cúnzhé bankbook	填 tián fill in	单子 dānzi form	证件 zhèngjiàn ID
15	**16**	**17**	**18**	**19**	**20**	**21**
取 qǔ withdraw	输入 shūrù input	密码 mìmǎ password	签字 qiānzì sign	老板 lǎobǎn owner	网速 wǎng sù Internet speed	交 jiāo hand in
22	**23**		**24**	**25**		
押金 yājīn foregift	台 tái a measure word for computer		电脑 diànnǎo computer	死机 sǐjī crash		

❑ 选择合适的词语进行搭配。Match the words below with the proper words.

填 tiān

取 qǔ

交 jiāo

电脑 diànnǎo

❏ 词语搭积木。Word bricks.

Example:

| 人 | 密码 | 人民币 | 死机 |
| rén | mìmǎ | Rénmínbì | sǐjī |

| 日本人 | □□密码 | □人民币 | □□死机 |
| Rìběn rén | | | |

| 是日本人 | □□□密码 | □□□□人民币 | □□□□死机 |
| shì Rìběn rén | | | |

给教师的提示
这个练习，您可以按照从上到下的顺序带领学生依次朗读，也可以分为不同的小组先做练习，然后全班交流。

句子 Sentences

❏ **听录音，填词语，然后朗读下列句子。** Listen to the recording, fill in the blanks, and then read the sentences aloud. 🎧 08-02

① 用_____换人民币。

Yòng Měiyuán huàn Rénmínbì.

Exchange dollars for Renminbi.

② _____银行，别的地方可以换钱吗？

Chúle yínháng, biéde dìfang kěyǐ huàn qián ma?

Are there any other places that can exchange money besides banks?

③ 您好，我_____。

Nín hǎo, wǒ cún qián.

Excuse me. I want to make a deposit.

④ 那您得先_____一下这张单子。

Nà nín děi xiān tián yíxià zhè zhāng dānzi.

You have to fill in this form first.

⑤ 您带_____了吗？

Nín dài zhèngjiàn le ma?

Do you have your ID?

⑥ 请把您的_____给我。

Qǐng bǎ nín de cúnzhé gěi wǒ.

Please give me your bankbook.

⑦ 请输入_____。

Qǐng shūrù mìmǎ.

Input password, please.

⑧ _____快不快？

Wǎng sù kuài bu kuài?

Is the internet speed fast?

⑨ 先交二十块钱_____。

Xiān jiāo èrshí kuài qián yājīn.

Give me 20 yuan for deposit first, please.

⑩ 老板，这台电脑_____了。

Lǎobǎn, zhè tái diànnǎo sǐjī le.

Sir, this computer crashes.

给教师的提示
您可以采用各种方式操练句子，并纠正学生的发音。

❏ **和同伴一起，选择合适的句子完成下列对话。** Select the proper sentences to complete the dialogues below with your partner.

① A: 您想换什么钱？
Nín xiǎng huàn shénme qián?
For what money do you want to exchange?

B: _____。

② A: _____。

B: 那您换一台电脑吧。
Nà nín huàn yì tái diànnǎo ba.
Use another computer, please.

③ A: _____？

B: 大的酒店也可以换。
Dàde jiǔdiàn yě kěyǐ huàn.
Some high-ranking hotels can also exchange money.

④ A: _____？

B: 网速很快。
Wǎng sù hěn kuài.
The internet speed is fast.

⑤ A: _____。

B: 密码是六位吧？
Mìmǎ shì liù wèi ba?
Is the password six figures?

情 景 Situations

①

❏ **听两遍录音，然后回答问题。** Listen to the recording twice and then answer the questions. 🔘 08-03

① 欧文在哪儿？
Ōuwén zài nǎr?
Where is Irving?

② 他要干什么？
Tā yào gàn shénme?
What is he going to do?

③ 一美元换多少人民币？
Yì Měiyuán huàn duōshao Rénmínbì?
How much Renminbi can one dollar exchange for?

④ 还有什么地方可以换钱？
Hái yǒu shénme dìfang kěyǐ huàn qián?
Where else can he exchange money?

❏ **朗读对话一，注意发音和语气。** Read Dialogue 1 aloud, pay attention to the pronunciation and the tone.

欧文： 您好，我要换钱。
Ōuwén： Nín hǎo, wǒ yào huàn qián.

职员： 您换什么钱？
Zhíyuán： Nín huàn shénme qián?

欧文:	用美元换人民币。	Irving: Excuse me. I want to exchange some money.
Ōuwén:	Yòng Měiyuán huàn Rénmínbì.	Staff member: For what money?
	一美元换多少人民币?	Irving: Exchange dollars for Renminbi. How much Renminbi can one dollar exchange for?
	Yì Měiyuán huàn duōshao Rénmínbì?	
职员:	六块八毛二。	Staff member: 6.82 yuan.
Zhíyuán:	Liù kuài bā máo èr.	Irving: I will exchange 500 dollars.
欧文:	我换五百美元。	Staff member: Here is 3,410 yuan.
Ōuwén:	Wǒ huàn wǔbǎi Měiyuán.	Irving: Are there any other places that can exchange money besides banks?
职员:	这是三千四百一十元人民币。	Staff member: Some high-ranking hotels can also exchange money.
Zhíyuán:	Zhè shì sānqiān sìbǎi yīshí yuán Rénmínbì.	
欧文:	请问除了银行，别的地方可以	
Ōuwén:	Qǐngwèn chúle yínháng, biéde dìfang kěyǐ	
	换钱吗?	
	huàn qián ma?	
职员:	比较大的酒店也可以。	
Zhíyuán:	Bǐjiào dà de jiǔdiàn yě kěyǐ.	

> **Tip:**
>
> 1. 除了 expresses something is not included and it is often connected with 都、还、也. Sometimes it expresses a relation of exclusion. E.g. 除了她，别人都不会汉语. Sometimes it expresses a relation of addition. E.g. 除了中国，我还去过美国和日本.

❑ **根据对话一，选择合适的句子跟同伴说话。**Choose the proper sentences in Dialogue 1 and talk with your partner.

Ask	Answer
您换什么钱? Nín huàn shénme qián?	
	六块八毛二。 Liù kuài bā máo èr.
	比较大的酒店也可以。 Bǐjiào dà de jiǔdiàn yě kěyǐ.

❑ **说一说。**Say it.

① 你们那儿一般在什么地方可以换钱?

Nǐmen nàr yìbān zài shénme dìfang kěyǐ huàn qián?

Where do you usually go to exchange money?

② 来到这儿以后你换过钱吗？

Lái dào zhèr yǐhòu nǐ huàn guo qián mā?

Have you ever exchanged money since you came here?

③ 你知道附近什么地方能换钱吗？

Nǐ zhīdào fùjìn shénme dìfang néng huàn qián mā?

Do you know some places around here that you can exchange money?

④ 你知道哪些外币的汇率？

Nǐ zhīdào nǎxiē wàibì de huìlǜ?

What exchange rates do you know?

二

❑ **听两遍录音，然后判断正误。** Listen to the recording twice, and then decide whether the following statements are true or false. 🔘 08-04

① 玛莎在银行。 ☐

Mǎshā zài yínháng.

② 玛莎要存1000元。 ☐

Mǎshā yào cún yìqiān yuán.

③ 玛莎没有存折。 ☐

Mǎshā méiyǒu cúnzhé.

④ 玛莎得填单子。 ☐

Mǎshā děi tián dānzi.

⑤ 玛莎有卡。 ☐

Mǎshā yǒu kǎ.

❑ **朗读对话二，注意发音和语气。** Read Dialogue 2 aloud, pay attention to the pronunciation and the tone.

玛莎： Mǎshā:	您好，我存钱。 Nín hǎo, wǒ cún qián.
职员： Zhíyuán:	存多少？ Cún duōshao?
玛莎： Mǎshā:	五千。 Wǔqiān.
职员： Zhíyuán:	有存折吗？ Yǒu cúnzhé ma?
玛莎： Mǎshā:	没有。 Méiyǒu.
职员： Zhíyuán:	那您得先填一下这张单子。 Nà nín děi xiān tián yíxià zhè zhāng dānzi.
玛莎： Mǎshā:	好的。我还想办卡。 Hǎo de. Wǒ hái xiǎng bàn kǎ.

Masha: Excuse me. I want to make a deposit.

Staff member: How much?

Masha: 5,000 yuan.

Staff member: Do you have a bankbook?

Masha: No.

Staff member: You have to fill in this form first.

Masha: Sure. And I need a bank card too.

Staff member: Ok. Do you have your ID?

Masha: Yes.

职员:	可以。您带证件了吗？
Zhíyuán:	Kěyǐ. Nín dài zhèngjiàn le ma?
玛莎:	带了。
Mǎshā:	Dài le.

Tip:

1. In some big cities in China, you have to take a number from a machine at the entrance and wait for your turn in seat when you are in the bank. You can go to the appointed window to deal with your business when your number is called.

❏ 根据对话二填空，并试着说说对话二的内容。Fill in the blanks according to Dialogue 2, and then make an effort to tell the story in Dialogue 2.

玛莎去银行＿＿＿＿＿，她存＿＿＿＿＿。玛莎没有＿＿＿＿＿，她得先＿＿＿＿＿。
Mǎshā qù yínháng＿＿＿＿, tā cún＿＿＿＿. Mǎshā méiyǒu＿＿＿＿, tā děi xiān＿＿＿＿.

玛莎还想＿＿＿＿＿，职员需要(need)＿＿＿＿＿。
Mǎshā hái xiǎng＿＿＿＿, zhíyuán xūyào＿＿＿＿.

❏ 说一说。Say it.

① 来这儿以后，你去银行存过钱吗？

Lái zhèr yǐhòu, nǐ qù yínháng cún guo qián ma?

Have you ever been to a bank to deposit money since you came here?

② 你知道在中国存钱有哪些种类吗？

Nǐ zhīdào zài Zhōngguó cún qián yǒu nǎxiē zhǒnglèi ma?

Do you know the different kinds of deposit in China?

③ 现在不用的钱，你怎么处理？

Xiànzài búyòng de qián, nǐ zěnme chǔlǐ?

How will you deal with your surplus money?

（三）

❏ 听两遍录音，然后判断正误。Listen to the recording twice, and then decide whether the following statements are true or false. 🔘 08-05

① 春香要存钱。 ☐

Chūnxiāng yào cún qián.

④ 春香取六千元。 ☐

Chūnxiāng qǔ liùqiān yuán.

② 春香没带存折。 ☐

Chūnxiāng méi dài cúnzhé.

⑤ 取钱一定要签字。 ☐

Qǔ qián yídìng yào qiān zì.

③ 取钱不能用卡。 ☐

Qǔ qián bù néng yòng kǎ.

❏ **朗读对话三，注意发音和语气。** Read Dialogue 2 aloud, pay attention to the pronunciation and the tone.

春香: 您好，我要取钱。
Chūnxiāng: Nín hǎo, wǒ yào qǔ qián.

职员: 请把您的存折给我[1]。
Zhíyuán: Qǐng bǎ nín de cúnzhé gěi wǒ.

春香: 我忘了带存折，卡可以吗?
Chūnxiāng: Wǒ wàng le dài cúnzhé, kǎ kěyǐ ma?

职员: 可以。您取多少?
Zhíyuán: Kěyǐ. Nín qǔ duōshao?

春香: 取三千。
Chūnxiāng: Qǔ sānqiān.

职员: 请输入密码。
Zhíyuán: Qǐng shūrù mìmǎ.

春香: 密码是六位吧[2]?
Chūnxiāng: Mìmǎ shì liù wèi ba?

职员: 对。请签一下字。
Zhíyuán: Duì. Qǐng qiān yíxià zì.

Chun Hyang:	Excuse me. I want to withdraw some money.
Staff member:	Please give me your bankbook.
Chun Hyang:	Sorry, I forgot to take it. Does the bank card work?
Staff member:	Yes. How much do you want to withdraw?
Chun Hyang:	3,000 yuan.
Staff member:	Password, please.
Chun Hyang:	OK. Is it 6 figures?
Staff member:	Yes. Sign your name here.

Tips:

1. In Chinese, we put the object ahead with 把 in order to emphasize it. This unique kind of pattern is called 把字句. It often expresses how someone deals with something. E.g. 我把美元换成人民币。我把杯子打碎 (dǎsuì broken into pieces) 了。
2. When someone has a speculation to his/her own question, but he/she is not sure about it, 吧 is used at the end of a declarative sentence to expresses this speculation. E.g. 你是张老师吧?

❏ **和同伴一起，根据下面的提示说说对话三的内容。** Tell the story in Dialogue 3 according to the given hints with your partner.

春香要_____，银行职员说_____。她忘了_____，所以问_____可以
Chūnxiāng yào_____, yínháng zhíyuán shuō_____. Tā wàng le_____, suǒyǐ wèn_____ kěyǐ

吗? 职员让她_____，然后_____。
ma? Zhíyuán ràng tā_____, ránhòu_____.

❑ 说一说。Say it.

1 来这儿以后，你去银行取过钱吗？

Lái zhèr yǐhòu, nǐ qù yínháng qǔ guò qián ma?

Have you ever withdrawn money since you came here?

2 你经常用什么取钱？为什么？

Nǐ jīngcháng yòng shénme qǔ qián? Wèi shénme?

What do you often use to withdraw money? Why?

3 平时买东西，你喜欢用卡还是用现金？

Píngshí mǎi dōngxi, nǐ xǐhuan yòng kǎ háishì yòng xiànjīn?

By what means do you prefer to pay, cash or card?

❑ 听两遍录音，然后判断正误。Listen to the recording twice, and then decide whether the following statements are true or false. 💿 08-06

1 山本要上网。 ☐

Shānběn yào shàng wǎng.

2 上网一个小时二十块。 ☐

Shàng wǎng yí ge xiǎoshí èrshí kuài.

3 网速很快。 ☐

Wǎng sù hěn kuài.

4 山本想坐在窗户那儿。 ☐

Shānběn xiǎng zuò zài chuānghu nàr.

5 山本用的是20号电脑。 ☐

Shānběn yòng de shì èrshí hào diànnǎo.

❑ 朗读对话四，注意发音和语气。Read Dialogue 4 aloud, pay attention to the pronunciation and the tone.

老板： Lǎobǎn:	您要上网吗？ Nín yào shàng wǎng ma?
山本： Shānběn:	是啊。一小时多少钱？ Shì a. Yì xiǎoshí duōshao qián?
老板： Lǎobǎn:	五块。 Wǔ kuài.
山本： Shānběn:	网速快不快？ Wǎng sù kuài bu kuài?
老板： Lǎobǎn:	很快。 Hěn kuài.

Internet bar owner:	Do you want to go surfing the Internet?
Yamamoto:	Yes. How much is it per hour?
Internet bar owner:	5 yuan.
Yamamoto:	How about the speed?
Internet bar owner:	Very fast.
Yamamoto:	Can I sit there?
Internet bar owner:	Of course. Give me 20 yuan for deposit first, please.
Yamamoto:	This computer crashes.
Internet bar owner:	You could change to No. 12.

山本： 我坐那儿吧。
Shānběn: Wǒ zuò nàr ba.

老板： 可以。先交二十块钱押金。
Lǎobǎn: Kěyǐ. Xiān jiāo èrshí kuài qián yājīn.

山本： 老板，这台电脑死机了。
Shānběn: Lǎobǎn, zhè tái diànnǎo sǐjī le.

老板： 那您换一台，去12号吧。
Lǎobǎn: Nà nín huàn yì tái, qù shí'èr hào ba.

☐ **根据对话四，回答下列问题。** Answer the questions below according to Dialogue 4.

① 山本要干什么？
Shānběn yào gàn shénme?

② 上网一小时多少钱？
Shàng wǎng yì xiǎoshí duōshao qián?

③ 网速快不快？
Wǎng sù kuài bu kuài?

④ 为什么交二十块钱？
Wèi shénme jiāo èrshí kuài qián?

⑤ 山本那台电脑有什么问题？怎么办？
Shānběn nà tái diànnǎo yǒu shénme wèntí?
Zěnme bàn?

☐ **和同伴一起，根据下面的提示说说对话四的内容。** Tell the story in Dialogue 4 according to the given hints with your partner.

山本要_____，这个网吧 (net bar) _____。一个小时_____。他要先
Shānběn yào _____, zhège wǎngbā _____. Yí gè xiǎo shí _____. Tā yào xiān

交_____，但是这台电脑_____，老板让他_____。
jiāo _____, dànshì zhè tái diànnǎo _____, lǎobǎn ràng tā _____.

（五）

☐ **朗读下面的短文，然后模仿短文介绍一下自己学校附近的情况。** Read the passage below aloud, and then imitate the passage to introduce the situation around your school to the class. 🔘 08-07

我们学校里有银行、邮局，也有网吧，非常方便 (convenient)，但是都比较小，人多的时候得排一会儿队 (queue)。如果你着急的话，也可以去学校旁边的商业区 (business center)，那儿的邮局和网吧都很大，还有好几个银行。

Wǒmen xuéxiào lǐ yǒu yínháng、yóujú, yě yǒu wǎngbā, fēicháng fāngbian, dànshì dōu bǐjiào xiǎo, rén duō de shíhou děi pái yíhuìr duì. Rúguǒ nǐ zháojí de huà, yě kěyǐ qù xuéxiào pángbiān de shāngyè qū, nàr de yóujú hé wǎngbā dōu hěn dà, hái yǒu hǎo jǐ ge yínháng.

活 动 Activities

一、双人活动 Pair work

你知道各种钱与人民币的汇率吗？先看看下面的表格，然后熟悉一下各种钱与人民币的汇率。Do you know the exchange rates from other currencies for Renminbi? Look at the form below first, and then get familiar with the rates.

Other currencies	Renminbi
Měiyuán **US dollar, $**	
Rìyuán **Japanese Yen, ¥**	
Ōuyuán **Euro, €**	
Yīngbàng **Pound, £**	
Lúbù **Russian Ruble, Rbs.**	
Hányuán **South-Korean Won**	
Tàizhū **Thai Baht, BT.**	
Gǎngbì **HongKong dollars, HK $**	

二、小组活动 Group work

4人一组模拟表演，一人为银行实习生，三人为客户，教师为领导。实习生要帮助三位客户解决问题，并向领导汇报。客户根据实习生的服务情况给他们投票，决定是否录用。Work in groups of 4. One acts as a trainee of a bank. The other three are acting as clients. The teacher acts as the manager. The trainee is asked to help three clients to solve their problems and then report the results to the manager. Whether he/she can be hired depends on the votes given by three clients according to his/her service.

客户1：第一次存钱，1万元。
Client 1: It is the first time to deposit. The amount is 10,000 yuan.

客户2：取2000元。
Client 2: Withdraw 2,000 yuan.

客户3：用500美元或其他货币换人民币。
Client 3: Exchange 500 US dollars or other currencies for Renminbi.

给教师的提示
您可以将不同的任务写在纸条上给扮演客户的学生。准备一些笑脸和哭脸牌，以备投票的时候使用。还可以准备一些画好的存款和取款单给学生。

三、双人活动 Pair work

1. **先把下列词语写在相应的图片旁，然后和同伴一起描述图片故事。** Write down the words beside the corresponding pictures. And then describe stories of the pictures with your partner.

Word bank

汇	方式	高兴	着急	担心	中转	怎么办
huì	fāngshì	gāoxìng	zhāojí	dānxīn	zhōngzhuǎn	zěnme bàn
remit	mode	happy	anxious	worry	transfer	what to do
支行	取不了	只好	终于	农业银行		
zhī háng	qǔ buliǎo	zhǐhǎo	zhōngyú	Nóngyè Yínháng		
branch of a bank	can not withdraw	have no choice but to	finally	Agricultural Bank		

取钱的烦恼 *Qǔ qián de fánnǎo*

2. 你有过跟玛莎类似的经历吗？请你说一说。Do you have similar experiences as Masha does? Talk about it in class.

语言练习 Language Focus

一、语音和语调 Pronunciation and intonation

1. 听录音，选择你听到的音节。Listen to the recording and choose the syllables you've heard. 🔘 08-08

   ① dian-tian   jian-qian   shu-chu   ru-su   li-bi   nao-mao

   ② mei-min   ma-mao   zhe-zheng   le-lao   jin-jiu   bai- ban

   ③ mǎo-mǎo   qiān-qiǎn   cún-cùn   tián-diàn   qǔ-qiú   jiāo-jiào

   zhíyuán-zhìyuàn   Měiyuán-Měiyuán   Rénmínbì-Rénmínbì

   yìnhāng-yínháng   jiǔdiàn-jiǔdiān   chuāngkǒu-chuāngkǒu

   lǎobǎn-lǎobǎn   qiánzǐ-qiānzì

2. 朗读下列词语，体会重音。Read the words below and feel the accents. 🔘 08-09

   ① 前重后轻 Strong-weak

除了	单子
chúle	dānzi

   ② 前中后重 Medium-strong

办理	存折	输入	密码	押金	电脑	死机
bànlǐ	cúnzhé	shūrù	mìmǎ	yājīn	diànnǎo	sǐjī

3. 朗读下列句子，注意语音语调。Read the following sentences aloud and pay attention to the accents.

   ① 您换什么钱？
   Nín huàn shénme qián?

   ② 这是三千四百一十元人民币。
   Zhè shì sānqiān sìbǎi yīshí yuán Rénmínbì.

   ③ 除了银行，还有什么地方能换钱？
   Chúle yínháng, hái yǒu shénme dìfang néng huàn qián?

   ④ 我坐那儿吧。
   Wǒ zuò nàr ba.

   ⑤ 我忘了带存折，卡可以吗？
   Wǒ wàng le dài cúnzhé, kǎ kěyǐ ma?

   ⑥ 密码是六位吧？
   Mìmǎ shì liù wèi ba?

   ⑦ 那您换一台，去12号吧。
   Nà nín huàn yì tái, qù shí'èr hào ba.

134

二、替换练习 Substitution exercises

1 您好，我要<u>换钱</u>。
Nínhǎo, wǒ yào huàn qián.

存钱
cún qián

买一瓶 (bottle) 水
mǎi yì píng shuǐ

去动物园
qù dòngwùyuán

3 您带<u>证件</u>了吗?
Nín dài zhèngjiàn le ma?

钱
qián

笔 (pen)
bǐ

包
bāo

2 一<u>美元</u> 换多少 <u>人民币</u>?
Yì Měiyuán huàn duōshao Rénmínbì?

美元	日元 (Japanese Yen)
Měiyuán	Rìyuán
人民币	韩元 (South-Korean Won)
Rénmínbì	Hányuán
英镑 (Pound)	人民币
Yīngbàng	Rénmínbì

4 请把<u>您</u>的存折给我。
Qǐng bǎ nín de cúnzhé gěi wǒ.

手机	他
shǒujī	tā
这杯水	老师
zhè bēi shuǐ	lǎoshī
那个包	春香
nàge bāo	Chūnxiāng

三、口语常用语及常用格式 Common oral expressions and patterns

1. 模仿例句，根据所给的词语，用"除了……（还/也）"完成下列对话。Imitate the sample sentence to complete the following sentences with 除了……（还/也）.

Example：A：除了银行，别的地方可以吗?
　　　　　　Chúle yínháng, bié de dìfang kěyǐ ma?

　　　　　B：比较大的酒店也可以。
　　　　　　Bǐjiào dà de jiǔdiàn yě kěyǐ.

1 A：周末你经常做什么?
　　Zhōumò nǐ jīngcháng zuò shénme?

B：_____。（睡觉）
　　　　　　　　　shuìjiào

2 A：你去超市买什么?
　　Nǐ qù chāoshì mǎi shénme?

B：_____。（面包）
　　　　　　　　　miànbāo

3 A：今天你想吃什么菜?
　　Jīntiān nǐ xiǎng chī shénme cài?

B：_____。（炒苦瓜）
　　　　　　　　　chǎo kǔguā

4 A：你去过动物园吗?
　　Nǐ qù guo dòngwùyuán ma?

B：_____。

2. 用"……不……"来完成对话。Complete the following sentences with ……不…….

① A：_____？
B：我喜欢喝可乐。
Wǒ xǐhuan hē kělě.

② A：_____。
A：他晚上会来。
Tā wǎnshang huì lái.

③ A：_____？
B：两个星期能办好。
Liǎng ge xīngqī néng bàn hǎo.

④ A：_____。
A：她是张老师。
Tā shì zhāng lǎoshī.

扩展练习　Extended Activities

一、3-4人一组。调查一下在其他国家如何换钱、如何上网。一位
同学填写记录，并向大家报告调查的情况 Work in groups of 3 or 4.
Make a survey about how to exchange money and surf the Internet in other countries.
One student is in charge of filling the form and reporting the result to the class

Country	Where to exchange money Where to surf the Internet	How to exchange money How to surf the Internet	Pay attention to

二、课堂游戏：过 "7"　In-class game: Pass over "7"

全班同学按照顺序来数数。遇到含有"7"或"7"的倍数时，要击掌而不能说出
数字，否则就算输。如"17、14、21、28"等，都不能说出来，只能击掌。All the
students count numbers from 1 in order. When you meet any number contains 7 or any multiple of 7, e.g.
17、14、21、28, you must clap the hands instead of saying it, or you lose.

给教师的提示

为了增加难度，您可以在数到"7"时，不用击掌，而换作说不同国家的钱币
的名称，如"人民币、美元、日元"或者用本课的生词来代替。

总结与评价 Summary and Evaluation

一、语句整理。Summary.

如果有事需要去银行或者网吧，你知道怎么说了吗？复习一下在邮局、银行和网吧常说的话。Do you know what to say in a bank or an Internet bar? Review common words and sentences used in postoffices、banks and internet bars.

Situation	What to say
存钱　Deposit	
取钱　Withdraw	
换钱　Exchange	
上网　Surf the Internet	
电脑坏了　Something wrong with the computer	

二、完成任务的自我表现评价。Self-evaluation.

- Are you satisfied with your own performance?

  Very good　　good　　not so good　　bad

- Your own evaluation

  A　　B　　C　　Your willingness to state your opinions

  A　　B　　C　　Your willingness to raise your questions

  A　　B　　C　　Your enthusiasm to gather useful information

第 9 课

你爸爸是做什么的？ (Nǐ bàba shì zuò shénme de?)
What Does Your Father Do?

目标 | Objectives

1. 复习一般的亲属称谓。Review titles of relatives.
2. 学习介绍自己的家庭。Learn to introduce your family.
3. 学习询问和介绍职业。Learn to inquire and describe occupations.
4. 简单介绍一个人。Introduce a person briefly.

准备 Preparation

1. 看着下面的家谱，复习一下表示亲属称谓的词语。然后说一说你家有几口人？他们都是谁？ Look at the family tree below and review the titles of relatives. Then talk about your family in class. And who are they?

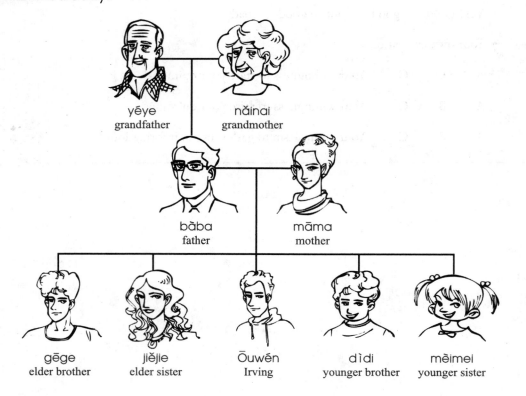

yéye grandfather	nǎinai grandmother

bàba father	māma mother

| gēge elder brother | jiějie elder sister | Ōuwén Irving | dìdi younger brother | mèimei younger sister |

138

2. 你知道这些职业吗？你喜欢哪个职业？ Do you know all these occupations below? Which one is your favourite?

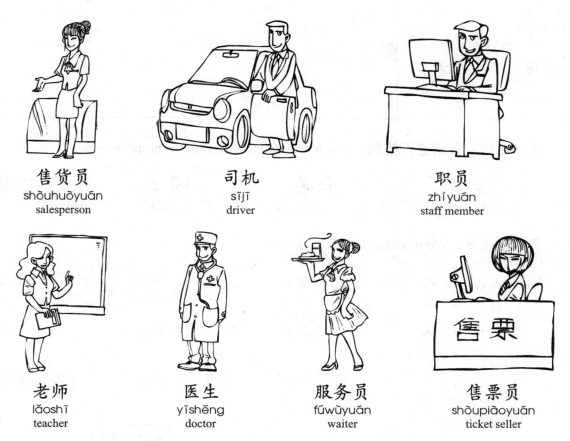

售货员
shòuhuòyuán
salesperson

司机
sījī
driver

职员
zhíyuán
staff member

老师
lǎoshī
teacher

医生
yīshēng
doctor

服务员
fúwùyuán
waiter

售票员
shòupiàoyuán
ticket seller

3. 介绍一下你家人的职业。 Introduce the occupations of your family members.

词 语 Words and Expressions

❑ 朗读下列词语，注意发音和词语的意思。 Read the following words aloud, pay attention to the pronunciation and the meanings. 🔘 09-01

给教师的提示
课前请提醒学生预习词语。

1 姐姐 jiějie elder sister	2 哥哥 gēge elder brother	3 独生子 dúshēng zǐ the only child	4 奶奶 nǎinai grandmother	5 爷爷 yéye grandfather	6 去世 qùshì pass away	7 医生 yīshēng doctor
8 职业 zhíyè occupation	9 国家 guójiā country	10 结婚 jié hūn marriage	11 以前 yǐqián before	12 爱人 àiren spouse	13 大学 dàxué college	14 放假 fàng jià holiday

15 旅行 lǚxíng travel	16 经济 jīngjì economics	17 小孩儿 xiǎoháir children	18 快乐 kuàilè happy	19 听说 tīngshuō hear	20 妹妹 mèimei younger sister	21 社 shè agency
22 翻译 fānyì translator	23 辛苦 xīnkǔ hard	24 公司 gōngsī company				

❏ 选择合适的词语进行搭配。Match the words below with the proper words.

快乐 kuàilè   辛苦 xīnkǔ   国家 guójiā   以前 yǐqián

❏ 词语搭积木。Word bricks.

Example:

人　　　　　　　职业　　　　　　　快乐　　　　　　　翻译
rén　　　　　　　zhíyè　　　　　　kuàilè　　　　　　fānyì

日本人　　　　　□职业　　　　　□□快乐　　　　　□□翻译
Rìběn rén

是日本人　　　　□□□职业　　　□□□□快乐　　　□□□翻译
shì Rìběn rén

给教师的提示
这个练习，您可以按照从上到下的顺序带领学生依次朗读，也可以分为不同的小组先做练习，然后全班交流。

句子 Sentences

❏ 听录音，填词语，然后朗读下列句子。Listen to the recording, fill in the blanks, and then read the sentences aloud. 🔘 09-02

1 你家有几＿＿＿＿人？
Nǐ jiā yǒu jǐ kǒu rén?
How many people are there in your family?

2 你有＿＿＿＿还是姐姐？
Nǐ yǒu gēge háishi jiějie?
Do you have an elder brother or an elder sister?

3 我＿＿＿＿跟我们住在一起。
Wǒ nǎinai gēn wǒmen zhù zài yìqǐ.
My grandma lives with us.

4 你爸爸是＿＿＿＿的？
Nǐ bàba shì zuò shénme de?
What does your father do?

5 医生是个好＿＿＿＿啊。
Yīshēng shì ge hǎo zhíyè a.
Doctor is a good job.

6 我姐姐＿＿＿＿后还在工作呢。
Wǒ jiějie jié hūn hòu hái zài gōngzuò ne.
My sister is still going to work after marriage.

⑦ 您_____在哪儿工作？

Nín àiren zài nǎr gōngzuò?

Where does your spouse work?

⑧ 跟他们在一起很_____。

Gēn tāmen zài yìqǐ hěn kuàilè.

I feel very happy when I am with them.

⑨ 我想在公司当_____。

Wǒ xiǎng zài gōngsī dāng fānyì.

I would like to be a translator in a company.

给教师的提示

您可以采用各种方式操练句子，并纠正学生的发音。

❑ 看图片，和同伴商量他们可能在说什么。Look at the pictures and discuss with your partner what they are probably talking about.

①

②

❑ 和同伴一起，选择合适的句子完成下列对话。Select the proper sentences to complete the dialogues below with your partner.

① A：_____？

② A：以后你想做什么工作？

Yǐhòu nǐ xiǎng zuò shénme gōngzuò?

What kind of occupation do you like to take in the future?

③ A：_____？

④ A：你姐姐结婚以后还在工作吗？

Nǐ jiějie jié hūn yǐhòu hái zài gōngzuò ma?

Is your elder sister still going to work after marriage?

B：我爱人在学校当老师。

Wǒ àiren zài xuéxiào dāng lǎoshī.

My spouse works as a teacher in a school.

B：_____。

B：我有一个姐姐。

Wǒ yǒu yí ge jiějie.

I have an elder sister.

B：对，_____。

Duì,

情景 Situations

☐ 听两遍录音，然后回答问题。Listen to the recording twice and then answer the questions. 🔘 09-03

① 欧文家有几口人？
Ōuwén jiā yǒu jǐ kǒu rén?
How many people are there in Irving's family?

② 欧文有姐姐吗？
Ōuwén yǒu jiějie ma?
Does Irving have an elder sister?

③ "独生子"是什么意思？
"Dúshēng zǐ" shì shénme yìsi?
What does "the only child" mean?

④ 王军家都有什么人？
Wáng Jūn jiā dōu yǒu shénme rén?
Who are the people in Wang Jun's family?

☐ 朗读对话一，注意发音和语气。Read Dialogue 1 aloud, pay attention to the pronunciation and the tone.

王军: Wáng Jūn:	欧文，你家有几口¹人？ Ōuwén, nǐ jiā yǒu jǐ kǒu rén?
欧文: Ōuwén:	四口人。爸爸、妈妈，姐姐和我。 Sì kǒu rén. Bàba, māma, jiějie hé wǒ.
王军: Wáng Jūn:	我家也是四口人。 Wǒ jiā yě shì sì kǒu rén.
欧文: Ōuwén:	你有哥哥还是姐姐？ Nǐ yǒu gēge háishi jiějie?
王军: Wáng Jūn:	都没有，我是独生子。 Dōu méiyǒu, wǒ shì dúshēng zǐ.
欧文: Ōuwén:	那怎么²是四口人呢？ Nà zěnme shì sì kǒu rén ne?
王军: Wáng Jūn:	我奶奶跟我们住在一起。 Wǒ nǎinai gēn wǒmen zhù zài yìqǐ.
欧文: Ōuwén:	你爷爷呢？ Nǐ yéye ne?
王军: Wáng Jūn:	爷爷已经去世了。 Yéye yǐjīng qùshì le.

Wang Jun:	Irving, how many people are there in your family?
Irving:	Four. My father, mother, sister and I.
Wang Jun:	So is my family.
Irving:	Do you have an elder brother or an elder sister?
Wang Jun:	No. I am the only child.
Irving:	So how can it be four?
Wang Jun:	My grandma lives with us.
Irving:	How about your grandpa?
Wang Jun:	He had passed away.

Tips:

1. 口 is a measure word particularly for the number of a family. However, 个 is used in other situations. E.g. 我们班有 12个同学。

2. Here, 怎么 is used for asking the reason, which equals to why. E.g. 他怎么走了? 你怎么不高兴?

❏ **根据对话一内容，选择合适的句子跟同伴说话。** Choose the proper sentences in Dialogue 1 and talk with your partner.

Ask	Answer
欧文，你家有几口人? Ōuwén, nǐ jiā yǒu jǐ kǒu rén?	
	都没有，我是独生子。 Dōu méiyǒu, wǒ shì dúshēng zǐ.
那怎么是四口人? Nà zěnme shì sì kǒu rén?	
你爷爷呢? Nǐ yéye ne?	

❏ **说一说。** Say it.

① **你们家有几口人? 他们都是谁?**

Nǐmen jiā yǒu jǐ kǒu rén? Tāmen dōu shì shuí?

How many people are there in your family? Who are they?

② **在你们国家，结婚以后和爸爸妈妈一起住的多吗?**

Zài nǐmen guójiā, jié hūn yǐhòu hé bàba māma yìqǐ zhù de duō ma?

Do many people live with their parents after marriage in your country?

③ **你结婚以后，想跟爸爸妈妈住在一起吗?**

Nǐ jié hūn yǐhòu, xiǎng gēn bàba māma zhù zài yìqǐ ma?

Will you live with your parents after marriage?

❏ **听两遍录音，然后回答问题。** Listen to the recording twice and then answer the questions. 🔊 09-04

① **春香的爸爸是做什么的?**

Chūnxiāng de bàba shì zuò shénme de?

What does Chun Hyang's father do?

② **春香的爸爸忙不忙?**

Chūnxiāng de bàba máng bu máng?

Does Chun Hyang's father work busily?

③ **春香的妈妈工作吗?**

Chūnxiāng de māma gōngzuò ma?

Does Chun Hyang's mother work?

④ **在韩国，女人结婚后不工作的多吗?**

Zài Hánguó, nǚrén jié hūn hòu bù gōngzuò de duō ma?

Are many women not going to work after marriage in Korea?

☐ 　朗读对话二，注意发音和语气。Read Dialogue 2 aloud, pay attention to the pronunciation and the tone.

李红：　春香，你爸爸是做什么的？
Lǐ Hóng:　Chūnxiāng, nǐ bàba shì zuò shénme de?

春香：　我爸爸是个医生。
Chūnxiāng:　Wǒ bàba shì ge yīshēng.

李红：　医生是个好职业啊[1]。
Lǐ Hóng:　Yīshēng shì ge hǎo zhíyè a.

春香：　但是太忙了。
Chūnxiāng:　Dànshì tài máng le.

李红：　你妈妈呢？
Lǐ Hóng:　Nǐ māma ne?

春香：　我妈妈不工作。
Chūnxiāng:　Wǒ māma bù gōngzuò.

李红：　在你们国家，女人结婚后
Lǐ Hóng:　Zài nǐmen guójiā, nǚrén jié hūn hòu

不工作的多吗？
bù gōngzuò de duō ma?

春香：　比以前少。我姐姐结婚后
Chūnxiāng:　Bǐ yǐqián shǎo. Wǒ jiějie jié hūn hòu

还在工作呢[2]。
hái zài gōngzuò ne.

Li Hong:	Chun Hyang, what does your father do?
Chun Hyang:	He is a doctor.
Li Hong:	That is a good job.
Chun Hyang:	But he is too busy.
Li Hong:	How about your mother?
Chun Hyang:	She doesn't work.
Li Hong:	Are many women not going to work in your country?
Chun Hyang:	Less than before. My elder sister is still going to work after marriage.

Tips:

1. Here, 啊 is an interjection. Influenced by the "ie" in the previous syllable, 啊 is pronounced "ya" here.

2. Here, 呢 is used at the end of a declarative sentence, which emphasizes the action、behavior、or situation is going on. E.g. 弟弟在上中学呢。

☐ 　画线连接。Match the sentences with their proper responses.

① 你爸爸是做什么的？
　　Nǐ bàba shì zuò shénme de?

② 医生是个好职业啊。
　　Yīshēng shì ge hǎo zhíyè a.

③ 你妈妈呢？
　　Nǐ māma ne?

④ 在你们国家，女人结婚后不工作的多吗？
　　Zài nǐmen guójiā, nǚrén jié hūn hòu bù gōngzuò de duō ma?

Ⓐ 比以前少。
　　Bǐ yǐqián shǎo.

Ⓑ 我妈妈不工作。
　　Wǒ māma bù gōngzuò.

Ⓒ 但是太忙了。
　　Dànshì tài máng le.

Ⓓ 我爸爸是个医生。
　　Wǒ bàba shì ge yīshēng.

☐ **和同伴一起，根据下面的提示说说对话二的内容。** Tell the story in Dialogue 2 according to the given hints with your partner.

春香的爸爸＿＿＿＿＿，他＿＿＿＿＿。春香的妈妈＿＿＿＿＿。在韩国，女人结婚

Chūnxiāng de bàba ＿＿＿＿, tā ＿＿＿＿. Chūnxiāng de māma ＿＿＿. Zài Hánguó, nǚrén jié hūn

后＿＿＿＿＿，春香的姐姐＿＿＿＿＿。

hòu ＿＿＿＿, Chūnxiāng de jiějie ＿＿＿＿.

三

☐ **听两遍录音，然后判断正误。** Listen to the recording twice, and then decide whether the following statements are true or false. 🔘 09-05

1 老师的爱人也在大学当老师。 ☐   **3** 春香喜欢小孩儿。 ☐

Lǎoshī de àiren yě zài dàxué dāng lǎoshī.   Chūnxiāng xǐhuan xiǎoháir.

2 老师的爱人也教汉语。 ☐

Lǎoshī de àiren yě jiāo Hànyǔ.

☐ **朗读对话三，注意发音和语气。** Read Dialogue 3 aloud, pay attention to the pronunciation and the tone.

春香： 老师，您爱人在哪儿工作？
Chūnxiāng: Lǎoshī, nín àiren zài nǎr gōngzuò?

老师： 他也在大学当老师。
Lǎoshī: Tā yě zài dàxué dāng lǎoshī.

春香： 那太好了。
Chūnxiāng: Nà tài hǎo le.

老师： 为什么？
Lǎoshī: Wèi shénme?

春香： 放假的时候你们可以
Chūnxiāng: Fàngjià de shíhou nǐmen kěyǐ

一起旅行啊。
yìqǐ lǚxíng a.

老师： 那倒是[1]。
Lǎoshī: Nà dào shì.

春香： 他也教汉语吗？
Chūnxiāng: Tā yě jiāo Hànyǔ ma?

Chun Hyang:	Teacher, where does your husband work?
Teacher:	He is a teacher in college.
Chun Hyang:	That is great.
Teacher:	Why?
Chun Hyang:	You can travel together in holidays.
Teacher:	Well, that is true.
Chun Hyang:	Does he also teacher Chinese?
Teacher:	No, he teaches economics
Chun Hyang:	I wish I could be a teacher of Chinese and teach children in the future.
Teacher:	Do you like children?
Chun Hyang:	Yes, I feel very happy when I am with them.

老师: 不，他教经济。
Lǎoshī: Bù, tā jiāo jīngjì.

春香: 以后我也想当汉语老师，教小孩儿。
Chūnxiāng: Yǐhòu wǒ yě xiǎng dāng Hànyǔ lǎoshī, jiāo xiǎoháir.

老师: 你喜欢小孩儿吗？
Lǎoshī: Nǐ xǐhuan xiǎoháir ma?

春香: 对，跟他们在一起很快乐。
Chūnxiāng: Duì, gēn tāmen zài yìqǐ hěn kuàilè.

> **Tip:**
> 1. 那倒是 expresses that he/she has his own idea originally, but he/she agrees with others as well.
> E.g. A：星期天（xīngqītiān Sunday）别去超市了，人太多。—B：那倒是。

❏ **根据对话三，回答问题。** Answer the questions below according to Dialogue 3.

(1) 老师的爱人在哪儿工作？
Lǎoshī de àiren zài nǎr gōngzuò?

(2) 老师的爱人教什么？
Lǎoshī de àiren jiāo shénme?

(3) 春香觉得两个人都当老师好不好？为什么？
Chūnxiāng juéde liǎng ge rén dōu dāng lǎoshī hǎo bu hǎo? Wèi shénme?

(4) 春香以后想做什么工作？
Chūnxiāng yǐhòu xiǎng zuò shénme gōngzuò?

❏ **说一说。** Say it.

(1) 你的爸爸妈妈做什么工作？
Nǐ de bàba māma zuò shénme gōngzuò?
What do your parents do?

(2) 他们工作忙吗？
Tāmen gōngzuò máng ma?
Are they busy?

(3) 你以后想做什么工作？
Nǐ yǐhòu xiǎng zuò shénme gōngzuò?
What do you want to do in the future?

❏ **听两遍录音，然后判断正误。** Listen to the recording twice, and then decide whether the following statements are true or false. 🔘 09-06

(1) 玛莎的妹妹来了。 ☐
Mǎshā de mèimei lái le.

(2) 妹妹到这儿来旅行。 ☐
Mèimei dào zhèr lái lǚxíng.

(3) 妹妹当翻译。 ☐
Mèimei dāng fānyì.

(4) 妹妹在公司工作。 ☐
Mèimei zài gōngsī gōngzuò.

(5) 玛莎不喜欢当翻译。 ☐
Mǎshā bù xǐhuan dāng fānyì.

❑ **朗读对话四，注意发音和语气**。Read Dialogue 4 aloud, pay attention to the pronunciation and the tone.

玛莎： 听说你妹妹来了。
Mǎshā: Tīngshuō nǐ mèimei lái le.

山本： 是啊[1]，她到这儿工作。
Shānběn: Shì a, tā dào zhèr gōngzuò.

玛莎： 她是做什么工作的？
Mǎshā: Tā shì zuò shénme gōngzuò de?

山本： 她在旅行社当翻译。
Shānběn: Tā zài lǚxíngshè dāng fānyì.

玛莎： 我也想当翻译，但是
Mǎshā: Wǒ yě xiǎng dāng fānyì, dànshì

不想去旅行社。
bù xiǎng qù lǚxíngshè.

山本： 为什么？
Shānběn: Wèi shénme?

玛莎： 旅行社太辛苦了。
Mǎshā: Lǚxíngshè tài xīnkǔ le.

山本： 那你想去哪儿？
Shānběn: Nà nǐ xiǎng qù nǎr?

玛莎： 我想在公司当翻译。
Mǎshā: Wǒ xiǎng zài gōngsī dāng fānyì.

Masha:	I have heard that your younger sister is here.
Yamamoto:	Yes. She is working here.
Masha:	What does she do?
Yamamoto:	She is a translator in a travel agency.
Masha:	I want to be a translator, but not in a travel agency.
Yamamoto:	Why?
Masha:	It is too busy.
Yamamoto:	So where do you prefer?
Masha:	I would like to be a translator in a company.

Tip:

1. Influenced by the "-i" in the previous syllable, 啊 is pronounced "ra" here.

❑ **根据对话四填空，并试着说说对话四的内容**。Fill in the blanks according to Dialogue 4, and then make an effort to tell the story in Dialogue 4.

玛莎听说山本＿＿＿＿＿＿，她到这儿＿＿＿＿＿＿。她在＿＿＿＿＿当＿＿＿＿＿。玛莎也
Mǎshā tīngshuō Shānběn ＿＿＿, tā dào zhèr ＿＿＿. Tā zài ＿＿＿ dāng ＿＿＿. Mǎshā yě

想＿＿＿＿＿，但是不想＿＿＿＿＿，因为＿＿＿＿＿，玛莎想＿＿＿＿＿当翻译。
xiǎng ＿＿＿, dànshì bù xiǎng ＿＿＿, yīnwèi ＿＿＿, Mǎshā xiǎng ＿＿＿ dāng fānyì.

❑ **说一说**。Say it.

① 你有兄弟姐妹吗？他们工作了吗？做什么工作？

Nǐ yǒu xiōngdì jiěmèi ma? Tāmen gōngzuò le ma? Zuò shénme gōngzuò?

Do you have brothers or sisters? Are they working? What do they do?

② 你想当翻译吗？为什么？

Nǐ xiǎng dāng fānyì ma? Wèi shénme?

Do you want to be a translator? Why?

③ 你愿意去旅行社当翻译吗？

Nǐ yuànyì qù lǚxíngshè dāng fānyì ma?

Are you willing to be a translator in a travel agency?

147

五

❑ **朗读下面的短文，然后模仿短文介绍一下自己的家人。** Read the passage below aloud, and then imitate the passage to introduce your family. 🔘 09-07

> 我家有六口人，爷爷、奶奶、爸爸、妈妈、妹妹和我。我的爷爷、奶奶已经退休 (retire)了，爸爸在一家公司工作，妈妈不工作。我妹妹在旅行社当翻译，她的工作很好，但是经常出差(business trip)，很辛苦。
>
> Wǒ jiā yǒu liù kǒu rén, yéye, nǎinai, bàba, māma, mèimei hé wǒ. Wǒ de yéye, nǎinai yǐjīng tuìxiū le, bàba zài yì jiā gōngsī gōngzuò, māma bù gōngzuò. Wǒ mèimei zài lǚxíngshè dāng fānyì, tā de gōngzuò hěn hǎo, dànshì jīngcháng chū chāi, hěn xīnkǔ.

活 动 Activities

一、双人活动 Pair work

看看下面三张图片，和同伴一起介绍一下每个家庭。 Look at the three pictures below and introduce each family with your partner.

①

小明家的照片。2010年。
Xiǎomíng jiā de zhàopiàn.
Èr líng yī líng nián.

②

小明妈妈家的照片。1990年。
Xiǎomíng māma jiā de zhàopiàn.
Yī jiǔ jiǔ líng nián.

③

小明爸爸家的照片。1985年。
Xiǎomíng bàba jiā de zhàopiàn.
Yī jiǔ bā wǔ nián.

Word bank				
姥姥	姥爷	姨	舅舅	叔叔
lǎolao	lǎoye	yí	jiùjiu	shūshu
grandmother, mother's mother	grandfather, mother's father	aunt, mother's sister	uncle, mother's brother	uncle, father's brother

二、小组活动 Activities

3 – 4 人一组。Work in groups of 3 or 4.

1. 画出自己家族的家谱，数一数有多少人？然后和同伴比较，看看谁的家族成员最多。
Draw your family tree and count the number of all the people. Make a comparison with your partner and find out who has the largest family.

给教师的提示

您可以提醒学生从爸爸和妈妈双方的亲戚来考虑，还包括亲戚的孩子。

Word bank

家族	姑姑	表弟	表姐
jiāzú	gūgu	biǎodì	biǎojiě
family	aunt, father's sister	cousin, male	cousin, female

2. 先填写下面的表格，然后跟同伴说说在所有家族成员里，你最喜欢谁的职业？为什么？ Fill in the form below and discuss with your partner whose occupation you like the most in your family. And why?

Name	Number of the family	Whose occupation you like the most	
		Relationship	Occupation

3. 根据刚才的调查，给大家介绍一个同伴的家庭。Introduce your partner's family to classmates according to the survey above.

For your reference

1. 这个家庭有几口人？
Zhè ge jiātíng yǒu jǐ kǒu rén?
How many people are there in this family?

3. 你觉得谁的工作最有意思？为什么？
Nǐ juéde shuí de gōngzuò zuì yǒu yìsi? Wèi shénme?
Whose job do you think is the most interesting? And why?

2. 每个人做什么工作？
Měi ge rén zuò shénme gōngzuò?
What do they do?

三、全班活动 Class work

先利用下面的表格准备一下，然后和大家交流下面的两个问题。Make preparations according to the following form, and then talk about the following two questions with your partner.

The most popular job in your country	What you want to do in the future

① 谈谈你们国家最受欢迎的几种工作。

Tántan nǐmen guójiā zuì shòu huānyíng de jǐ zhǒng gōngzuò.

Talk about some popular jobs in your country.

② 你将来想从事什么工作？为什么？

Nǐ jiānglái xiǎng cóngshì shénme gōngzuò? Wèi shénme?

What do you want to do in the future? And why?

语言练习 Language Focus

一、语音和语调 Pronunciation and intonation

1. 听录音，选择你听到的音节。Listen to the recording and choose the syllables you've heard. 🔘 09-08

① nü-lü   ku-du   shi-zhi   si-zi

② da-dao   jie-jia   xin-xing   fan-fang

③ jiējiě-jiějie   háishi-háishì   dúshēngzǐ-dúshēngzǐ
   yēyě-yéye   guójiā-guǒjiā   jiěhún-jiéhūn
   fāngjiā-fǎngjiǎ   lǚxǐngshē-lǚxíngshē

2. 朗读下列词语，体会重音。Read the words below and feel the accents. 🔘 09-09

① 前重后轻 strong-weak

姐姐	哥哥	还是	奶奶	爷爷	爱人	妹妹
jiějie	gēge	háishi	nǎinai	yéye	àiren	mèimei

② 前中后重 medium-strong

去世	医生	职业	以前
qùshì	yīshēng	zhíyè	yǐqián
听说	辛苦	公司	大学
tīngshuō	xīnkǔ	gōngsī	dàxué

3. **朗读下列句子，注意语音语调。** Read the following sentences aloud and pay attention to the accents.

① 我爷爷奶奶跟我们住在一起。
Wǒ yéye nǎinai gēn wǒmen zhù zài yìqǐ.

② 你家怎么是五口人呢？
Nǐ jiā zěnme shì wǔ kǒu rén ne?

③ 在你们国家，女人结婚后不工作的多吗？
Zài nǐmen guójiā, nǚrén jié hūn hòu bù gōngzuo de duō ma?

④ 放假的时候你们可以一起旅行啊。
Fàngjià de shíhou nǐmen kěyǐ yìqǐ lǚxíng a.

⑤ 以后我也想当汉语老师，教小孩儿。
Yǐhòu wǒ yě xiǎng dāng Hànyǔ lǎoshī, jiāo xiǎoháir.

⑥ 我也想当翻译，但是不想去旅行社。
Wǒ yě xiǎng dāng fānyì, dànshì bù xiǎng qù lǚxíngshè.

二、替换练习 Substitution exercises

①

我奶奶	跟	我们	住在一起。
Wǒ nǎinai	gēn	wǒmen	zhù zài yìqǐ.
超市	在	医院	前边
Chāoshì	zài	yīyuàn	qiánbian
他家	离	学校	很近
Tā jiā	lí	xuéxiào	hěn jìn
我	给	妈妈	打电话
Wǒ	gěi	māma	dǎ diànhuà

②

你爸爸	是做什么的？
Nǐ bàba	shì zuò shénme de?
她妈妈	
Tā māma	
欧文的姐姐	
Ōuwén de jiějie	
山本的妹妹	
Shānběn de mèimei	

③

他	在大学	当	老师。
Tā	zài dàxué	dāng	lǎoshī.
她	医院		医生
Tā	yīyuàn		yīshēng
哥哥	公司		翻译
Gēge	gōngsī		fānyì
弟弟	饭店		服务员
Dìdì	fàndiàn		fúwùyuán

④

我姐姐	结婚后		还在 工作。
Wǒ jiějie	jiéhūn hòu		hái zài gōngzuò.
欧文	下课 (after class) 后		学习
Ōuwén	xià kè	hòu	xué xí
他	晚饭时		上网
Tā	wǎnfàn shí		shàng wǎng
妹妹	十二点		看电视
Mèimei	shí'èr diǎn		kàn diànshì

5 她到这儿 <u>工作</u>。
Tā dào zhèr gōngzuò.

看(visit)我
kàn wǒ

玩儿
wánr

开会
kāi huì

三、口语常用语及常用格式 Common oral expressions and patterns

1. 复习一下"那倒是"的意义和用法，然后完成下列对话。Review the meaning and the use of 那倒是, and then complete the following dialogues.

Example： A：放假的时候你们可以一起旅行啊。
Fàngjià de shíhou nǐmen kěyǐ yìqǐ lǚxíng a.
You can travel together in holidays.

B：那倒是。
Nà dàoshì
Well, that is true.

1 A：周末我们去公园 (park) 吧。
Zhōumò wǒmen qù gōngyuán ba.

B：＿＿＿＿＿＿＿＿＿＿。

A：那倒是。
Nà dào shì.

2 A：那个商店的东西真好。
Nàge shāngdiàn de dōngxi zhēn hǎo.

B：＿＿＿＿＿＿＿＿＿＿。

A：那倒是。
Nà dào shì.

3 A：我们坐出租车去机场吧。
Wǒmen zuò chūzū chē qù jīchǎng ba.

B：＿＿＿＿＿＿＿＿＿＿。

A：那倒是。
Nà dào shì.

2. 模仿例句，用"还是"来完成对话。Imitate the sample sentence to complete the following dialogues with 还是.

Example： A：你有哥哥还是姐姐？
Nǐ yǒu gēge háishi jiějie?

B：都没有，我是独生子。
Dōu méiyǒu, wǒ shì dúshēng zǐ.

1 A：＿＿＿＿＿＿＿＿＿＿？

B：我想喝咖啡。
Wǒ xiǎng hē kāfēi.

2 A：＿＿＿＿＿＿＿＿＿＿？

B：他是美国人。
Tā shì Měiguó rén.

3 A: ＿＿＿＿＿＿＿＿＿＿＿？

B: 我坐地铁去。
Wǒ zuò dìtiě qù.

4 A: ＿＿＿＿＿＿＿＿＿＿＿？

B: 超市在东边。
Chāoshì zài dōngbian.

扩展活动 Extended Activities

一、主题演讲——不一样的家庭 Topic speech—— A unusual family

1. **想想你要介绍哪个家庭。**Think about which family you are going to talk about.

- □ 自己家
  zìjǐ jiā
  your family

- □ 一个亲戚的家
  yí ge qīnqi de jiā
  a relative's family

- □ 一个朋友的家
  yí ge péngyǒu de jiā
  a friend's family

- □ 一个邻居的家
  yí ge línjū de jiā
  a neighbour's family

- □ 一个名人的家
  yí ge míngrén de jiā
  a celebrity's family

- □ 一个外国人的家
  yí ge wàiguó rén de jiā
  a foreigner's family

2. **用5分钟的时间介绍一个家庭。这个家庭应该很有意思。**Introduce this family for 5 minutes which should have something interesting.

> **A tip for students**
>
> You can introduce the family with following orders: how many people are there? What do they do? Whom you like the most?

> **给教师的提示**
>
> 您可以给学生几分钟时间准备一下，写下想到的关键词，不会的词查一查词典。如果学生能提供一些图片更好。

3. **课堂游戏：猜职业。**In-class game: guess occupations.

3-4人一组。每人选择一位自己的亲属，职业必须是真实的。只能用一句话和一个动作表示他的职业，请同伴猜。猜的人可以用问问题的方式得到更多信息。Work in groups of 3 or 4. Each student chooses one relative who has a real occupation. You can describe his/her occupation by using only one sentence and one action before your partner guesses. Your partner is also allowed to ask questions for more information.

> **A tip for students**
>
> Try hard to think out some other ways when you don't know the Chinese words.

> **给教师的提示**
>
> 在活动开始前，您可以先让两个口语比较好的学生和您一起示范一下。

总结与评价 Summary and Evaluation

一、语句整理。Summary.

你能简单介绍自己的家庭了吗？能说出家人的职业了吗？利用下面的表格整理一下表示的职业的词语，看看还有什么你不会说。Can you introduce your family briefly? Can you say their occupations in Chinese? Arrange the occupation words according to the following form, and see if there is something you don't know.

Place	Relevant occupation
学校 **chool**	
医院 **Hospital**	
饭店 **Restaurant**	
商店 **Shop**	
公车 **Bus**	

二、完成任务的自我表现评价。Self-evaluation.

- Are you satisfied with your own performance?

  Very good   good   not so good   bad

- Your own evaluation

  A   B   C   Your willingness to state your opinions

  A   B   C   Your willingness to raise your questions

  A   B   C   Your enthusiasm to gather useful information

第 10 课

你感冒了吧？ (Nǐ gǎnmào le ba?)

Have You Caught a Cold?

目标 | Objectives

1. 复习身体部位名称。Review words of human boby.
2. 学习简单描述一般的病症。Learn to describe common diseases briefly.
3. 学习看病时询问和说明病情。Learn to ask about and explain diseases to the doctor.
4. 学习买药时的常用语句。Learn common words and sentences of buying medicine.

准备 Preparation

1. **读出下列词语。** Read the following words aloud.

头	眼睛	鼻子	嘴	耳朵
tóu	yǎnjing	bízi	zuǐ	ěrduo
head	eye	nose	mouth	ear
脖子	胳膊	肚子	腿	脚
bózi	gēbo	dùzi	tuǐ	jiǎo
neck	arm	belly	leg	foot

2. **看图片，你能说出这些身体部位吗？** Look at the pictures below. Can you say these parts in Chinese?

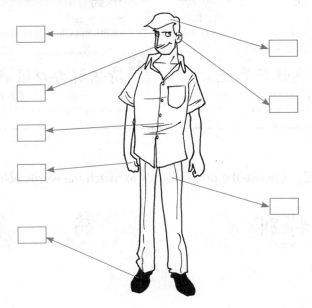

3. **小游戏：指部位。Game: point at the right parts.**

教师说出一个身体部位，由学生快速指出。指错的同学要受到小小的惩罚。The teacher says any part of human body and the students are requested to point at the right part rapidly. The one who does wrong gets a little punishment.

给教师的提示
您可以请全班同学一起做，也可以请一组同学做，其他同学来说部位。

词语 Words and Expressions

☐ **朗读下列词语，注意发音和词语的意思。** Read the following words aloud, pay attention to the pronunciation and the meanings. 🔘 10-01

给教师的提示
课前请提醒学生预习词语。

1 疼 téng pain	2 嗓子 sǎngzi throat	3 特别 tèbié especially	4 冷 lěng cold	5 感冒 gǎnmào catch cold	6 体温 tǐwēn body temperature
7 发烧 fā shāo fever	8 度 dù degree	9 医院 yīyuàn hospital	10 舒服 shūfu comfortable	11 拉肚子 lā dùzi have diarrhea	12 夜里 yèlǐ in the night	13 检查 jiǎnchá examination
14 病 bìng disease	15 严重 yánzhòng serious	16 药 yào medicine	17 片 piàn pill	18 请假 qǐng jiǎ ask for leave	19 着凉 zháo liáng catch cold	20 陪 péi accompany
21 回去 huí qù return	22 休息 xiūxi rest	23 流 liú flow	24 鼻涕 bíti nasal mucus	25 中药 zhōngyào traditional Chinese medicine	26 西药 xīyào western medicine
27 盒 hé box	专有名词 Proper nouns	28 急性肠胃炎 jíxìng chángwèi yán acute gastroenteritis		29 清热解毒口服液 qīng rè jiě dú kǒufúyè heat-clearing and detoxicating oral liquid	

☐ **选择合适的词语进行搭配。** Choose the proper words to match the words below.

疼 téng	特别 tèbié	药 yào	休息 xiūxi

❑ **词语搭积木。** Word bricks.

Example: 人　　　　药　　　　请假　　　　舒服
　　　　 rén　　　 yào　　　 qǐng jiǎ　　　 shūfu

日本人　　　□□□药　　　□请假　　　□舒服
Rìběn rén

是日本人　　□□□□药　　□□请假　　□□□舒服
shì Rìběn rén

我是日本人　□□□□□药　□□□□请假　□□□□舒服
wǒ shì Rìběn rén

句子 Sentences

❑ **听录音，填词语，然后朗读下列句子。** Listen to the recording, fill in the blanks, and then read the sentences aloud. 🔘 10-02

① 我_____，嗓子疼，还特别冷。
Wǒ tóu téng, sǎngzi téng, hái tèbié lěng.
I have a headache and a sore throat. I also feel cold.

② 你_____了吧？试体温了吗？
Nǐ gǎnmào le ba? Shì tǐwēn le ma?
Have you caught a cold? Have you taken your body temperature?

③ 有点儿发烧，去_____看看吧。
Yǒudiǎnr fā shāo, qù yīyuàn kànkan ba.
You are running a temperature. Let's go to hospital.

④ 你哪儿不_____？
Nǐ nǎr bù shūfu?
What is wrong with you?

⑤ 我给你开点儿_____。
Wǒ gěi nǐ kāi diǎnr yào.
I will make a prescription for you.

⑥ 一天三次，一次_____。
Yì tiān sān cì, yí cì liǎng piàn.
Three times a day, and two pills each time.

⑦ 老师，我想_____。
Lǎoshī, wǒ xiǎng qǐng jiǎ.
Teacher, I want to ask for leave.

⑧ 您想吃_____还是西药？
Nín xiǎng chī zhōngyào háishi xīyào?
Do you prefer traditional Chinese medicine or western medicine?

⑨ 一_____能吃三天，要几盒？
Yì hé néng chī sān tiān, yào jǐ hé?
One box is for 3 days. How many boxes do you want to take?

❑ 看图片，和同伴商量他们可能在说什么。Look at the pictures and discuss with your partner what they are probably talking about.

① ②

❑ 和同伴一起，选择合适的句子完成下列对话。Select the proper sentences to complete the dialogues below with your partner.

1 A: 我刚才试过体温，37.5℃。
   Wǒ gāngcāi shì guo tǐwēn, sānshí qī dù wǔ.
   I've just taken my body temperature. It's 37.5 ℃
   B: _____。

2 A: 医生，这种药怎么吃？
   Yīshēng, zhèzhǒng yào zěnme chī?
   How should I take this medicine, doctor?
   B: _____。

3 A: _____？
   B: 我肚子疼。
   Wǒ dùzi téng.
   I've got a stomachache.

4 A: _____？
   B: 我想吃中药。
   Wǒ xiǎng chī zhōngyào.
   I would like to take some traditional Chinese medicine.

情 景 Situations

❑ 听两遍录音，然后回答问题。Listen to the recording twice and then answer the questions. 🔘 10-03

1 春香怎么了？
   Chūnxiāng zěnme le?
   What is wrong with Chun Hyang?

2 春香发烧吗？多少度？
   Chūnxiāng fā shāo ma? Duōshao dù?
   Does Chun Hyang get a fever? What is her body temperature?

3 春香想去医院吗？
   Chūnxiāng xiǎng qù yīyuàn ma?
   Does Chun Hyang want to go to hospital?

4 春香会去医院吗？
   Chūnxiāng huì qù yīyuàn ma?
   Will Chun Hyang go to hospital?

□ **朗读对话一，注意发音和语气。** Read Dialogue 1 aloud, pay attention to the pronunciation and the tone.

李红： 春香，你怎么了[1]？
Lǐ Hóng： Chūnxiāng, nǐ zěnme le?

春香： 我头疼，嗓子疼，还特别冷。
Chūnxiāng： Wǒ tóu téng, sǎngzi téng, hái tèbié lěng.

李红： 你感冒了吧？试体温了吗？
Lǐ Hóng： Nǐ gǎnmào le ba? Shì tǐwēn le ma?

春香： 试过[2]了。
Chūnxiāng： Shì guo le.

李红： 发烧吗？
Lǐ Hóng： Fāshāo ma?

春香： 三十七度八。
Chūnxiāng： Sānshíqī dù bā.

李红： 有点儿发烧，去医院看看吧。
Lǐ Hóng： Yǒudiǎnr fāshāo, qù yīyuàn kànkan ba.

春香： 我最怕去医院了。
Chūnxiāng： Wǒ zuì pà qù yīyuàn le.

李红： 别怕，我跟你一起去。
Lǐ Hóng： Bié pà, wǒ gēn nǐ yìqǐ qù.

Li Hong:	Chun Hyang, what is wrong with you?
Chun Hyang:	I have a headache and a sore throat. I also feel cold.
Li Hong:	Have you caught a cold? Have you taken your body temperature?
Chun Hyang:	Yes, I have.
Li Hong:	What was the temperature?
Chun Hyang:	It was 37.8°C.
Li Hong:	You are running a temperature. Let's go to hospital.
Chun Hyang:	I am afraid of going to the hospital.
Li Hong:	Don't worry, I will go with you.

Tips:

1. 怎么了 is used to ask about other's condition. E.g. 他怎么了？老师怎么了？
2. "V + 过" expresses that certain action has already taken place. E.g. 我吃过这种药。

□ **根据对话一内容，选择合适的句子跟同伴说话。** Choose the proper sentences in Dialogue 1 and talk with your partner.

Ask	Answer
春香，你怎么了？ Chūnxiāng, nǐ zěnme le?	
	试过了。 Shì guo le.
发烧吗？ Fā shāo ma?	

❑ 根据对话一填空，并试着说说对话一的内容。Fill in the blanks according to Dialogue 1, and then make an effort to tell the story in Dialogue 1.

春香_____，_____，还特别_____，她可能_____了。她试过_____，
Chūnxiāng_____，_____，hái tèbié_____，tā kěnéng_____le. Tā shì guo_____，

_____度_____，有点儿_____。李红让她去_____，但是春香_____，李红跟她_____。
_____dù_____，yǒudiǎnr_____. Lǐ Hóng ràng tā qù_____，dànshì Chūnxiāng_____，Lǐ Hóng gēn tā_____。

二

❑ 听两遍录音，然后判断正误。Listen to the recording twice, and then decide whether the following statements are true or false. 🔘 10-04

① 玛莎肚子疼。 ☐
　Mǎshā dùzi téng.

② 玛莎昨天晚上开始疼的。☐
　Mǎshā zuótiān wǎnshang kāishǐ téng de.

③ 医生让玛莎先检查一下。☐
　Yīshēng ràng Mǎshā xiān jiǎnchá yíxià.

④ 玛莎的病很严重。 ☐
　Mǎshā de bìng hěn yánzhòng.

⑤ 这种药一次吃三片。 ☐
　Zhè zhǒng yào yí cì chī sān piàn.

❑ 朗读对话二，注意发音和语气。Read Dialogue 2 aloud, pay attention to the pronunciation and the tone.

医生：　你哪儿不舒服？
Yīshēng： Nǐ nǎr bù shūfu?

玛莎：　我拉肚子。
Mǎshā： Wǒ lā dùzi.

医生：　从什么时候开始的？
Yīshēng： Cóng shénme shíhou kāishǐ de?

玛莎：　昨天夜里。
Mǎshā： Zuótiān yèlǐ.

医生：　先检查一下吧。
Yīshēng： Xiān jiǎnchá yíxià ba.

玛莎：　医生，是什么病？
Mǎshā： Yīshēng, shì shénme bìng?

医生：　是急性肠胃炎。
Yīshēng： Shì jíxìng chángwèi yán.

玛莎：　严重吗？
Mǎshā： Yánzhòng ma?

Doctor: What is wrong with you?
Masha: I have diarrhea.
Doctor: Since when?
Masha: Last night.
Doctor: Have an examination first.
Masha: Doctor, what disease I have got?
Doctor: It is acute gastroenteritis.
Masha: Is it serious?
Doctor: No. I will make a prescription for you.
Masha: OK. How should I take this medicine?
Doctor: Three times a day, and two pills each time.

医生：　不严重。我给你开点儿药。
Yīshēng:　Bù yánzhòng. Wǒ gěi nǐ kāi diǎnr yào.

玛莎：　好的。这药怎么吃？
Mǎshā:　Hǎo de. Zhè yào zěnme chī?

医生：　一天三次，一次两片。
Yīshēng:　Yì tiān sān cì, yí cì liǎng piàn.

❑ **根据对话二，回答下列问题。** Answer the questions below according to Dialogue 2.

1. 玛莎在哪儿？
   Mǎshā zài nǎr?

2. 玛莎哪儿不舒服？
   Mǎshā nǎr bù shūfu?

3. 玛莎得了什么病？
   Mǎshā dé le shénme bìng?

4. 玛莎的病严重吗？
   Mǎshā de bìng yánzhòng ma?

❑ **说一说。** Say it.

1. 你的肚子疼过吗？是什么原因？
   Nǐ de dùzi téng guo ma? Shì shénme yuányīn?
   Have you ever got a stomachache? What is the reason?

2. 你来这儿以后去过医院吗？
   Nǐ lái zhèr yǐhòu qù guo yīyuàn ma?
   Have you been to hospital since you came here?

3. 你生病的时候愿意吃药还是愿意打针？
   Nǐ shēngbìng de shíhou yuànyì chī yào háishi yuànyì dǎ zhēn?
   Which do you prefer when you are ill, taking the medicine or the injection?

三 ○──────────────────────────────────○

❑ **听两遍录音，然后判断正误。** Listen to the recording twice, and then decide whether the following statements are true or false. 💿 10-05

1. 山本想请假。　　　☐
   Shānběn xiǎng qǐng jià.

2. 山本病了。　　　☐
   Shānběn bìng le.

3. 山本昨天晚上没睡觉。　☐
   Shānběn zuótiān wǎnshang méi shuì jiào.

4. 山本昨天晚上去医院了。☐
   Shānběn zuótiān wǎnshang qù yīyuàn le.

☐ **朗读对话三，注意发音和语气。** Read Dialogue 3 aloud, pay attention to the pronunciation and the tone.

山本: 老师，我想请假。
Shānběn: Lǎoshī, wǒ xiǎng qǐng jià.

老师: 怎么了？身体不舒服吗？
Lǎoshī: Zěnme le? Shēntǐ bù shūfu ma?

山本: 我头疼。
Shānběn: Wǒ tóuténg.

老师: 着凉了吧？
Lǎoshī: Zháo liáng le ba?

山本: 不是，我昨天晚上没睡觉。
Shānběn: Bú shì, wǒ zuótiān wǎnshang méi shuì jiào.

老师: 为什么？
Lǎoshī: Wèi shénme?

山本: 一个朋友病了，我陪他去医院了。
Shānběn: Yí ge péngyou bìng le, wǒ péi tā qù yīyuàn le.

老师: 那你快回去休息吧。
Lǎoshī: Nà nǐ kuài huí qu xiūxi ba.

山本: 谢谢老师！
Shānběn: Xièxie lǎoshī!

Yamamoto:	Teacher, I want to ask for leave.
Teacher:	What is wrong? Are you ill?
Yamamoto:	I have a headache.
Teacher:	Have you caught a cold?
Yamamoto:	No, I didn't sleep last night.
Teacher:	Why?
Yamamoto:	One of my friends was ill, and I was in hospital with him.
Teacher:	Ok, go back to have a rest.
Yamamoto:	Thank you, teacher.

☐ **画线连接。** Match the sentences with their proper responses.

1 身体不舒服吗？
Shēntǐ bù shūfu ma?

2 着凉了吧？
Zháo liáng le ba?

3 为什么？
Wèi shénme?

4 那你快回去休息吧。
Nà nǐ kuài huí qu xiūxi ba.

A 一个朋友病了，我陪他去医院了。
Yí ge péngyou bìng le, wǒ péi tā qù yīyuàn le.

B 谢谢老师！
Xièxie lǎoshī!

C 我头疼。
Wǒ tóu téng.

D 不是，我昨天晚上没睡觉。
Bú shì, wǒ zuótiān wǎnshang méi shuì jiào.

☐ **根据对话三填空，并试着说说对话三的内容。** Fill in the blanks according to Dialogue 3, and then make an effort to tell the story in Dialogue 3.

山本想_____，他_____。老师以为(think)他_____。他不是_____，
Shānběn xiǎng_____, tā_____. Lǎoshī yǐwéi tā_____. Tā bú shì_____,

昨天晚上山本_____，因为他朋友_____，山本_____去医院了。老师让
zuótiān wǎnshang Shānběn_____, yīnwèi tā péngyou_____, Shānběn_____qù yīyuàn le. Lǎoshī ràng

他快_____。
tā kuài_____.

☐ **听两遍录音，然后判断正误。** Listen to the recording twice, and then decide whether the following statements are true or false. 🔘 10-06

1 娜拉要买感冒药。 ☐

Nàlā yào mǎi gǎnmào yào.

Nara wants to buy some medicine for cold

2 娜拉只是头疼。 ☐

Nàlā zhǐshì tóu téng.

Nara just has a headache.

3 娜拉想吃西药。 ☐

Nàlā xiǎng chī xī yào.

Nara wants to have western medicine.

4 一盒药能吃两天。 ☐

Yì hé yào néng chī liǎng tiān.

A box of pills is for two days.

☐ **朗读对话四，注意发音和语气。** Read Dialogue 4 aloud, pay attention to the pronunciation and the tone.

娜拉:	请问，有感冒药吗?	
Nàlā:	Qǐngwèn, yǒu gǎnmào yào ma?	
售货员:	您怎么不舒服?	
Shòuhuòyuán:	Nín zěnme bù shūfu?	
娜拉:	我头疼，流鼻涕。	
Nàlā:	Wǒ tóu téng, liú bí tì.	
售货员:	您想吃中药还是西药?	
Shòuhuòyuán:	Nín xiǎng chī zhōngyào háishi xīyào?	
娜拉:	我想试试中药。	
Nàlā:	Wǒ xiǎng shìshi zhōngyào.	
售货员:	清热解毒口服液不错。	
Shòuhuòyuán:	Qīng rè jiě dú kǒufúyè búcuò.	
娜拉:	那就要这个吧。	
Nàlā:	Nàjiù yào zhège ba.	

Nara: Excuse me. Is there any medicine for cold?

Salesperson: What is wrong with you?

Nara: I have a headache and a runny nose.

Salesperson: Do you prefer traditional Chinese medicine or western medicine?

Nara: I would like to take some traditional Chinese medicine.

Salesperson: Heat-clearing and detoxicating oral liquid is suitable for you.

Nara: Ok, I will take this one.

Salesperson: One box is for 3 days. How many boxes do you want to take?

Nara: Two boxes, please.

售货员： 一盒能吃三天，要几盒？
Shòuhuòyuán: Yì hé néng chī sān tiān, yào jǐ hé?

娜拉： 两盒吧。
Nàlā: Liǎng hé ba.

❑ **根据对话四，回答下列问题。** Answer the questions below according to Dialogue 4.

① 娜拉要买什么药？
Nàlā yào mǎi shénme yào?

② 娜拉有什么症状？
Nàlā yǒu shénme zhèngzhuàng?

③ 娜拉想吃中药还是西药？
Nàlā xiǎng chī zhōngyào háishi xīyào?

④ 娜拉买了什么药？
Nàlā mǎi le shénme yào?

❑ **和同伴一起，根据下面的提示说说对话四的内容。** Tell the story in Dialogue 4 according to the given hints with your partner.

娜拉去＿＿＿＿＿，她＿＿＿＿＿。售货员问她＿＿＿＿＿还是＿＿＿＿＿？她想＿＿＿＿＿。
Nàlā qù＿＿＿＿＿, tā＿＿＿＿＿. Shòuhuòyuán wèn tā＿＿＿＿ háishi ＿＿＿＿? Tā xiǎng＿＿＿＿.

售货员告诉她＿＿＿＿＿，娜拉买了＿＿＿＿＿。
Shòuhuòyuán gàosu tā＿＿＿＿, Nàlā mǎi le＿＿＿＿＿.

（五）

❑ **朗读下面的短文，并模仿课文说说自己的情况。** Read the passage below aloud, and then imitate the passage to talk about something of yourself. 🔘 10-07

　　来这儿以后，我生过两次病 (illness)。第一次是感冒，我吃了从家里带来的药，很快就好了。第二次是咳嗽 (cough)，朋友陪我去了医院。医生给我打了一针，又开了点儿药，两天就好了。

　　Lái zhèr yǐhòu, wǒ shēng guo liǎng cì bìng. Dì yī cì shì gǎnmào, wǒ chī le cóng jiālǐ dài lái de yào, hěn kuài jiù hǎo le. Dì èr cì shì késou, péngyou péi wǒ qù le yīyuàn. Yīshēng gěi wǒ dǎ le yì zhēn, yòu kāi le diǎnr yào, liǎng tiān jiù hǎo le.

活 动 Activities

一、双人活动 Pair work

1. 画线将小词库中的词语与相应的图片连接起来，然后跟同伴描述图片内容。Match the words in the word bank with their corresponding pictures, and then describe the pictures with your partner.

Word bank

醉	不卫生	淋雨
zuì	bú wèishēng	lín yǔ
drunk	unsanitary	get wet in the rain
踢足球	摔倒	受伤
tī zúqiú	shuāi dǎo	shòu shāng
play football	fall down	get injured

给学生的提示
小词库里的词语可以帮助你。

2. 3 - 4人一组。根据活动一图片的内容，每组选择一幅图片，进行对话练习。Work in groups of 3 or 4. Each group chooses a picture and practises dialogues according to the picture of Activities 1.

A tip for students

Pay attention to how to ask about and explain diseases.

二、小组活动 Group work

1. 利用下面的表格准备一下，然后和同伴谈谈你或者朋友生病的经历。Make preparations according to the following form, and then talk about your or your friend's experiences of having illness with your partner.

How ＼ Who	Partner 1	Partner 2	Partner 3
病 Disease			
症状 Symptom			
原因 Reason			
治疗方法 Treatment			
恢复的时间 Time of recovery			
给你的启示 Enlightenment			

2. 全班一起总结一下，为了健康，生活中应该注意哪些问题？What influences our health in daily life? Discuss about it and then make a conclusion with your classmates.

① _____

② _____

③ _____

A tip for students

Please ask for other's help or look up in a dictionary if you come across the words that you don't know.

Word bank

后来	引起	原因
hòulái	yǐnqǐ	yuányīn
later	cause	reason

三、全班活动 Class work

你知道中国有"春捂秋冻"的说法吗？你对此有什么看法？和同伴一起讨论一下"春捂秋冻"有没有道理，并编一个故事给大家表演。Do you know an old Chinese saying "bundle up in spring and dress less in autumn"? What do you think about this saying? Discuss this saying is reasonable or not with your partner and then make up a story and act.

语言练习 Language Focus

一、语音和语调 Pronunciation and intonation

1. 听录音，选择你听到的音节。Listen to the recording and choose the syllables you've heard. 🔘 10-08

① pian- jian   li- ti   xi-qi   shao- zhao

② zhen-zheng   pen-pei   yi- ye   yan-yuan

③ lěng-léng   dù-dǔ   piǎn-piān   péi-pēi
   tōu téng-tóuténg   gǎnmào-gǎnmáo   yíyuǎn-yīyuàn
   qǐngjià-qīngjiǎ   zhǒngyào-zhōngyào   xiǎoguǒ-xiǎoguǒ

2. 朗读下列词语，体会重音。Read the words below and feel the accents. 🔘 10-09

① 前重后轻 Strong-weak

嗓子   舒服   休息   拉肚子
sǎngzi   shūfu   xiūxi   lā dùzi

② 前中后重 Medium-strong

头疼	感冒	体温	发烧	请假	检查	着凉	西药
tóu téng	gǎnmào	tǐwēn	fā shāo	qǐng jià	jiǎnchá	zháo liáng	xīyào

3. 朗读下列句子，注意语音语调。 Read the following sentences aloud and pay attention to the accents.

① 春香，你怎么了？
Chūnxiāng, nǐ zěnme le?

② 别怕，我跟你一起去。
Bié pà, wǒ gēn nǐ yìqǐ qù.

③ 先检查一下吧。
Xiān jiǎnchá yíxià ba.

④ 从什么时候开始的？
Cóng shénme shíhou kāishǐ de?

⑤ 这药怎么吃？
Zhè yào zěnme chī?

⑥ 着凉了吧？
Zháo liáng le ba?

⑦ 我头疼，流鼻涕。
Wǒ tóu téng, liú bítì.

二、替换练习 Substitution exercises

① 我 头　　　　　疼。
Wǒ tóu　　　　　téng.

胃 (stomach)	不舒服
wèi	bù shūfu
肚子	有点儿疼
dùzi	yǒudiǎnr téng
腿 (leg)	疼
tuǐ	téng

④ 请问，有　感冒　药吗？
Qǐngwèn, yǒu gǎnmào yào ma?

头疼
tóu téng
咳嗽
késou
胃
wèi

② 一天 三次，一次两片
Yì tiān sān cì, yí cì liǎng piàn

两	一
liǎng	yí
一	三
yí	sān
四	两
sì	liǎng

⑤ 清热解毒口服液　不错。
Qīng rè jiě dú kǒufúyè búcuò.

这个包
Zhège bāo
超市的东西
Chāoshì de dōngxi
这个饭店
Zhège fàndiàn

③ 一个朋友　病了，我陪他去　医院了
Yí ge péngyou bìng le, wǒ péi tā qù yīyuàn le

走	送	机场
zǒu	sòng	jīchǎng
来	陪	吃饭
lái	péi	chī fàn
病	帮	请假
bìng	bāng	qǐng jià

三、口语常用语及常用格式 Common oral expressions and patterns

1. **模仿例句，用"过"回答问题。** Imitate the sample sentence to answer the following questions with 过.

Example：A：你试过体温了吗？
Nǐ shì guo tǐwēn le ma?

B：试过了。
Shì guo le

① A：你看过那个电影(movie)吗？
Nǐ kàn guo nàge diànyǐng ma?

B：_____。

③ A：你吃过这个菜吗？
Nǐ chī guo zhège cài ma?

B：_____。

② A：你去过他家吗？
Nǐ qù guo tā jiā ma?

B：_____。

④ A：你喝过那种咖啡吗？
Nǐ hē guo nà zhǒng kāfēi ma?

B：_____。

2. **模仿例句，回答下列问题。** Imitate the sample sentence to answer the following questions.

Example：A：着凉了吧？
Zháo liáng leba?

B：不是，我昨天晚上没睡觉。
Bú shì, wǒ zuótiān wǎnshang méi shuì jiào.

① A：请问，您是李老师吧？
Qǐngwèn, nín shì Lǐ lǎoshī ba?

B：_____，_____。（张老师）
Zhāng lǎoshī

③ A：他坐出租车(taxi)回来的吧？
Tā zuò chūzū chē huílai de ba?

B：_____，_____。（公共汽车）
gōnggòng qìchē

② A：这本书是你买的吧？
Zhè běn shū shì nǐ mǎi de ba?

B：_____，_____。（给）
gěi

④ A：他昨天去的吧？
Tā zuótiān qù de ba?

B：_____，_____。（前天）(the day before yesterday)

扩展活动 Extended Activities

一、中医和中药 Traditional Chinese medical science and traditional Chinese medicine

1. **你了解中医吗？简单说说你知道的中医用什么方法治病。** Do you know something about traditional Chinese medical science? Talk about the treatments you know that traditional Chinese doctors use.

2. 你知道下面这些东西，哪些在中医里有可能是药吗？请试着选择一下。Do you know which of these things below can be used in traditional Chinese medicine? Try to make a choice.

□ 草 □ 花 □ 树叶 □ 水果 □ 骨头 □ 泥土
cǎo   huā   shùyē   shuǐguǒ   gǔtou   nítǔ
grass flower leaf   fruit   bone   clay

3. 在你们国家有没有特别的治病方法？给大家介绍一下。Are there any special treatments in your country? Introduce them to the class.

二、课堂游戏：健康歌 In-class game: A song for health

《健康歌》
《Jiànkāng gē》
A song for health

给教师的提示
您需要事先准备好歌词，请学生在课堂上一起学习歌词内容。

总结与评价 Summary and Evaluation

一、语句整理。Summary.

遇到自己或身边的人身体不舒服的时候，你知道应该怎么询问和说明病情了吗？利用下面的表格整理一下。Do you get to know how to ask about and explain diseases when you or others feel bad? Review what you have learned according to the following form.

Uncomfortable situations	Explanation
头疼 Headache	
感冒 Catch cold	
胃疼 Stomachache	
受伤 Get injured	

二、完成任务的自我表现评价。Self-evaluation.

• Are you satisfied with your own performance?

Very good   good   not so good   bad

• Your own evaluation

A   B   C   Your willingness to state your opinions.

A   B   C   Your willingness to raise your questions.

A   B   C   Your enthusiasm to gather useful information.

第11课

周末我们去迪厅吧 (Zhōumò wǒmen qù dí tīng ba)

Let's Go to a Disco at Weekend

目标 | Objectives

1. 复习简单介绍生活习惯。Review to introduce habits and customs briefly.
2. 学习根据情况提出建议。Learn to offer advice according to the situations.
3. 学习邀请时的常用语句。Learn common words and sentences of invitation.
4. 学习接受和谢绝邀请。Learn to accept and decline invitation.

准 备 | Preparation

1. 一般情况下，在下列时间你做什么？ **What do you usually do at these times in the form?**

Time	What to do
早晨	
中午	
晚上	
星期六	
星期天	
假期（Holiday）	

2. 和同伴交流，看看同伴与你有什么不同，你们是否可以给对方提出更好的建议。**Discuss with your partner and find out the differences between you two. Try to give some good suggestions to your partner.**

Patterns

应该……
Yīnggāi ……
You should……

你可以……
Nǐ kěyǐ ……
You may……

词 语 Words and Expressions

☐ **朗读下列词语，注意发音和词语的意思。** Read the following words aloud, pay attention to the pronunciation and the meanings. 🔘 11-01

给教师的提示
课前请提醒学生预习词语。

1 餐厅 cāntīng dining hall	**2** 早晨 zǎochen morning	**3** 早饭 zǎofàn breakfast	**4** 对……不好 duì …… bù hǎo not good for…	**5** 习惯 xíguàn habit	**6** 生病 shēng bìng be ill
7 懒虫 lǎnchóng lazybones	**8** 电影 diànyǐng movie	**9** 礼堂 lǐtáng auditorium	**10** (周) 六 (zhōu) liù Saturday	**11** 爬 pá climb	**12** 山 shān mountain	**13** 对不起 duìbuqǐ sorry
14 累 lèi tired	**15** 干什么 gàn shénme what to do	**16** 白天 báitiān daytime	**17** 空儿 kòngr time	**18** 跳舞 tiào wǔ dance	**19** 迪厅 dí tīng disco	**20** 定 dìng deal
专有名词 **Proper noun**	**21** 成龙 Chéng Lóng Jackie Chan				

☐ **选择合适的词语进行搭配。** Match the words below with the proper words.

对 duì   不好 bùhǎo   早晨 zǎochen

定 dìng   习惯 xíguàn

给教师的提示
这个练习，您可以按照从上到下的顺序带领学生依次朗读，也可以分为不同的小组先做练习，然后全班交流。

☐ **词语搭积木。** Word bricks.

Example:	人 rén	电影 diànyǐng	累 lèi	约会 yuēhuì
	日本人 Rìběn rén	□电影	□□累	□约会
	是日本人 shì Rìběn rén	□□电影	□□□□累	□□约会
	我是日本人 wǒ shì Rìběn rén	□□□□电影	□□□□□□累	□□□□约会

171

句子 Sentences

☐ **听录音，填词语，然后朗读下列句子。** Listen to the recording, fill in the blanks, and then read the sentences aloud. 🔘 11-02

1 _____你还是应该吃。

Zǎofàn nǐ háishi yīnggāi chī.

You should have breakfast.

2 明天晚上你有_____吗？

Míngtiān wǎnshang nǐ yǒu shíjiān ma?

Are you free tomorrow night?

3 一起去看_____怎么样？

Yìqǐ qù kàn diànyǐng zěnmeyàng?

How about going to watch a movie together?

4 周六我想去_____，你们去吗？

Zhōu liù wǒ xiǎng qù pá shān, nǐmen qù ma?

I am going climbing on Saturday. Are you coming with me?

5 我也不想去，最近觉得特别_____。

Wǒ yě bù xiǎng qù, zuìjìn juéde tèbié lèi.

I am not going either, because I feel so tired recently.

6 好啊，晚上我_____。

Hǎo a, wǎnshang wǒ yǒu kòngr.

Great. I am free at night.

7 周末我们去_____吧？

Zhōumò wǒmen qù dí tīng ba?

Let's go to a disco at the weekend.

8 好是好，_____周六我有事。

Hǎo shi hǎo, búguò zhōu liù wǒ yǒu shì.

It sounds great but I have no time on Saturday.

9 真不好意思，周五我有_____。

Zhēn bù hǎoyìsi, zhōu wǔ wǒ yǒu yuēhuì.

I am so sorry that I have a date on Friday.

10 _____，那以后再说吧。

Méi guānxi, nà yǐhòu zài shuō ba.

That's all right. We can talk about it later.

> 给教师的提示
> 您可以采用各种方式操练句子，并纠正学生的发音。

☐ **看图片，和同伴商量他们可能在说什么。** Look at the pictures and discuss with your partner what they are probably talking about.

> Zhōumò wǒmen qù dí tīng ba!

①

②

③

❑ **和同伴一起，选择合适的句子完成下列对话。** Select the proper sentences to complete the dialogues below with your partner.

① A：_____？

B：有。有事吗？
Yǒu. Yǒu shì ma?
Yes. What is the matter?

② A：晚上我们去跳舞吧？
Wǎnshang wǒmen qù tiào wǔ ba?
Let's go dancing tonight.

B：_____。

③ A：_____？

B：行，我也喜欢看电影。
Xíng, wǒ yě xǐhuan kàn diànyǐng.
OK, I also like watching movies.

④ A：下周我很忙，不能陪你去了。
Xià zhōu wǒ hěnmáng, bù néng péi nǐ qù le.
I'll be very busy next week, I could not be your company.

B：_____。

情景 Situations

一

❑ **听两遍录音，然后回答问题。** Listen to the recording twice and then answer the questions. 🔘 11-03

① 春香去哪儿了？
Chūnxiāng qù nǎr le?
Where is Chun Hyang going?

③ 春香有什么建议？
Chūnxiāng yǒu shénme jiànyì?
What is Chun Hyang's advice?

② 欧文吃早饭吗？为什么？
Ōuwén chī zǎofàn ma? Wèi shénme?
Has Irving had breakfast? Why?

④ 如果不吃早饭，时间长了会怎么样？
Rúguǒ bù chī zǎofàn, shíjiān cháng le huì zěnmeyàng?
How is it going to be if you don't have breakfast for long time?

❑ **朗读对话一，注意发音和语气。** Read Dialogue 1 aloud, pay attention to the pronunciation and the tone.

欧文：   春香，你去哪儿了？
Ōuwén: Chūnxiāng, nǐ qù nǎr le?

春香：   我去餐厅吃早饭了。你吃了吗？
Chūnxiāng: Wǒ qù cāntīng chī zǎofàn le. Nǐ chī le ma?

欧文：   我早晨不吃饭。
Ōuwén: Wǒ zǎochen bù chī fàn.

春香：   早饭你还是[1]应该吃。
Chūnxiāng: Zǎofàn nǐ háishi yīnggāi chī.

欧文：	没关系，很多人都不吃。
Ōuwén:	Méi guānxi, hěn duō rén dōu bù chī.
春香：	不吃早饭对身体不好。
Chūnxiāng:	Bù chī zǎofàn duì shēntǐ bù hǎo.
欧文：	我已经习惯了。
Ōuwén:	Wǒ yǐjīng xíguàn le.
春香：	如果时间长了会
Chūnxiāng:	Rúguǒ shíjiān cháng le huì
	生病的。
	shēngbìng de.
欧文：	我知道，可早晨我起不来。[2]
Ōuwén:	Wǒ zhīdào, kě zǎochen wǒ qǐ bù lái.
春香：	你真是个懒虫！
Chūnxiāng:	Nǐ zhēn shì ge lǎnchóng!

Irving:	Chun Hyang, where have you been?
Chun Hyang:	I went to the dining hall for breakfast. How about you?
Irving:	I don't have breakfast all the time.
Chun Hyang:	But you should.
Irving:	It is not a big deal. Many people don't have breakfast.
Chun Hyang:	It is bad for your health without breakfast.
Irving:	I have got used to it.
Chun Hyang:	You will be ill if you don't have breakfast for long time.
Irving:	I know, but I just can't get up in the morning.
Chun Hyang:	How lazy you are!

Tips:

1. Here, 还是 expresses to make a choice after comparison or consideration. 还是 is used to propose the choice. E.g. 还是你来我家吧，我在家等你。

2. 起来 refers to getting up in the morning. 得/不 can be added in the middle of 起来 to expresses the possibility. 起得来 means you can get up, while 起不来 means you can't get up.

❑ **根据对话一填空，并试着说说对话一的内容。** Fill in the blanks according to Dialogue 1, and then make an effort to tell the story in Dialogue 1.

春香去＿＿＿了，欧文早晨＿＿＿。春香认为早饭＿＿＿，因为不吃
Chūnxiāng qù＿＿＿le, Ōuwén zǎochen＿＿＿. Chūnxiāng rènwéi zǎofàn＿＿＿, yīnwèi bùchī
早饭＿＿＿，时间长了＿＿＿。欧文觉得很多人＿＿＿，他已经＿＿＿。欧文也
zǎofàn, shíjiān cháng le＿＿＿. Ōuwén juéde hěnduō rén＿＿＿, tā yǐjīng＿＿＿. Ōuwén yě
知道＿＿＿，但是他＿＿＿，春香说他＿＿＿。
zhīdào＿＿＿, dànshì tā＿＿＿, Chūnxiāng shuō tā＿＿＿.

❑ **说一说。** Say it.

① 你每天吃早饭吗？如果吃早饭，你一般都吃什么？
Nǐ měi tiān chī zǎofàn ma? Rúguǒ chī zǎofàn, nǐ yìbān dōu chī shénme?
Do you have breakfast everyday? What do you usually have for breakfast?

② 你们国家不吃早饭的人多吗？为什么？
Nǐmen guójiā bù chī zǎofàn de rén duō ma? Wèi shénme?
Are there many people not having breakfast in your country? Why?

③ 你觉得一天三顿饭中，哪一顿最重要？为什么？

Nǐ juéde yì tiān sān dùn fàn zhōng, nǎ yí dùn zuì zhòngyào? Wèi shénme?

Which one do you think is the most important of the three meals in the day? Why?

（二）

☐ **听两遍录音，然后判断正误。** Listen to the recording twice, and then decide whether the following statements are true or false. 💿 11-04

① 玛莎明天晚上没有时间。　☐

Mǎshā míngtiān wǎnshang méiyǒu shíjiān.

② 李红想跟玛莎去看电影。　☐

Lǐ Hóng xiǎng gēn Mǎshā qù kàn diànyǐng.

③ 这是成龙的老电影。　☐

Zhè shì Chéng Lóng de lǎo diànyǐng.

④ 电影是晚上六点五十的。　☐

Diànyǐng shì wǎnshang liù diǎn wǔshí de.

⑤ 她们七点在礼堂门口见。　☐

Tāmen qī diǎn zài lǐtáng ménkǒu jiàn.

☐ **朗读对话二，注意发音和语气。** Read Dialogue 2 aloud, pay attention to the pronunciation and the tone.

李红： Lǐ Hóng:	玛莎，明天晚上有时间吗？ Mǎshā, míngtiān wǎnshang yǒu shíjiān ma?
玛莎： Mǎshā:	有啊[1]。有事儿吗？ Yǒu a. Yǒu shìr ma?
李红： Lǐ Hóng:	一起去看电影怎么样？ Yìqǐ qù kàn diànyǐng zěnmeyàng?
玛莎： Mǎshā:	什么电影？ Shénme diànyǐng?
李红： Lǐ Hóng:	成龙的新电影。 Chéng Lóng de xīn diànyǐng.
玛莎： Mǎshā:	太好了，我最喜欢成龙了。 Tài hǎo le, wǒ zuì xǐhuan Chéng Lóng le.
李红： Lǐ Hóng:	我买了七点的票。 Wǒ mǎi le qī diǎn de piào.
玛莎： Mǎshā:	那咱们六点五十在礼堂门口见吧？ Nà zánmen liù diǎn wǔshí zài lǐtáng ménkǒu jiàn ba?
李红： Lǐ Hóng:	没问题。 Méi wèntí.

Li Hong: Masha, are you free tomorrow night?

Masha: Yes. What's the matter?

Li Hong: How about going to watch a movie together?

Masha: What movie?

Li Hong: A Jackie Chan's new movie.

Masha: That is great. I like Jackie Chan the most.

Li Hong: I have bought the tickets of the one that starts at 19:00.

Masha: So shall we meet at 18:50 at the entrance of the auditorium?

Li Hong: No problem.

Tip:

1. Influenced by the u in the previous syllable, 啊 is pronounced "wa" here.

❑ 根据对话二内容，选择合适的句子跟同伴说话。Choose the proper sentences in Dialogue 2 and talk with your partner.

Ask	Answer
	有啊。 Yǒu a.
什么电影？ Shénme diànyǐng?	
	没问题。 Méi wèntí.

❑ 和同伴一起，根据下面的提示说说对话二的内容。Tell the story in Dialogue 2 according to the given hints with your partner.

> 李红问玛莎＿＿＿＿，她想＿＿＿＿。这是成龙的＿＿＿＿，玛莎＿＿＿＿，因为
> Lǐ Hóng wèn Mǎshā＿＿＿＿, tā xiǎng＿＿＿＿. Zhè shì Chéng Lóng de＿＿＿＿, Mǎshā＿＿＿＿, yīnwèi
> 她＿＿＿＿。李红买了＿＿＿＿，她们＿＿＿＿见。
> tā＿＿＿＿. Lǐ Hóng mǎi le＿＿＿＿, tāmen＿＿＿＿jiàn.

❑ 说一说。Say it.

① 你喜欢看电影吗？
Nǐ xǐhuan kàn diànyǐng ma?
Do you like watching movies?

② 你最喜欢哪国的电影？
Nǐ zuì xǐhuan nǎguó de diànyǐng?
Movies from which country do you like most?

③ 你看过中国电影吗？都有哪些？
Nǐ kàn guo Zhōngguó diànyǐng ma? Dōu yǒu nǎxiē?
Have you ever seen any Chinese movies? What are they?

三 ○─────────────────────────────○

❑ 听两遍录音，然后判断正误。Listen to the recording twice, and then decide whether the following statements are true or false. 🔘 11-05

① 周六欧文想去爬山。 ☐
Zhōu liù Ōuwén xiǎng qù pá shān.

② 王军跟欧文去爬山。 ☐
Wáng Jūn gēn Ōuwén qù pá shān.

③ 山本周六白天要睡觉。 ☐
Shānběn zhōu liù báitiān yào shuì jiào.

④ 晚上他们一起去酒吧。 ☐
Wǎnshang tāmen yìqǐ qù jiǔbā.

❑ 朗读对话三，注意发音和语气。Read Dialogue 3 aloud, pay attention to the pronunciation and the tone.

> 欧文： 周六我想去爬山，你们去吗？
> Ōuwén： Zhōu liù wǒ xiǎng qù pá shān, nǐmen qù ma?

王军:	对不起，周六我有事。
Wáng Jūn:	Duìbuqǐ, zhōu liù wǒ yǒu shì.
山本:	我也不想去，最近觉得特别累。
Shānběn:	Wǒ yě bù xiǎng qù, zuìjìn juéde tèbié lèi.
欧文:	那周六干什么呢？
Ōuwén:	Nà zhōu liù gàn shénme ne?
山本:	白天睡觉，晚上去酒吧怎么样？
Shānběn:	Báitiān shuì jiào, wǎnshang qù jiǔbā zěnmeyàng?
王军:	好啊，晚上我有空儿。
Wáng Jūn:	Hǎo a, wǎnshang wǒ yǒu kòngr.
欧文:	行。晚上我和[1]你们一起去。
Ōuwén:	Xíng. Wǎnshang wǒ hé nǐmen yìqǐ qù.

Irving:	I am going climbing on Saturday. Are you coming with me?
Wang Jun:	I am sorry that I don't have time.
Yamamoto:	I am not going either, because I feel so tired recently.
Irving:	So what are you going to do on Saturday?
Yamamoto:	Sleep in the daytime and go to bar at night. What do you think?
Wang Jun:	Great. I am free at night.
Irving:	OK. I am going with you.

Tip:

1. Here, 和 is a preposition which has the same meaning with 跟.

❑ **根据对话三填空，并试着说说对话三的内容。**Fill in the blanks according to Dialogue 3, and then make an effort to tell the story in Dialogue 3.

欧文周六想去＿＿＿，但是王军周六＿＿＿，山本也＿＿＿，他觉得最近＿＿＿。
Ōuwén zhōu liù xiǎng qù ＿＿＿, dànshì Wáng Jūn zhōu liù ＿＿＿, Shānběn yě ＿＿＿, tā juéde zuìjìn ＿＿＿.

山本说白天＿＿＿，晚上去＿＿＿。王军晚上＿＿＿，欧文也＿＿＿。
Shānběn shuō bái tiān ＿＿＿, wǎnshang qù ＿＿＿. Wáng Jūn wǎnshang ＿＿＿, Ōuwén yě ＿＿＿.

（四）

❑ **听两遍录音，然后回答问题。**Listen to the recording twice and then answer the questions. 🎧 11-06

① 李红喜欢干什么？
Lǐ Hóng xǐhuan gàn shénme?
What does Li Hong like doing?

② 欧文周末想跟李红去哪儿？
Ōuwén zhōumò xiǎng gēn Lǐ Hóng qù nǎr?
Where does Irving want to go with Li Hong at the weekend?

③ 李红周六有空儿吗？
Lǐ Hóng zhōu liù yǒu kòngr ma?
Does Li Hong have time on Saturday?

④ 他们周五晚上去行吗？
Tāmen zhōu wǔ wǎnshang qù xíng ma?
Is it OK for them to go on Friday night?

⑤ 他们说定什么时候去？
Tāmen shuō dìng shénme shíhou qù?
When do they decide to go?

❑ **朗读对话四，注意发音和语气。** Read Dialogue 4 aloud, pay attention to the pronunciation and the tone.

欧文： Ōuwén:	李红，你喜欢跳舞吗？ Lǐ Hóng, nǐ xǐhuan tiào wǔ ma?
李红： Lǐ Hóng:	非常喜欢。 Fēicháng xǐhuan.
欧文： Ōuwén:	周末我们去迪厅吧？ Zhōumò wǒmen qù dí tīng ba?
李红： Lǐ Hóng:	好是好，不过周六我有事儿[1]。 Hǎo shi hǎo, búguò zhōu liù wǒ yǒu shìr.
欧文： Ōuwén:	那周五晚上去吧。 Nà zhōu wǔ wǎnshang qù ba.
李红： Lǐ Hóng:	真不好意思，周五我有约会。 Zhēn bù hǎoyìsi, zhōu wǔ wǒ yǒu yuēhuì.
欧文： Ōuwén:	没关系，那以后再说吧。 Méi guānxi, nà yǐhòu zài shuō ba.
李红： Lǐ Hóng:	下周五去怎么样？ Xià zhōu wǔ qù zěnmeyàng?
欧文： Ōuwén:	好，说定了[2]啊。 Hǎo, shuō dìng le a.

Irving:	Li Hong, do you like dancing?
Li Hong:	Yes, very much.
Irving:	Let's go to a disco at the weekend.
Li Hong:	It sounds great but I have no time on Saturday.
Irving:	How about Friday night?
Li Hong:	I am so sorry that I have a date on Friday.
Irving:	That's all right. We can talk about it later.
Li Hong:	How about next Friday?
Irving:	No problem. That is a deal.

Tips:

1. A是A contains the meaning of 虽然, and followed by adversatives. E.g. 漂亮是漂亮，不过太贵了。买是买，不过今天不买。
2. "V + 定了" expresses that the action or behavior is not going to change. E.g. 说定了明天去。And 看定、吃定、买定。

❑ **画线连接。** Match the sentences with their proper responses.

① 李红，你喜欢跳舞吗？
Lǐ Hóng, nǐ xǐhuan tiào wǔ ma?

② 周末我们去迪厅吧？
Zhōumò wǒmen qù dí tīng ba?

③ 那周五晚上去吧。
Nà zhōu wǔ wǎnshang qù ba.

④ 下周五去怎么样？
Xià zhōu wǔ qù zěnmeyàng?

Ⓐ 真不好意思，周五我有约会。
Zhēn bù hǎoyìsi, zhōu wǔ wǒ yǒu yuēhuì.

Ⓑ 好，说定了啊。
Hǎo, shuō dìng le a.

Ⓒ 非常喜欢。
Fēicháng xǐhuan.

Ⓓ 好是好，不过周六我有事。
Hǎo shi hǎo, búguò zhōu liù wǒ yǒu shì.

□ **和同伴一起，根据下面的提示说说对话四的内容。** Tell the story in Dialogue 4 according to the given hints with your partner.

> 欧文问李红＿＿＿，他周末＿＿＿。李红说＿＿＿，不过＿＿＿。欧文
> Ōuwén wèn Lǐ Hóng ＿＿＿, tā zhōumò ＿＿＿. Lǐ Hóng shuō ＿＿＿, búguò ＿＿＿. Ōuwén
> 建议 (suggest) ＿＿＿，可是李红＿＿＿。最后他们说定＿＿＿。
> jiànyì ＿＿＿, kěshì Lǐ Hóng ＿＿＿. Zuìhòu tāmen shuō dìng ＿＿＿.

□ **说一说。** Say it.

① 周末的时候你都干什么？
Zhōumò de shíhou nǐ dōu gàn shénme?
What do you do at weekends?

② 你喜欢爬山或者跳舞吗？
Nǐ xǐhuan pá shān huòzhě tiào wǔ ma?
Do you like going climbing or dancing?

③ 你去过酒吧吗？
Nǐ qù guo jiǔbā ma?
Have you ever been to a bar?

④ 你们国家的人周末喜欢做什么？
Nǐmen guójiā de rén zhōumò xǐhuan zuò shénme?
What do people do at weekends in your country?

五

□ **朗读下面的短文，并模仿课文说说自己最近的情况。** Read the passage below aloud, and then imitate the passage to talk about your recent plan. 🔘 11-07

> 这个星期我比较忙。周三考试，周四是朋友的生日，周五我姐姐来看我，周末我要陪姐姐出去逛逛 (go around)。欧文想请我和春香去看电影，但是我太忙了，没有时间，可能下周会有时间。
>
> Zhège xīngqī wǒ bǐjiào máng. Zhōu sān kǎoshì, zhōu sì shì péngyou de shēngrì, zhōu wǔ wǒ jiějie lái kàn wǒ, zhōumò wǒ yào péi jiějie chūqu guàngguang. Ōuwén xiǎng qǐng wǒ hé Chūnxiāng qù kàn diànyǐng, dànshì wǒ tài máng le, méiyǒu shíjiān, kěnéng xià zhōu huì yǒu shíjiān.

活 动 Activities

一、单人活动 Individual work

1. 周末大家都想放松一下，但说不好干什么。看了下面的图片，你有什么建议吗？ All of you want to have a good time at the weekend, but not decide what to do yet. What is your suggestion according to the pictures below?

  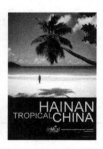

Advertisement	Sentences used to make suggestions
吃的东西 Food	
电影预告 Movie trailer	
打折信息 Discount	
旅游信息 Travel information	
舞蹈 Dance performance	

二、小组活动 Group work

3 – 4人一组。每个小组从下面的几种活动中选择一个，开会讨论具体的计划，然后向大家汇报，并邀请大家参加。看哪个组邀请到的人最多。Work in groups of 3 or 4. Each group chooses one from the following activities, and discusses the details of the plan. Then reports to the class and invites them to join. Let us see which group invites the most classmates.

① 周末短途旅行
zhōumò duǎntú lǚxíng
weekend short-distance trip

③ 周末跳蚤市场
zhōumò tiàozǎo shìchǎng
weekend flea market

② 周末晚会
zhōumò wǎnhuì
weekend party

④ 周末午餐会
zhōumò wǔcān huì
weekend luncheon party

三、全班活动：小调查 Class work: Survey

1. 利用下面的表格准备一下，然后3 – 4人一组交流一下，你在什么情况下容易答应别人的邀请，什么情况下你通常会拒绝别人的邀请。Make preparations according to the following form, and discuss in groups of 3 or 4. Under what circumstances will you accept the invitations easily or will you usually decline the invitations?

Things like to do with others	Things not like to do with others
练口语、…… liàn kǒuyǔ	

2. 全班交流小组讨论的情况。Talk about the results of every group in class.

3. 根据了解到的情况，每组列出一些具体的事情，向其他各组发出邀请。看哪组被接受的次数最多。According to the result you have got, each group makes a list of detailed plans and gives invitations to other groups. Let us see which group is the most popular one to be invited.

> **A tip for students**
> You work in groups to invite other groups, and to accept or decline the invitations.

语言练习 Language Focus

一、语音和语调 Pronunciation and intonation

1. **听录音，选择你听到的音节。** Listen to the recording and choose the syllables you've heard. 🔘 11-08

   ① sheng-zheng   lei-mei   tian-dian

       ding-ting   li-di   qi-xi

   ② shan-shen   wan-guan

   ③ zhōu-zhóu   pá-bā   lèi-lěi

       xíguàn-xǐguàn   shěngbīng-shēngbìng   cāntīng-cāntǐng

       duībǔqī-duìbuqǐ   tiàowǔ-tiāowù

2. **朗读下列词语，体会重音。** Read the words below and feel the accents. 🔘 11-09

   ① 前重后轻 strong-weak

   干什么
   gàn shénme

   ② 前中后重 medium-strong

餐厅	礼堂	电影	白天	迪厅
cāntīng	lǐtáng	diànyǐng	báitiān	dítīng

   ③ 儿化 rhotic accent

空儿	玩儿	事儿
kòngr	wánr	shìr

3. **朗读下列句子，注意语音语调。** Read the following sentences aloud and pay attention to the accents.

   ① 不吃早饭对身体不好。
   Bùchī zǎofàn duì shēntǐ bù hǎo.

   ② 如果时间长了会生病的。
   Rúguǒ shíjiān cháng le huì shēng bìng de.

   ③ 你真是个懒虫！
   Nǐ zhēnshi gè lǎn chóng!

   ④ 太好了，我最喜欢成龙了。
   Tài hǎo le, wǒ zuì xǐhuan Chéng Lóng le.

⑤ 那咱们六点五十礼堂门口见吧?
　　Nà zánmen liù diǎn wǔshí lǐtáng ménkǒu jiàn ba?

⑥ 白天睡觉，晚上去酒吧怎么样?
　　Báitiān shuì jiào, wǎnshang qù jiǔbā zěnmeyàng?

⑦ 好，说定了啊。
　　Hǎo, shuō dìng le a.

二、替换练习 Substitution exercises

① 我去 餐厅　　　　吃早饭 了
　　Wǒ qù cāntīng　　　chī zǎofàn le

　　图书馆　　　　　看书
　　tūshūguǎn　　　　kàn shū

　　银行　　　　　　存钱
　　yínháng　　　　　cún qián

　　教室 (classroom)　上课
　　jiāoshì　　　　　shàng kè

② 早饭你还是应该吃。
　　Zǎofàn nǐ háishi yīnggāi chī.

　　电影　　　　　看
　　Diànyǐng　　　 kàn

　　医院　　　　　去
　　Yīyuàn　　　　 qù

　　汉字　　　　　写
　　Hànzì　　　　　xiě

③ 不 吃早饭对身体 不 好。
　　Bù chī zǎofàn duì shēntǐ bù hǎo.

　　贵　　　　　　买
　　guì　　　　　 mǎi

　　好　　　　　　看
　　hǎo　　　　　 kàn

　　舒服　　　　　去
　　shūfu　　　　　qù

④ 一起去 看电影 怎么样?
　　Yìqǐ qù kàn diànyǐng zěnmeyàng?

　　打球
　　dǎ qiú

　　逛街 (go shopping)
　　guàng jiē

　　动物园
　　dòngwùyuán

⑤ 六点五十　　　礼堂门口见吧?
　　Liù diǎn wǔshí lǐtáng ménkǒu jiàn ba?

　　两点　　　　　学校
　　Liǎng diǎn　　 xuéxiào

　　九点半　　　　宿舍楼
　　Jiǔ diǎn bàn　 sùshè lóu

　　十一点四十　　饭馆儿 (restaurant)
　　Shíyī diǎn sìshí fànguǎnr

⑥ 好 是 好，不过 周六我有事。
　　Hǎo shi hǎo, búguò zhōu liù wǒ yǒushì.

　　贵　 贵　　　　质量 (quality) 好
　　Guì guì　　　　 zhìliàng hǎo

　　去　 去　　　　要晚点儿
　　Qù qù　　　　　 yào wǎn diǎnr

　　辣　 辣　　　　很好吃
　　Là là　　　　　 hěn hǎo chī

三、口语常用语及常用格式 Common oral expressions and patterns

1. **模仿例句，用"真不好意思"完成对话。** Imitate the sample sentence to complete the following sentences with 真不好意思.

Example: A：那周五晚上去吧。
　　　　　　 Nà zhōu wǔ wǎnshang qù ba.

　　　　　B：真不好意思，周五我有约会。
　　　　　　 Zhēn bù hǎoyìsi, zhōu wǔ wǒ yǒu yuēhuì.

① A：明天晚上我们去看电影吧？

Míngtiān wǎnshang wǒmen qù kàn diànyǐng ba?

B：＿＿＿＿＿＿＿＿＿＿＿＿。

② A：你周末来我家吃饭吧？

Nǐ zhōumò lái wǒ jiā chī fàn ba?

B：＿＿＿＿＿＿＿＿＿＿＿＿。

③ A：中午你能帮我修修电脑吗？

Zhōngwǔ nǐ néng bāng wǒ xiūxiu diànnǎo ma?

B：＿＿＿＿＿＿＿＿＿＿＿＿。

④ A：您知道去图书大厦怎么走吗？

Nín zhīdào qù túshū dàshà zěnme zǒu ma?

B：＿＿＿＿＿＿＿＿＿＿＿＿。

2. 模仿例句，用"如果……（就）"回答下列问题。Imitate the sample sentence to complete the following sentences with 如果……（就）.

Example:　A：我早晨不吃饭。

Wǒ zǎochen bù chī fàn.

B：（早晨不吃饭）如果时间长了会生病的。

(Zǎochen bù chīfàn) rúguǒ shíjiān cháng le huì shēngbìng de.

① A：明天你去参加 (attend) 他的生日晚会吗？

Míngtiān nǐ qù cānjiā tā de shēngrì wǎnhuì ma?

B：＿＿＿＿＿＿＿＿＿＿＿＿＿

② A：你什么时候回国？

Nǐ shénme shíhou huí guó?

B：＿＿＿＿＿＿＿＿＿＿＿＿＿

③ A：她知道了会怎么样呢？

Tā zhīdào le huì zěnmeyàng ne?

B：＿＿＿＿＿＿＿＿＿＿＿＿＿

④ A：这个周末你做什么？

Zhège zhōumò nǐ zuò shénme?

B：＿＿＿＿＿＿＿＿＿＿＿＿＿

四、连词成句 Make sentences with the given words

① 不　他　了　手机　打　的
bù　tā　le　shǒujī　dǎ　dí

② 到　他　找　我　得　家
dào　tā　zhǎo　wǒ　děi　jiā

③ 了　太　起　我　来　早　不
le　tài　qǐ　wǒ　lái　zǎo　bù

④ 吃　我　太　完　饭　不　多
chī　wǒ　tài　wán　fàn　bù　duō

扩展活动 Extended Activities

一、全班活动 Class work

每人向全班介绍一个自己国家最值得去的地方，并给出一些去这些地方的建议。Each one introduces a place worthy of visiting in your country and offers some advice to the class.

你们国家值得去的地方 Place worthy of visiting	推荐的原因 Reason	给大家的建议 Advice

给教师的提示
如果学生做这个活动有困难的话，
您可以给出一个小词库。

二、游戏：谁能邀请成功 Game: who will succeed in inviting others

1. **4人一组，一人作为被邀请者，其他三人轮流邀请他（她）。被邀请者要找出各种理由婉言谢绝邀请，邀请者要想尽办法邀请成功。** Work in groups of 4. One student acts as the invitee as the other three try to invite him/her in turn. The invitee has to decline the invitations with all kinds of reasons while the inviters try their best to succeed.

2. 各组选出一个最难邀请的人或一个最会邀请的人，让他们在一起试一试看看谁会成功。Choose the one who is the most difficult to invite and the one who is the best at inviting. Let them act together and see who will succeed.

> **A tip for students**
>
> The invitee is not allowed to say no only. He/she must explain the reason. Switch to another student if the invitation is accepted or declined.

> **Pattern**
>
> 你可以先……再……。
> Nǐ kěyǐ xiān...... zài......
> *You can......first and then...*

总结与评价 Summary and Evaluation

一、语句整理。Summary.

你学会提建议了吗？向邀请别人的时候知道怎么说了吗？利用下面的表格复习一下。
Do you get to know how to make an invitation? Do you know what to say when inviting others? Review what you have learned according to the following form.

提建议时可以说的话 Sentences used for giving advice	邀请的时候可以说的话 Sentences used for making invitations

二、完成任务的自我表现评价。Self-evaluation.

- Are you satisfied with your own performance?

  Very good   good   not so good   bad

- Your own evaluation

  A   B   C   Your willingness to state your opinions

  A   B   C   Your willingness to raise your questions

  A   B   C   Your enthusiasm to gather useful information

第 12 课

听说你不住宿舍了？ (Tīngshuō nǐ bú zhù sùshè le?)

It's Said That You No Longer Live in the Dormitory

目标 | Objectives

① 复习简单介绍住宿方面的基本情况。Review to introduce basic living conditions briefly.

② 学习询问和说明房屋的情况。Learn to ask about and explain living conditions.

③ 学习租房时提出简单要求。Learn to make requests when you are going to rent an apartment.

④ 学习简单说明原因。Learn to explain the reason briefly.

准备 Preparation

1. 看看下面这个房间里都有什么？ Look at the picture below. What are these inside the room?

Word bank

房间	床	桌子	椅子
fángjiān	chuáng	zhuōzi	yǐzi
room	bed	desk	chair
电脑	被罩	空调	柜子
diànnǎo	bèizhào	kōngtiáo	guìzi
computer	quilt cover	air conditioner	cabinet

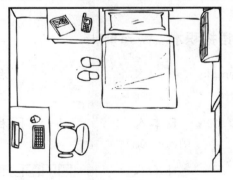

2. 如果下面这个空房间是你的，想怎么布置呢？把小词库里的东西都摆到房间里，然后给同伴介绍一下。If the room below belongs to you, how will you decorate it? Put all the furniture and appliances of word bank into the room and then introduce to your partner.

词语 Words and Expressions

给教师的提示
课前请提醒学生预习词语。

❑ 朗读下列词语，注意发音和词语的意思。Read the following words aloud, pay attention to the pronunciation and the meanings. 🔘 12-01

1 办公室 bàngōngshì office	2 宿舍 sùshè dormitory	3 厨房 chúfáng kitchen	4 经常 jīngcháng often
5 合 hé together	6 租 zū rent	7 套 tào a measure word for apartment	
8 房子 fángzi apartment	9 走路 zǒu lù walk	10 方便 fāngbiàn convenient	11 哪 nǎ modal particle
12 家具 jiājù furniture	13 打折 dǎ zhé discount	14 校外 xiào wài outside school	
15 机会 jīhuì opportunity	16 最好 zuìhǎo you'd better	17 愿意 yuànyì be willing to	18 退休 tuì xiū retire
19 老人 lǎorén old people	20 聊天儿 liáo tiānr chat		
专有名词 Proper noun	21 金大成 Jīn Dàchéng Kim Tae Song		

❑ 选择合适的词语进行搭配。Match the words below with the proper words.

机会 jīhuì   方便 fāngbiàn   经常 jīngcháng   最好 zuìhǎo

❑ 词语搭积木。Word bricks.

Example:
人 rén   租 zū   宿舍 sùshè   房间 fángjiān

日本人 Rìběn rén   □租   □宿舍   □□房间

是日本人 shì Rìběn rén   □□□□租   □□宿舍   □□□房间

我是日本人 wǒ shì Rìběn rén   □□□□□租   □□□宿舍   □□□□房间

给教师的提示
这个练习，您可以按照从上到下的顺序带领学生依次朗读，也可以分为不同的小组先做练习，然后全班交流。

句 子 Sentences

☐ **听录音，填词语，然后朗读。** Listen to the recording, fill in the blanks, and then read the sentences aloud. ◉ 12-02

1 听说你不住_____了?

Tīngshuō nǐ bú zhù sùshè le?

I have heard that you no longer live in the dormitory.

2 我跟朋友_____了一套房子。

Wǒ gēn péngyou hé zū le yí tào fángzi.

I rent an apartment with my friend.

3 现在你们每人一个_____吗?

Xiànzài nǐmen měi rén yí ge fángjiān ma?

Do you have your own room now?

4 您想租什么_____的房子?

Nín xiǎng zū shénme yàngr de fángzi?

What kind of apartment do you want to rent?

5 在学校附近，有两个_____的。

Zài xuéxiào fùjìn, yǒu liǎng ge fángjiān de.

It should have two rooms and should be near the school.

6 不错，有_____吗?

Búcuò, yǒu jiājù ma?

It looks great. Is there any furniture?

7 半年交一次的话可以_____九_____。

Bàn nián jiāo yí cì de huà kěyǐ dǎ jiǔ zhé.

We can make a ten percent discount if you pay the rent for 6 months at one time.

8 因为住校外说汉语的_____多一些。

Yīnwèi zhù xiào wài shuō Hànyǔ de jīhuì duō yìxiē.

There are more opportunities to speak Chinese when living outside school.

9 我想_____跟中国人一起住。

Wǒ xiǎng zuìhǎo gēn Zhōngguó rén yìqǐ zhù.

I would like to live with some Chinese.

10 我可以经常跟他们_____。

Wǒ kěyǐ jīngcháng gēn tāmen liáo tiānr.

I can often chat with them.

☐ **看图片，和同伴商量他们可能在说什么。** Look at the pictures and discuss with your partner what they are probably talking about.

①

Néng piányi diǎnr ma?

②

189

❑ 和同伴一起，选择合适的句子完成下列对话。Select the proper sentences to complete the dialogues below with your partner.

1 A: _____?

B: 对，我搬到校外去住了。
Duì, wǒ bān dào xiào wài qù zhù le.
Yes, I moved out from the university.

2 A: _____?

B: 我想租有两个房间的。
Wǒ xiǎng zū yǒu liǎng ge fángjiān de.
I want to rent an apartment with two rooms.

3 A: 你想跟朋友住一起吗？
Nǐ xiǎng gēn péngyou zhù yìqǐ ma?
Do you want to live with your friends?

B: 不，_____。

4 A: 你为什么不住宿舍了？
Nǐ wèi shénme bú zhù sùshè le?
Why don't you live in the dormitory?

B: _____。

情景 Situations

❑ 听两遍录音，然后回答下列问题。Listen to the recording twice and then answer the questions.
🔘 12-03

1 张老师要去哪儿？
Zhāng lǎoshī yào qù nǎr?
Where is teacher Zhang going?

2 欧文的宿舍怎么样？
Ōuwén de sùshè zěnmeyàng?
How is Irving's dormitory?

3 欧文的宿舍几个人住？
Ōuwén de sùshè jǐ ge rén zhù?
How many people are there in Irving's dormitory?

4 欧文的宿舍有厨房吗？
Ōuwén de sùshè yǒu chúfáng ma?
Is there a kitchen in Irving's dormitory?

❑ 朗读对话一，注意发音和语气。Read Dialogue 1 aloud, pay attention to the pronunciation and the tone.

欧文： 张老师，您去哪儿？
Ōuwén: Zhāng lǎoshī, nín qù nǎr?

张老师： 我去办公室，你呢？
Zhāng lǎoshī: Wǒ qù bàngōngshì, nǐ ne?

欧文： 我回宿舍。
Ōuwén: Wǒ huí sùshè.

张老师： 你们的宿舍怎么样？
Zhāng lǎoshī: Nǐmen de sùshè zěnmeyàng?

Irving: Teacher Zhang, where are you going?

Teacher: To my office. What about you?

Irving: I am going back to the dormitory.

Teacher: How is your dormitory?

Irving: It is nice and the room is rather large.

Teacher: How many people are there?

Irving: Just 2.

Teacher: Is there a kitchen in the dormitory?

Irving: Yes. We often cook by ourselves.

欧文： 挺好的，房间很大。
Ōuwén: Tǐng hǎo de, fángjiān hěn dà.

张老师： 几个人住？
Zhāng lǎoshī: Jǐ ge rén zhù?

欧文： 两个人。
Ōuwén: Liǎng ge rén.

张老师： 有厨房吗？
Zhāng lǎoshī: Yǒu chúfáng ma?

欧文： 有。我们经常自己做饭。
Ōuwén: Yǒu. Wǒmen jīngcháng zìjǐ zuò fàn.

❏ **根据对话一填空，并试着说说对话一的内容。** Fill in the blanks according to Dialogue 1, and then make an effort to tell the story in Dialogue 1.

张老师要_____，欧文要_____。欧文的宿舍_____，_____，
Zhāng lǎoshī yào_____, Ōuwén yào_____. Ōuwén de sùshè_____, _____,

_____住，有_____，他们经常_____。
_____zhù, yǒu_____, tāmen jīngcháng_____.

❏ **说一说。** Say it.

① 你现在住的房间怎么样？几个人住？

Nǐ xiànzài zhù de fángjiān zěnmeyàng? Jǐ ge rén zhù?

How is the apartment you are living in now? How many people are there in the room?

② 你现在住的房子有厨房和客厅吗？

Nǐ xiànzài zhù de fángjiān yǒu chúfáng hé kètīng ma?

Are there a kitchen and a living room in your apartment?

③ 你希望住什么样的房子？

Nǐ xīwàng zhù shénme yàng de fángzi?

What kind of apartment would you like to live in?

（二）

❏ **听两遍录音，然后判断正误。** Listen to the recording twice, and then decide whether the following statements are true or false. 🔘 12-04

① 大成不住宿舍了。 ☐

Dàchéng bú zhù sùshè le.

Tae Song no longer lives in the dormitory.

② 大成自己租了一套房子。 ☐

Dàchéng zìjǐ zū le yí tào fángzi.

Tae Song rents an apartment by himself.

③ 大成的家离学校很远。　　□　　④ 大成不喜欢两个人住一个房间。　　□
Dàchéng de jiā lí xuéxiào hěn yuǎn.　　　Dàchéng bù xǐhuan liǎng ge rén zhù yí ge fángjiān.
Tae Song's home is far away from school.　　*Tae Song doesn't like to share a room with others.*

□ 朗读对话二，注意发音和语气。Read Dialogue 2 aloud, pay attention to the pronunciation and the tone.

山本：　大成，听说你不住宿舍了？
Shānběn：　Dàchéng, tīngshuō nǐ bú zhù sùshè le?

金大成：　我跟朋友合租了一套房子。
Jīn Dàchéng：　Wǒ gēn péngyou hé zū le yí tào fángzi.

山本：　离学校远吗？
Shānběn：　Lí xuéxiào yuǎn ma?

金大成：　还可以，走路20分钟左右。
Jīn Dàchéng：　Hái kěyǐ, zǒu lù èrshí fēnzhōng zuǒyòu.

山本：　住在宿舍多方便啊！
Shānběn：　Zhù zài sùshè duō fāngbiàn a!

金大成：　我不太习惯两个人一个房间。
Jīn Dàchéng：　Wǒ bú tài xíguàn liǎng ge rén yí ge fángjiān.

山本：　现在你们每人一个房间吗？
Shānběn：　Xiànzài nǐmen měi rén yí ge fángjiān ma?

金大成：　对，而且房间很大。
Jīn Dàchéng：　Duì, érqiě fángjiān hěn dà.

Yamamoto:	Tae Song, I have heard that you no longer live in the dormitory.
Kim Tae Song:	I rent an apartment with my friend.
Yamamoto:	Is it far away from school?
Kim Tae Song:	Not too far. It is about 20 minutes' walk.
Yamamoto:	How convenient it is to live in the dormitory!
Kim Tae Song:	I am not used to sharing a room with others.
Yamamoto:	So do you have your own room now?
Kim Tae Song:	Yes, and it is large enough.

□ 根据对话二，选择合适的句子跟同伴说话。Choose the proper sentences in Dialogue 2 and talk with your partner.

Ask	Answer
大成，听说你不住宿舍了？ Dàchéng, tīngshuō nǐ bú zhù sùshè le?	
离学校远吗？ Lí xuéxiào yuǎn ma?	
住宿舍多方便啊！ Zhù sùshè duō fāngbiàn a!	
	对，而且房间很大。 Duì, érqiě fángjiān hěn dà.

□ 和同伴一起，根据下面的提示说说对话二的内容。Tell the story in Dialogue 2 according to the given hints with your partner.

大成_____，他跟朋友_____，这套房子_____，走路_____。大成
Dàchéng_____, tā gēn péngyou_____, zhè tào fángzi_____, zǒu lù_____. Dàchéng

不习惯_____，现在他们_____，而且_____。
bù xíguàn_____, xiànzài tāmen_____, érqiě_____.

三

□ **听两遍录音，然后回答问题。** Listen to the recording twice and then answer the questions. 🔵 12-05

① 玛莎想租什么样的房子？

Mǎshā xiǎng zū shénme yàng de fángzi?

What kind of apartment does Masha want to rent?

③ 一个月多少钱？

Yí ge yuè duōshao qián?

How much is it per month?

② 玛莎觉得这套房子怎么样？

Mǎshā juéde zhè tào fángzi zěnmeyàng?

What does Masha think about this apartment?

④ 能便宜吗？

Néng piányi ma?

Can it be cheaper?

□ **朗读对话三，注意发音和语气。** Read Dialogue 3 aloud, pay attention to the pronunciation and the tone.

职员： Zhíyuán:	您想租什么样的房子？ Nín xiǎng zū shénme yàng de fángzi?
玛莎： Mǎshā:	在学校附近，有两个房间的。 Zài xuéxiào fùjìn, yǒu liǎng ge fángjiān de.
职员： Zhíyuán:	您看这套怎么样？ Nín kàn zhè tào zěnmeyàng?
玛莎： Mǎshā:	不错，有家具吗？ Búcuò, yǒu jiājù ma?
职员： Zhíyuán:	有，还能上网。 Yǒu, hái néng shàng wǎng.
玛莎： Mǎshā:	一个月多少钱？ Yí ge yuè duōshao qián?
职员： Zhíyuán:	两千。 Liǎngqiān.
玛莎： Mǎshā:	能便宜点儿吗？ Néng piányi diǎnr ma?
职员： Zhíyuán:	半年交一次钱的话，可以打九折[1]。 Bàn nián jiāo yí cì qián de huà, kěyǐ dǎ jiǔ zhé.

Staff member: What kind of apartment do you want to rent?

Masha: It should have two rooms and should be near the school.

Staff member: What do you think about this one?

Masha: It looks great. Is there any furniture?

Staff member: Yes, and it also has access to the Internet.

Masha: How much is it per month?

Staff member: 2,000 yuan.

Masha: Can it be cheaper?

Staff member: We can make a ten percent discount if you pay the rent for 6 months at one time.

Tip:

1. 打折 means discount. In Chinese 打九折 means ten percent is off.

□ **根据对话三，判断正误。** Decide whether the following statements are true or false according to Dialogue 3.

① 玛莎想在学校附近租房子。　□

Mǎshā xiǎng zài xuéxiào fùjìn zū fángzi.

② 玛莎想租有一个房间的。　□

Mǎshā xiǎng zū yǒu yí ge fángjiān de.

③ 职员介绍的房子不能上网。　□
Zhíyuán jièshào de fángzi bù néng shàng wǎng.

④ 这套房子一个月两千元。　□
Zhè tào fángzi yí ge yuè liǎngqiān yuán.

⑤ 每个月都可以打九折。　□
Měi ge yuè dōu kěyǐ dǎ jiǔ zhé.

□ **和同伴一起，根据下面的提示说说对话三的内容。** Tell the story in Dialogue 3 according to the given hints with your partner.

> 玛莎想_____，她想在_____，有_____。这套房子_____，而且
> Mǎshā xiǎng_____, tā xiǎng zài_____, yǒu_____. Zhè tào fángzi_____, érqiě
> 能_____。一个月_____，_____的话，_____。
> néng_____. Yí ge yuè_____, _____de huà, _____.

□ **听两遍录音，然后回答问题。** Listen to the recording twice and then answer the questions. 🔘 12-06

① 春香让李红帮她干什么？
Chūnxiāng ràng Lǐ Hóng bāng tā gàn shénme?
What does Chun Hyang ask Li Hong to help her with?

② 春香为什么不想住宿舍了？
Chūnxiāng wèi shénme bù xiǎng zhù sùshè le?
Why doesn't Chun Hyang want to live in the dormitory any more?

③ 春香想找什么样的房子？
Chūnxiāng xiǎng zhǎo shénme yàng de fángzi?
What kind of apartment does Chun Hyang want to rent?

④ 春香愿意跟老人住一起吗？
Chūnxiāng yuànyì gēn lǎorén zhù yìqǐ ma?
Is Chun Hyang willing to live with the elders?

⑤ 李红想问谁愿不愿意租房子？
Lǐ Hóng xiǎng wèn shuí yuàn bu yuànyì zū fángzi?
Who will Li Hong ask if they are willing to rent out an apartment?

□ **朗读对话，注意发音和语气。** Read Dialogue aloud, pay attention to the pronunciation and the tone.

> 春香： 我想租房子，你能帮我找找吗？
> Chūnxiāng: Wǒ xiǎng zū fángzi, nǐ néng bāng wǒ zhǎozhao ma?
>
> 李红： 可以。为什么不想住宿舍了？
> Lǐ Hóng: Kěyǐ. Wèi shénme bù xiǎng zhù sùshè le?
>
> 春香： 因为住校外说汉语的机会多一些。
> Chūnxiāng: Yīnwèi zhù xiào wài shuō Hànyǔ de jīhuì duō yìxiē.

> Chun Hyang: I want to rent an apartment. Could you help me with it?
> Li Hong: Sure. Why don't you want to live in the dormitory?
> Chun Hyang: There are more opportunities to speak Chinese when living outside school.

李红: 这倒是。你想找什么样的房子?
Lǐ Hóng: Zhè dào shì. Nǐ xiǎng zhǎo shénme yàng de fángzi?

春香: 我想最好跟中国人一起住。
Chūnxiāng: Wǒ xiǎng zuìhǎo gēn Zhōngguó rén yìqǐ zhù.

李红: 你愿意跟退休的老人住在一起吗?
Lǐ Hóng: Nǐ yuànyì gēn tuìxiū de lǎorén zhù zài yìqǐ ma?

春香: 好啊,我可以经常跟他们聊天儿。
Chūnxiāng: Hǎo a, wǒ kěyǐ jīngcháng gēn tāmen liáo tiānr.

李红: 那我问问我爷爷奶奶愿不愿意[1]租。
Lǐ Hóng: Nà wǒ wènwen wǒ yéye nǎinai yuàn bu yuànyì zū.

春香: 太好了! 谢谢你!
Chūnxiāng: Tài hǎo le! Xièxie nǐ!

Li Hong:	That is right. What kind of apartment do you want to rent?
Chun Hyang:	I would like to live with some Chinese.
Li Hong:	Are you willing to live with old people who have retired?
Chun Hyang:	Yes, I can often chat with them.
Li Hong:	I will ask my grandparents if they are willing to.
Chun Hyang:	That is great! Thank you!

Tip:

1. 愿不愿意 has the same meaning to 愿意不愿意. When a disyllabic word is used to ask questions in a parataxis of positive and negative, it can be expresses as A不AB. E.g. 你喜不喜欢?

☐ **画线连接。** Match the sentences with their proper responses.

① 为什么不想住宿舍了?
Wèi shénme bù xiǎng zhù sùshè le?

② 你想找什么样的房子?
Nǐ xiǎng zhǎo shénme yàng de fángzi?

③ 你愿意跟退休的老人住在一起吗?
Nǐ yuànyì gēn tuìxiū de lǎorén zhù zài yìqǐ ma?

④ 那我问问我爷爷奶奶愿不愿意租。
Nà wǒ wènwen wǒ yéye nǎinai yuàn bu yuànyì zū.

Ⓐ 好啊,我可以经常跟他们聊天儿。
Hǎo a, wǒ kěyǐ jīngcháng gēn tāmen liáo tiānr.

Ⓑ 太好了! 谢谢你!
Tài hǎo le! Xièxie nǐ!

Ⓒ 我想最好跟中国人一起住。
Wǒ xiǎng zuìhǎo gēn Zhōngguó rén yìqǐ zhù.

Ⓓ 因为住校外说汉语的机会多一些。
Yīnwèi zhù xiào wài shuō Hànyǔ de jīhuì duō yìxiē.

☐ **说一说。** Say it.

① 你觉得住宿舍好还是住校外好? 为什么?
Nǐ juéde zhù sùshè hǎo háishi zhù xiào wài hǎo? Wèi shénme?
Do you think it is better to live in the dormitory or outside school? Why?

② 如果住在校外,你愿意和什么样的人一起住? 为什么?
Rúguǒ zhù zài xiào wài, nǐ yuànyì hé shénme yàng de rén yìqǐ zhù? Wèi shénme?
What kind of people do you want to live with if you rent an apartment outside school? Why?

③ 在你们国家,大学生租房住的人多吗?
Zài nǐmen guójiā, dàxuéshēng zū fáng zhù de rén duō ma?
Are there many undergraduates renting apartments in your country?

五

❑ 　朗读下面的短文，然后模仿短文介绍一下自己的同学和朋友的情况。Read the passage below aloud, and then imitate the passage to introduce the situations of your classmates and friends. 🔘 12-07

> 　　我们班有两个同学在外面租房子住。他们搬家的原因 (reason) 不太一样。一个人是为了要学好汉语，他找了一个中国家庭 (family)，租了一间 (a measure word for rooms) 卧室。另一个人是不习惯两个人住一个房间，他和朋友合租了一套房子，每人住一间卧室，一起用厨房 (kitchen) 和卫生间 (washroom)。
>
> 　　Wǒmen bān yǒu liǎng ge tóngxué zài wàimiàn zū fángzi zhù. Tāmen bānjiā de yuányīn bú tài yíyàng. Yí ge rén shì wèile yào xué hǎo Hànyǔ, tā zhǎo le yí ge Zhōngguó jiātíng, zū le yí jiān wòshì. Lìng yí ge rén shì bù xíguàn liǎng ge rén zhù yí ge fángjiān, tā hé péngyou hé zū le yí tào fángzi, měi rén zhù yì jiān wòshì, yìqǐ yòng chúfáng hé wèishēngjiān.

活 动 Activities

一、双人活动 Pair work

看看下面这个房间，利用表格准备一下，然后向同伴介绍一下。Look at the room below. Make preparations according to the following form, and then introduce it to your partner.

Word bank				
床 chuáng bed	书柜 shūguì bookcase	沙发 shāfā sofa	茶几 chájī tea table	桌子 zhuōzi desk
椅子 yǐzi chair	墙 qiáng wall	照片 zhàopiàn picture	窗户 chuānghu window	花 huā flower

房间里的物品　Articles in the room	摆放的位置　Placement

二、小组活动 Group work

1. **在下面简单画出你的卧室。** Draw your bedroom below briefly.

A tip for students

You can use Pinyin to indicate the articles.

2. **3人一组。向同伴介绍自己的房间。** Work in groups of 3. Introduce your room to your partner.

3. **讨论一下你们三个人最想住的房子。找一张纸，3个人一起画出来。** Discuss the best apartment that you three want to live in. Find a paper and draw together.

4. **想一想如果你们想租一个这样的房子，应该怎么说?** What should you say if you want to rent this apartment? Think about it.

三、全班活动 Class work

1. **调查一下同学们对自己房间是否满意。** Whether the students are satisfied with their rooms or not? Make a survey by using the form below.

	Satisfaction	Dissatisfaction
Yourself		
Classmate 1		
Classmate 2		
Classmate 3		
Classmate 4		

2. 总结一下同学们在住宿方面的问题，选一个代表向全班报告。Summarize the students' dissatisfactions with living conditions. Then choose one representative to report to the class.

> 给教师的提示
> 如果需要的话，您不妨鼓励学生派代表与相关人员沟通并提出建议。

语言练习 Language Focus

一、语音和语调 Pronunciation and intonation

1. 听录音，选择你听到的音节。Listen to the recording and choose the syllables you've heard. 🔘 12-08

   ① zu-su ke-he jian-qian bang-fang

   ② ban-bian jing-jin she-sheng ji-jia

   ③ hézū-hèzǔ kětīng-kētīng bānjiā-bǎnjiā wǒshì-wòshì
      piányi-piānyǐ dāzhě-dǎzhé yǐnwèi-yīnwèi zuìhǎo-zuǐhǎo

2. 朗读下列词语，体会重音。Read the words below and feel the accents. 🔘 12-09

   ① 前重后轻 Strong-weak.

房子	便宜
fángzi	piányi

   ② 前中后重 Sedium-strong

厨房	走路	最好	校外	打折	家具	附近	退休
chúfáng	zǒu lù	zuìhǎo	xiào wài	dǎ zhé	jiājù	fùjìn	tuìxiū

3. 朗读下列句子，注意语音语调。Read the following sentences aloud and pay attention to the accents.

   ① 你租的房子怎么样？
   Nǐ zū de fángzi zěnmeyàng?

   ② 挺好的，房间很大。
   Tǐng hǎo de, fángjiān hěn dà.

   ③ 还可以，走路20分钟左右。
   Hái kěyǐ, zǒu lù èrshí fēnzhōng zuǒyòu.

   ④ 住在学校里多方便啊！
   Zhù zài xuéxiào lǐ duō fāngbiàn a!

   ⑤ 你们每人一个房间吗？
   Nǐmen měi rén yí ge fángjiān ma?

   ⑥ 我不习惯跟别人住在一起。
   Wǒ bù xíguàn gēn biérén zhù zài yìqǐ.

   ⑦ 你愿意跟退休的老人住一起吗？
   Nǐ yuànyì gēn tuìxiū de lǎorén zhù yìqǐ ma?

二、替换练习 Substitution exercises

① 挺好的，房间很大。
Tǐng hǎo de, fángjiān hěn dà.

贵	别买了
guì	bié mǎi le
远	要一个小时
yuǎn	yào yí ge xiǎoshí
累	我不去了
lèi	wǒ bú qù le

④ 半年交一次钱的话，可以打九折。
Bànnián jiāo yí cì qián de huà, kěyǐ dǎ jiǔ zhé.

有时间	给他打电话
yǒu shíjiān	gěi tā dǎ diànhuà
生病	休息
shēng bìng	xiūxi
明天不下雨 (rain)	去爬山
míngtiān bú xià yǔ	qù pá shān

② 我跟朋友 合租了一套房子。
Wǒ gēn péngyou hé zū le yí tào fángzi.

他们	合买了一个冰箱 (refrigerator)
tāmen	hé mǎi le yí ge bīngxiāng
别人	合用一个厨房
biéren	hé yòng yí ge chúfáng
几个朋友	住在一起
jǐ ge péngyou	zhù zài yìqǐ

⑤ 我想最好跟中国人一起住。
Wǒ xiǎng zuìhǎo gēn Zhōngguó rén yìqǐ zhù.

吃早饭
chī zǎofàn
去旅行社当翻译
qù lǚxíngshè dāng fānyì
妈妈能同意
māma néng tóngyì

③ 我不太习惯两个人一个房间。
Wǒ bú tài xíguàn liǎng ge rén yí ge fángjiān.

睡得很晚
shuì de hěn wǎn
早晨不吃饭
zǎochen bù chī fàn
这里的天气
zhèlǐ de tiānqì

三、口语常用语及常用格式 Common oral expressions and patterns

1. **模仿例句，用"A不AB"的形式完成下列对话。** Imitate the sample sentence to complete the following sentences with A不AB.

Example：那我问问我爷爷奶奶愿不愿意租。
Nà wǒ wènwen wǒ yéye nǎinai yuàn bu yuànyì zū.

① A：_____?

B：星期六我们不上课。
Xīngqīliù wǒmen bú shàng kè.

② A：_____?

B：明天晚上我没事。
Míngtiān wǎnshang wǒ méi shì.

③ A：_____?

B：这条路不堵车。
Zhè tiáo lù bù dǔ chē.

④ A：_____，_____?

B：我有点儿担心。
Wǒ yǒu diǎnr dān xīn.

2. **模仿例句，回答下列问题。** Imitate the sample sentence to answer the following questions.

Example： A：离学校远吗？
Lí xuéxiào yuǎn ma?

B：还可以，走路20分钟左右。
Hái kěyǐ, zǒu lù èrshí fēnzhōng zuǒyòu.

① A：这个饭店的菜怎么样？
Zhè ge fàndiàn de cài zěnmeyàng?

B：_____，_____。

② A：他们的宿舍大不大？
Tāmen de sùshè dà bu dà?

B：_____，_____。

③ A：这里的咖啡好喝吗？
Zhèlǐ de kāfēi hǎo hē ma?

B：_____，_____。

3. **模仿例句，用"因为"来回答问题。** Imitate the sample sentence to answer the following questions with 因为.

Example： A：为什么不想住宿舍了？
Wèi shénme bù xiǎng zhù sùshè le?

B：因为住校外说汉语的机会多一些。
Yīnwèi zhù xiào wài shuō Hànyǔ de jīhuì duō yìxiē.

① 你为什么要学习汉语？（工作）
Nǐ wèi shénme yào xuéxí Hànyǔ? (gōngzuò)

② 他今天怎么没来上课？（病）
Tā jīntiān zěnme méi lái shàng kè? (bìng)

③ 玛莎怎么不吃了？（辣）
Mǎshā zěnme bù chī le? (là)

④ 春香为什么那么着急? (钱丢)(money lose)
Chūnxiāng wèi shénme nàme zháojí? (qián diū)

扩展活动 Extended Activities

一、一些中国人要去你的国家留学或工作，想了解一下你们那儿住宿的情况，请你简单介绍一下 Some Chinese are going to your country for study or work and they want to know something about the living conditions there, try to introduce to them briefly

1. **下面是他们比较关心的问题，请考虑一下如何回答：** These are their concerns. Think about your answers.

① 你们那儿的学校都有公寓吗？一般几个人住？条件怎么样？贵不贵？ Are there dormitories in school in your country? How many people live in one dormitory usually? What is the condition? Is it expensive?

② 如果要租房子应该怎么办？ What should I do if I want to rent an apartment?

③ 住公寓和租房子哪种方式更好？Which one is better, living in dormitory or renting an apartment?

> **给教师的提示**
>
> 如果大家来自不同的地方，可以按地区分组，讨论出一个比较具体的答案。选一位同学记录。

2. 各组选一位代表给大家报告一下你们讨论的答案。Each group chooses a representative to report your answers to the class.

> **Word bank**
>
> | 公寓 | 条件 |
> |------|------|
> | gōngyù | tiáojiē |
> | apartment | condition |

二、课堂游戏：组句子 In-class game: Make sentences

教师准备四个小纸袋。每位同学分别写四张纸条，放在相应的袋子中。四张纸条的内容分别为时间、地点、人物和所做的事情。然后每位同学从四个袋子中抽取四张纸条连成一句话。如"2053年，小明在桌子上跳舞。"The teacher prepares 4 paper bags. Each student is required to write 4 notes and then put the notes into the corresponding bags. The notes should contain when, where, who and what to do separately. Then each student chooses a note from each bag and tries to make a sentence with given words. E.g. 2053年，小明在桌子上跳舞。

总结与评价 Summary and Evaluation

一、语句整理。Summary.

你知道房间里的家具、电器和饰品的名称了吗？你能向别人介绍你的房间了吗？如果需要租房，你能说清楚自己的要求了吗？利用下面的表格复习一下。Do you get to know the Chinese names of the furniture and appliances in your room? Can you introduce your room to others? Can you make clear requests if you are going to rent an apartment? Review what you have learned according to the following form.

介绍房间时可以说的话 Sentences used to introduce the room	租房间时可以提的要求 Requests made to rent an apartment

二、完成任务的自我表现评价。 Self-evaluation.

- Are you satisfied with your own performance?

  Very good   good   not so good   bad

- Your own evaluation

  A   B   C   Your willingness to state your opinions

  A   B   C   Your willingness to raise your questions

  A   B   C   Your enthusiasm to gather useful information

复习 2

Review 2

一、语言练习 Language Focus

1. 有问有答。Ask and answer.

Ask	Answer
	对，我是服务台。 Duì, wǒ shì fúwùtái.
	已经坏了三天了。 Yǐjīng huài le sān tiān le.
	两天以后就能办好。 Liǎng tiān yǐhòu jiù néng bàn hǎo.
你的包是什么样的？ Nǐ de bāo shì shénme yàng de?	
	她妈妈是中学老师。 Tā māma shì zhōngxué lǎoshī.
	不是，我姐姐在旅行社当翻译。 Bùshi, wǒ jiějie zài lǚxíngshè dāng fānyì.
当医生不是很好吗？ Dāng yīshēng bú shì hěn hǎo ma?	
	因为教小孩儿很有意思。 Yīnwèi jiāo xiǎoháir hěn yǒu yìsi.
你哪儿不舒服？ Nǐ nǎr bù shūfu?	
你试体温了吗？ Nǐ shì tǐwēn le ma?	
	那我陪你去医院吧。 Nà wǒ péi nǐ qù yīyuàn ba.
	一天三次，一次一片。 Yì tiān sān cì, yí cì yí piàn.
	好啊，什么电影？ Hǎo a, shénme diànyǐng?
	七点有点儿晚，六点半吧。 Qī diǎn yǒudiǎnr wǎn, liù diǎn bàn ba.
	不好意思，我晚上有事，不能去了。 Bù hǎo yìsi, wǒ wǎnshang yǒu shì, bù néng qù le.

2. 用所给的词语口头完成句子。Complete the following sentences orally with given words.

(1) _____，总是占线的声音。（打不了）
    zǒngshì zhàn xiàn de shēngyīn.(dǎ bu liǎo)

(2) 坐车回来的时候，我的_____。（忘在）
    Zuò chē huílai de shíhou, wǒ de   (wàng zài)

(3) _____，别的时间有汉语课吗？（除了）
    biéde shíjiān yǒu Hànyǔ kè ma? (chúle)

(4) 我不想在旅行社工作，_____。（因为）
    Wǒ bù xiǎng zài lǚxíngshè gōngzuò,   (yīnwèi)

(5) 我喜欢教小孩儿，_____。（因为）
    Wǒ xǐhuan jiāo xiǎoháir,   (yīnwèi)

(6) 她有点儿不舒服，_____。（疼）
    Tā yǒudiǎnr bù shūfu,   (téng)

(7) 你发烧了，我_____。（陪、医院）
    Nǐ fā shāo le, wǒ   (péi、yīyuàn)

(8) 今天下午有空，我们_____？（怎么样）
    Jīntiān xiàwǔ yǒu kòng, wǒmen   (zěnmeyàng)

(9) 我不住在学校里，我_____。（跟、合租）
    Wǒ bú zhù zài xuéxiào lǐ, wǒ   (gēn、hé zū)

(10) 我想在学校外面租个房子，你_____？（帮、找找）
    Wǒ xiǎng zài xuéxiào wàimian zū ge fángzi, nǐ   (bāng、zhǎozhao)

(11) _____，不过有点小。（A是A）
    búguò yǒudiǎn xiǎo.(A shì A)

(12) 每天睡得太晚的话对身体不好，_____（还是）
    Měi tiān shuì de tài wǎn de huà duì shēntǐ bù hǎo,   (háishi)

(13) 假期我可以跟朋友一起聊天、出去玩儿，_____。（还有）
    Jiàqī wǒ kěyǐ gēn péngyou yìqǐ liáo tiān、chū qù wánr, (háiyǒu)

(14) _____，我们一起去上海怎么样？（要……了）
    wǒmen yìqǐ qù Shànghǎi zěnmeyàng?(yào ...... le)

(15) 请坐吧，你们想_____？（还是）
    Qǐngzuò ba, nǐmen xiǎng   (háishi)

(16) 真不好意思，我_____，没看见你。（在……呢）
    Zhēn bù hǎoyìsi, wǒ   méi kàn jiàn nǐ. (zài ...... ne)

二、活动 Activities

1. 2人一组，进行"双簧"表演。A藏在B身后以"我今天生病了"为主题编一段话，B根据A说的话作出相关的动作和表情。要求两人尽量配合得像一个人一样。A最少说10句话。 Work in pairs and play a two-man act of "I am ill today". A hides behind B and speaks the lines while B makes certain actions and expressions according to what A has said. Try to make it as only one person is acting. A is required to say at least 10 sentences.

给教师的提示
您可以先找一位语言程度比较高的学生示范一下，
然后给各组5分钟时间商量一下如何表演。

2. 语言游戏：挑战记忆力。Words game: challenge your memory.

(1) 全班分成A、B两组，每组各挑出3种学习用品并编号。Divide the class into two groups A and B. Each group chooses three stationeries and gives them numbers separately.

(2) 每组观察并记住对方每个物品的特征和编号。Each group tries to observe and remember the features and numbers of all the articles chosen by the counterpart.

(3) A组随意说出编号，B组说出相应物品的3个特征（比如上面有什么、颜色、大小等），说对一个画一个√，然后B组轮换。画√最多的组胜利。Group A says a number randomly, and group B is required to provide 3 features of this article (E.g. what does it have, the color, the size and so on). One √ is given when one right answer is provided. Then it is group B's turn to ask. The very group that gets the most √ is the winner.

3. 猜词语比赛。Guess-word game.

2人一组，将7~12课中的一些词语做成卡片，由一个同学用汉语说词语的意思，另一个同学猜出是什么词，看看哪一组猜出的词语最多。Work in pairs. Make cards of the words from lesson 7 to lesson 12. One describes them in Chinese while the other guesses. The very group that guesses the most words wins.

A tip for students

You can use body language for help. But it is strongly recommended to use as many Chinese words as you can.

给教师的提示

您需要事先准备词语卡片。尽量不要选择那些意思比较抽象的词语。

三、短剧表演 Playlet

将全班分成小组，抽签选择短剧的内容。大家一起商量短剧怎么表演，每个人应该说什么话，准备好以后给大家表演。最后利用下面的表格给自己的小组和自己的表现打分，也要给其他的小组打分。Work in groups and select the the subjects by drawing lots. Discuss how to play and what to say before acting in class. Mark the performance of all the groups according to the following form.

参考内容：For your reference:

1. 一个小伙子总是不答应女朋友提出的要求，女朋友很不高兴。A young man always rejects his girlfriend's request so his girlfriend is unhappy.

2. 一个人旅行时住在一个旅馆里。房间很不好，他想换房间。A man lives in a hotel alone when he is travelling. He wants to change to another room because this one is not good.

3. 一个人去饭馆吃饭，买单时才发现自己忘了带钱，只带了一张银行卡。A man finds out that he has left money at home and just takes a bankcard with him when he goes to the restaurant.

学生用的评价表 Self-evaluation form for students

本组的表现 Performance of your group	A B C D E
自己的表现 Performance of yourself	A B C D E
表现最好的小组 Group with best performance	一组　　二组　　三组
表现最好的同学 Students with best performance	1. 2. 3.

教师用的评价表 Evaluation form for the teacher

语言综合表现评价标准

等　级	语音和语调	语法和词汇	流利性	合作性
优	非常准确	基本没有错误。	语素适当，非常流利。	能经常提示或帮助别人回答问题。
良	正确	偶尔有错误。	语速适当，但有停顿。	偶尔能提醒对方。
中	基本正确	错误较多，但有控制。	停顿较多，句子总量不够。	基本没有主动参与的意识。
差	不正确	缺乏语法控制能力，词汇错误较多。	对语速没有控制，经常停顿。	完全不能参与活动。

第 13 课

我敬你们一杯 (Wǒ jìng nǐmen yì bēi)

I'd Like to Propose a Toast to You All

目标 | Objectives

1. 复习礼貌用语和表示评价的词语。Review words of courtesy and evaluation.
2. 学习做客时的寒暄。Learn the greetings when visiting others.
3. 学习简单的称赞用语。Learn basic compliments.

准备 Preparation

1. 朗读下列词语，并试着与同伴根据不同情景使用这些礼貌用语。Read the words below and try to use these compliments according to different occasions with your partner.

请	谢谢	对不起	没关系
qǐng	xièxie	duìbuqǐ	méiguānxi
please	thank you	I am sorry.	It doesn't matter.

不好意思	哪里哪里	不客气	请问
bù hǎoyìsi	nǎli nǎli	bú kèqi	qǐngwèn
be embarrassed	a polite response to praise given	you are welcome	excuse me

2. 跟同伴一起谈论图片内容。小词库里的词语可以帮助你。Talk about the pictures below with your partner. The word bank may be helpful.

Word bank

不错	棒	马虎	辛苦	脏	高兴
bú cuò	bàng	mǎhu	xīnkǔ	zāng	gāoxìng
nice	great	careless	work hard	dirty	happy

①

②

③

For your reference

① 你觉得欧文的假期过得怎么样？
Nǐ juéde Ōuwén de jiàqī guò de zěnmeyàng?
What do you think about Irving's holiday?

② 你觉得这个姑娘的工作怎么样？
Nǐ juéde zhège gūniang de gōngzuò zěnmeyàng?
What do you think about this girl's job?

③ 你觉得这个男孩儿的房间怎么样？
Nǐ juéde zhège nánháir de fángjiān zěnmeyàng?
What do you think about the boy's room?

词语 Words and Expressions

❑ **朗读下列词语，注意发音和词语的意思。** Read the following words aloud, pay attention to the pronunciation and the meanings. 💿 13-01

给教师的提示
课前请提醒学生预习词语。

1 阿姨 āyí aunt	2 水果 shuǐguǒ fruit	3 楼 lóu building	4 香 xiāng delicious	5 叔叔 shūshu uncle	6 敬 jìng propose a toast	7 干杯 gān bēi cheers
8 该……了 gāi …… le it's…to…	9 留 liú stay	10 打扰 dǎrǎo bother	11 玩儿 wánr play	12 慢 màn slow	13 茶 chá tea	14 咖啡 kāfēi coffee
15 绿茶 lǜ chá green tea	16 花茶 huā chá scented tea	17 沏（茶） qī (chá) make tea				

❑ **选择合适的词语进行搭配。** Match the words below with the proper words.

水果 shuǐguǒ	香 xiāng	打扰 dǎrǎo	该 gāi	了 le

❑ **词语搭积木。** Word bricks.

Example:

人	水果	干杯	回去
rén	shuǐguǒ	gānbēi	huíqù
日本人	□□□水果	□□干杯	□回去
Rìběn rén			
是日本人	□□□□水果	□□□□干杯	□□回去
shì Rìběn rén			

给教师的提示
这个练习，您可以按照从上到下的顺序带领学生依次朗读，也可以分为不同的小组先做练习，然后全班交流。

句子 Sentences

❑ **听录音，填词语，然后朗读下列句子。** Listen to the recording, fill in the blanks, and then read the sentences aloud. 💿 13-02

① _____这是王军家吗?

Qǐngwèn zhè shì Wáng Jūn jiā ma?

Excuse me. Is this Wang Jun's home?

② 先吃点儿_____。

Xiān chī diǎnr shuǐguǒ.

Have some fruit first.

③ 阿姨做了这么多菜，太_____您了!

Āyí zuò le zhème duō cài, tài máfan nín le!

Sorry to trouble you to make so much food, auntie.

④ 这些_____看着就好吃。

Zhè xiē cài kàn zhe jiù hǎo chī.

The food looks delicious.

⑤ 真_____，比饭店的还好吃。

Zhēn xiāng, bǐ fàndiàn de hái hǎo chī.

It is more delicious than the food in restaurants.

⑥ 我_____你们一杯。

Wǒ jìng nǐmen yì bēi.

I'd like to propose a toast to you.

⑦ 我们一起_____。

Wǒmen yìqǐ gān bēi.

Cheers!

⑧ 叔叔、阿姨，我_____回去了。

Shūshu, āyí, wǒ gāi huíqu le.

Uncle and auntie, I have to go back.

⑨ 今天太_____你们了。

Jīntiān tài dǎrǎo nǐmen le.

I am so sorry for bothering you today.

给教师的提示
您可以采用各种方式操练句子，并纠正学生的发音。

❑ **看图片，和同伴商量他们可能在说什么。** Look at the pictures and discuss with your partner what they are probably talking about.

①

②

❏ **和同伴一起，选择合适的句子完成下列对话。** Select the proper sentences to complete the dialogues below with your partner.

① A：欧文，快来吃饭吧。
Ōuwén, kuài lái chī fàn ba.
Irving, time for meal.

B：＿＿＿＿＿＿＿＿＿＿＿。

② A：＿＿＿＿＿＿＿＿＿＿＿。

B：着什么急呀，再坐一会儿吧。
Zháo shénme jí ya, zài zuò yíhuìr ba.
Why are you in a hurry? Stay for a little longer.

③ A：＿＿＿＿＿＿＿＿＿＿＿。

B：来，我们一起干杯。
Lái, wǒmen yìqǐ gān bēi.
Cheers.

④ A：＿＿＿＿＿＿＿＿＿＿＿。

B：不客气，以后有空常来。
Bù kèqi, yǐhòu yǒu kōng cháng lái.
You are welcome, come by when you have time.

情景 Situations

一

❏ **听两遍录音，然后判断正误。** Listen to the recording twice, and then decide whether the following statements are true or false. 💿 13-03

① 这是王军家。 ☐
Zhè shì Wáng Jūn jiā.
This is Wang Jun's home.

② 开门的是王军的妈妈。 ☐
Kāi mén de shì Wáng Jūn de māma.
It is Wang Jun's mother who opens the door.

③ 王军不在家。 ☐
Wáng Jūn bú zài jiā.
Wang Jun is not at home.

❏ **朗读对话一，注意发音和语气。** Read Dialogue 1 aloud, pay attention to the pronunciation and the tone.

欧文： 您好！请问这是王军家吗？
Ōuwén： Nín hǎo! Qǐngwèn zhè shì Wáng Jūn jiā ma?

妈妈： 对，你是……
māma： Duì, nǐ shì ……

欧文： 我是王军的朋友欧文。
Ōuwén： Wǒ shì Wáng Jūn de péngyou Ōuwén.

妈妈： 欧文，你好！快请进。
māma： Ōuwén, nǐ hǎo! Kuài qǐng jìn.

欧文： 阿姨好！
Ōuwén: Āyí hǎo!

妈妈： 请坐。先吃点儿水果。
māma: Qǐng zuò. Xiān chī diǎnr shuǐguǒ.

欧文： 谢谢阿姨。王军呢？
Ōuwén: Xièxie āyí. Wáng Jūn ne?

妈妈： 他下楼买东西去了，马上就回来。
māma: Tā xià lóu mǎi dōngxi qù le, mǎshàng jiù huílai.

Irving:	Excuse me. Is this Wang Jun's home?
Mother:	Yes. You are…?
Irving:	I am Wang Jun's friend, Irving.
Mother:	Nice to meet you Irving. Come in please.
Irving:	Nice to meet you, auntie.
Mother:	Sit down please. Have some fruit first.
Irving:	Thank you. Where is Wang Jun?
Mother:	He is going shopping downstairs and will be back soon.

❏ **画线连接。** Match the sentences with their proper responses.

① 请问这是王军家吗？
Qǐngwèn zhè shì Wáng Jūn jiā ma?

Ⓐ 他下楼买东西去了，马上就回来。
Tā xià lóu mǎi dōngxi qù le, mǎshàng jiù huílai.

② 我是王军的朋友欧文。
Wǒ shì Wáng Jūn de péngyou Ōuwén.

Ⓑ 谢谢阿姨。
Xièxie āyí.

③ 请坐。先吃点儿水果。
Qǐng zuò. Xiān chī diǎnr shuǐguǒ.

Ⓒ 对，你是……
Duì, nǐ shì ……

④ 王军呢？
Wáng Jūn ne?

Ⓓ 欧文，你好！快请进。
Ōuwén, nǐ hǎo! kuài qǐng jìn.

❏ **说一说。** Say it.

① 在你们国家，去别人家做客前应该做什么？到别人家应该说什么？
Zài nǐmen guójiā, qù biérén jiā zuò kè qián yīnggāi zuò shénme? Dào biérén jiā yīnggāi shuō shénme?
What should the guests do before visiting others in your country? What should they say when arriving at others'?

② 你找的人如果不在家，你会怎么办？
Nǐ zhǎo de rén rúguǒ bú zài jiā, nǐ huì zěnme bàn?
What will you do if the person you are looking for is not at home?

③ 别人来你家做客，你会说什么？
Biérén lái nǐ jiā zuò kè, nǐ huì shuō shénme?
What will you say if someone visits you?

（二）

☐ 听两遍录音，然后判断正误。Listen to the recording twice, and then decide whether the following statements are true or false. 🔘 13-04

① 春香在饭店吃饭。 ☐
Chūnxiāng zài fàndiàn chī fàn.

② 李红的妈妈做了很多菜。 ☐
Lǐ Hóng de māma zuò le hěn duō cài.

③ 春香觉得饭店的饭菜更好吃。 ☐
Chūnxiāng juéde fàndiàn de fàncài gèng hǎochī.

④ 春香和李红干杯。 ☐
Chūnxiāng hé Lǐ Hóng gān bēi.

☐ 朗读对话二，注意发音和语气。Read Dialogue 2 aloud, pay attention to the pronunciation and the tone.

李红： 春香，来吃饭吧。
Lǐ Hóng: Chūnxiāng, lái chī fàn ba.

春香： 阿姨做了这么多菜，太麻烦您了！
Chūnxiāng: Āyí zuò le zhème duō cài, tài máfan nín le!

阿姨： 不麻烦。不知道你喜欢不喜欢。
Āyí: Bù máfan. Bù zhīdào nǐ xǐhuan bu xǐhuan.

春香： 这些菜看着就[1]好吃。
Chūnxiāng: Zhèxiē cài kàn zhe jiù hǎo chī.

叔叔： 别客气，多吃点儿。
Shūshu: Bié kèqi, duō chī diǎnr.

春香： 真香，比饭店的还[2]好吃。
Chūnxiāng: Zhēn xiāng, bǐ fàndiàn de hái hǎochī.

阿姨： 喜欢吃以后就经常来[3]。
Āyí: Xǐhuan chī yǐhòu jiù jīngcháng lái.

春香： 好的。叔叔、阿姨我敬你们一杯。
Chūnxiāng: Hǎo de. Shūshu、āyí wǒ jìng nǐmen yì bēi.

李红： 来，我们一起干杯！
Lǐ Hóng: Lái, wǒmen yìqǐ gān bēi!

Li Hong:	Chun Hyang, time for meal.
Chun Hyang:	Sorry to trouble you to make so much food, auntie.
Aunt:	It doesn't matter. I don't know if you like them or not.
Chun Hyang:	The food looks delicious.
Uncle:	Help yourself with more.
Chun Hyang:	It is more delicious than the food in restaurants.
Aunt:	You can often come here if you like the food.
Chun Hyang:	Great. I'd like to propose a toast to you, uncle and auntie.
Li Hong:	OK. Cheers!

Tips:

1. 看着就 + word of evaluation expresses to get a judgement just by looking. E.g. 这件衣服我看着就喜欢、这房子看着就不错。

2. A比B还/更…… means both A and B have some feature to a certain degree. But A has a deeper degree. E.g. 你的汉语比他的还好。Here 很 can't be used in the sentence. E.g. You can't say 他的汉语比我的还很好。

3. In Chinese there is a pattern of sentence called abbreviation sentence, which is without a conjunction. Here, the abbreviation sentence expresses a relation of hypothesis. E.g. 他来你告诉我 means 如果他来，你就告诉我。

❑ **根据对话二填空，并试着说说对话二的内容。** Fill in the blanks according to Dialogue 2, and then make an effort to tell the story in Dialogue 2

> 春香在李红家＿＿＿＿，李红的妈妈＿＿＿＿，春香说＿＿＿＿。她觉得这些菜＿＿＿＿。
> Chūnxiāng zài Lǐ Hóng jiā＿＿＿＿, Lǐ Hóng de māma＿＿＿＿, Chūnxiāng shuō＿＿＿. Tā juéde zhèxiē cài＿＿＿.
>
> 春香的爸爸让她＿＿＿＿，春香吃了菜，说＿＿＿＿，比饭店的＿＿＿＿。她想＿＿＿＿一杯。
> Chūnxiāng de bàba ràng tā＿＿＿＿, Chūnxiāng chī le cài, shuō＿＿＿, bǐ fàndiàn de＿＿＿. Tā xiǎng＿＿＿ yì bēi.
>
> 李红说＿＿＿＿。
> Lǐ Hóng shuō＿＿＿.

❑ **说一说。** Say it.

① 来中国以后，你去朋友家吃过饭吗？
Lái Zhōngguó yǐhòu, nǐ qù péngyou jiā chī guo fàn ma?
Have you ever been to a friend's home for meal since you came to China?

② 朋友的家人对你怎么样？
Péngyou de jiārén duì nǐ zěnmeyàng?
How do the people of your friend's family treat you?

③ 在你们国家吃饭时，如果你想敬酒，应该怎么做？
Zài nǐmen guójiā chī fàn shí, rúguǒ nǐ xiǎng jìng jiǔ, yīnggāi zěnme zuò?
What should you do if you want to propose a toast in your country?

三

❑ **听两遍录音，然后回答问题。** Listen to the recording twice and then answer the questions. 🔘 13-05

① 春香为什么着急回去？
Chūnxiāng wèi shénme zháojí huíqu?
Why is Chun Hyang in a hurry to go back?

② 叔叔和阿姨说什么？
Shūshu hé āyí shuō shénme?
What do uncle and aunt say?

3 春香以后还来吗？

Chūnxiāng yǐhòu hái lái ma?

Will Chun Hyang come to visit in the future?

☐ **朗读对话三，注意发音和语气。** Read Dialogue 3 aloud, pay attention to the pronunciation and the tone.

春香: 叔叔、阿姨，我该回去了[1]。
Chūnxiāng: Shūshu, āyí, wǒ gāi huí qu le.

阿姨: 时间还早，着什么急[2]啊？
Āyí: Shíjiān hái zǎo, zháo shénme jí a?

春香: 阿姨，晚上我还有事。
Chūnxiāng: Āyí, wǎnshang wǒ hái yǒu shì.

叔叔: 那好，我们也不留你了。
Shūshu: Nà hǎo, wǒmen yě bù liú nǐ le.

春香: 谢谢叔叔、阿姨！今天太打扰你们了。
Chūnxiāng: Xièxie shūshu、āyí! Jīntiān tài dǎrǎo nǐmen le.

阿姨: 太客气了！以后常来玩儿。
Āyí: Tài kèqi le! Yǐhòu chánglái wánr.

春香: 我一定来。再见。
Chūnxiāng: Wǒ yídìng lái. Zàijiàn.

叔叔: 慢走！
Shūshu: Màn zǒu!

Chun Hyang:	Uncle and auntie, I have to go back.
Aunt:	It is still early. Why are you in a hurry?
Chun Hyang:	I have something to do tonight, auntie.
Uncle:	Well, we won't keep you staying longer then.
Chun Hyang:	Thank you. I am so sorry for bothering you today.
Aunt:	You are so polite. Come by when you have time.
Chun Hyang:	Sure. See you!
Uncle:	Please take care.

Tips:

1. 该……了 expresses the inevitable or possible results that speculated by common sense or experience. E.g. 她们该回来了。这个时候，他们该睡觉了。

2. Here, 什么 indicates the uncertain people or objects. It is used between the verb and object to make a rhetorical question in a direct way. It means "there is no need to..." E.g. 现在还不到九点，睡什么觉？

❏ **根据对话三，判断正误。** Decide whether the following statements are true or false according to Dialogue 3.

① 春香晚上有课。　　　☐
　 Chūnxiāng wǎnshang yǒu kè.

③ 春香觉得今天太打扰她们了。　☐
　 Chūnxiāng juéde jīntiān tài dǎrǎo tāmen le.

② 叔叔阿姨留春香晚点儿走。　☐
　 Shūshu āyí liú Chūnxiāng wǎn diǎnr zǒu.

④ 春香以后还会来。　　☐
　 Chūnxiāng yǐhòu hái huì lái.

❏ **和同伴一起，根据下面的提示说说对话三的内容。** Tell the story in Dialogue 3 according to the given hints with your partner.

> 春香说……，叔叔、阿姨觉得……。春香晚上……，叔叔、阿姨也就……。
> Chūnxiāng shuō …, shūshu、āyí juéde …. Chūnxiāng wǎnshang …, shūshu、āyí yě jiù ….
>
> 春香觉得今天……，叔叔、阿姨希望……。
> Chūnxiāng juéde jīntiān …, shūshu、āyí xīwàng ….

❏ **听两遍录音，然后回答问题。** Listen to the recording twice and then answer the questions. 🔘 13-06

① 欧文和玛莎去谁的家？她的家怎么样？
　 Ōuwén hé Mǎshā qù shuí de jiā? Tā de jiā zěnmeyàng?
　 Whose home do Irving and Masha go to? How is her home?

② 她们想喝咖啡还是喝茶？
　 Tāmen xiǎng hē kāfēi háishi hē chá?
　 Do they want to have tea or coffee?

③ 老师家有什么茶？
　 Lǎoshī jiā yǒu shénme chá?
　 What kind of tea does the teacher have?

❏ **朗读对话四，注意发音和语气。** Read Dialogue 4 aloud, pay attention to the pronunciation and the tone.

> 张老师： 欧文、玛莎，快请进。
> Zhāng lǎoshī: Ōuwén, Mǎshā, kuài qǐng jìn.

玛莎： 老师，你们家真漂亮！
Mǎshā： Lǎoshī, nǐmen jiā zhēn piàoliang!

张老师： 谢谢！来，这边坐。喝茶还是咖啡？
Zhāng lǎoshī： Xièxie! Lái, zhè biān zuò. Hē chá háishi kāfēi?

欧文： 喝茶吧。
Ōuwén： Hē chá ba.

张老师： 你们想喝绿茶还是花茶？
Zhāng lǎoshī： Nǐmen xiǎng hē lǜ chá háishi huā chá?

玛莎： 我听说绿茶对身体很好。
Mǎshā： Wǒ tīngshuō lǜ chá duì shēntǐ hěn hǎo.

欧文： 那就喝绿茶吧。
Ōuwén： Nà jiù hē lǜ chá ba.

张老师： 你们先坐一会儿，我去沏茶。
Zhāng lǎoshī： Nǐmen xiān zuò yíhuìr, wǒ qù qī chá.

Teacher Zhang:	Irving and Masha, come in please.
Masha:	Teacher, you have a nice home.
Teacher Zhang:	Thank you. Come and sit here. Tea or coffee?
Irving:	Tea, please.
Teacher Zhang:	Green tea or scented tea?
Masha:	I heard that green tea is good to our health.
Irving:	We would like to have green tea then.
Teacher Zhang:	Sit for a while. I am going the make tea.

❑ 和同伴一起，根据下面的提示说说对话四的内容。Tell the story in Dialogue 4 according to the given hints with your partner.

欧文和玛莎去……，她家……。张老师问他们……，欧文想……。张老师家
Ōuwén hé Mǎshā qù …, tā jiā …. Zhāng lǎoshī wèn tāmen …, Ōuwén xiǎng …. Zhāng lǎoshī jiā
有……，玛莎听说……，欧文也想……，所以张老师就给他们……。
yǒu …, Mǎshā tīngshuō …, Ōuwén yě xiǎng …, suǒyǐ Zhāng lǎoshī jiù gěi tāmen ….

❑ 说一说。Say it.

① 你去中国朋友家做过客吗？
Nǐ qù Zhōngguó péngyou jiā zuò guo kè ma?
Have you ever visited a Chinese friend?

② 中国朋友用什么饮料招待你？
Zhōngguó péngyou yòng shénme yǐnliào zhāodài nǐ?
What kind of drink did your Chinese friend give you?

③ 你喜欢喝什么饮料？为什么？
Nǐ xǐhuan hē shénme yǐnliào? Wèi shénme?
What kind of drink do you like to have? Why?

□ 朗读下面的短文，然后模仿短文介绍一下自己的情况。Read the passage below aloud, and then imitate the passage to talk about something about yourself. 🔘 13-07

我以前(before)最喜欢喝咖啡，到这儿以后我开始喝茶。这儿有红茶(black tea)、绿茶，还有花茶。中国朋友告诉我，经常喝绿茶对身体很好，所以我平时总买绿茶。我打算(plan)回国的时候多买一些，当礼物送给朋友们。

Wǒ yǐqián zuì xǐhuan hē kāfēi, dào zhèr yǐhòu wǒ kāishǐ hē chá. Zhèr yǒu hóng chá, lǜ chá, hái yǒu huā chá. Zhōngguó péngyou gàosu wǒ, jīngcháng hē lǜ chá duì shēntǐ hěn hǎo, suǒyǐ wǒ píngshí zǒng mǎi lǜchá. Wǒ dǎsuàn huíguó de shíhou duō mǎi yìxiē, dāng lǐwù sòng gěi péngyou men.

活动 Activities

一、双人活动 Pair work

和同伴一起说说下列句子哪些是主人说的，哪些是客人说的。Which sentences are said by the hosts and which are said by the guests? Discuss the following sentences with your partner.

Word bank			
心意	不了	留步	慢走
xīnyì	bù le	liú bù	mànzǒu
regard	no	don't bother to see me out	take care
收下	别忙了	添	家常菜
shōu xià	bié máng le	tiān	jiācháng cài
accept	don't do it	make	home cooking

① 你来啦，快请进！
Nǐ lái la, kuài qǐng jìn!

② 一点儿心意，请收下。
Yìdiǎnr xīnyì, qǐng shōu xià.

③ 请坐请坐！
Qǐng zuò qǐng zuò!

④ 坐这儿吧。
Zuò zhèr ba.

⑤ 您喝茶还是喝咖啡？
Nín hē chá háishi hē kāfēi?

⑥ 不了不了，您别忙了。
Bù le bù le, nín bié máng le.

⑦ 别客气，多吃点儿。
Bié kèqi, duō chī diǎnr.

⑧ 今天就是家常菜，不知道你喜欢不喜欢。
Jīntiān jiù shì jiācháng cài, bù zhīdào nǐ xǐhuan bu xǐhuan.

⑨ 我该走了。
Wǒ gāi zǒu le.

⑩ 以后常来啊！
Yǐhòu chánglái a!

⑪ 我送送你吧。
Wǒ sòngsong nǐ ba.

⑫ 别送了，请留步吧。
Bié sòng le, qǐng liú bù ba.

⑬ 给你们添麻烦了！
Gěi nǐmen tiān máfan le!

⑭ 慢走！
Màn zǒu!

二、小组活动 Group work

3—4人一组。先准备一下，然后给大家介绍你们国家在做客时要注意什么。 Work in groups of 3 or 4. What should be paid attention to when being a guest in your country? Make preparations according to the following form, and then introduce to the class.

Example:　……的时候不要……
... de shíhou bú yào ...
when... not to...
……的时候不能……
... de shíhou bù néng ...
when... can't ...

> **A tip for students**
>
> Please ask for teacher's help or look up in a dictionary if you meet the words that you don't know.

做客前		做客时	
Preparations	Pay attention to	Pay attention to	Not to do

三、双人活动 Pair work

1. **2人一组。根据下面的表格准备一下。** Work in pairs and make preparations according to the following form

Occasion	What to say
招待客人　Greet guests	
送礼物　Give gifts	
送客　See off	

2. 根据下面的情景编一个故事，然后讲给大家听。 Make up a story according to the following occasion and tell the story to the class.

① 一个欧洲小伙子 (young man)，他中国女朋友的父母想见他，他第一次去女朋友家
Yí ge Ōuzhōu xiǎohuǒzi, tā Zhōngguó nǚ péngyou de fūmǔ xiǎng jiàn tā, tā dì yī cì qù nǚ péngyou jiā
做客。
zuò kè.

A young man from Europe is going to his Chinese girlfriend's home because her parents want to see him.

② 一个中国姑娘，她男朋友的父母想见她，她第一次去男朋友家做客。
Yí ge Zhōngguó gūniang, tā nán péngyou de fūmǔ xiǎng jiàn tā, tā dì yī cì qù nán péngyou jiā zuòkè.

A Chinese girl is going to her boyfriend's home because his parents want to see her.

语言练习 Language Focus

一、语音和语调 Pronunciation and intonation

1. 听录音，选择你听到的音节。 Listen to the recording and choose the syllables you've heard. 💿 13-08

① ka -da liang-xiang dian-jian fan-pan

② shui- shu ma-man liu-lou cha-chang

③ lóu-lōu jìng-jǐng liú-liù mǎn-mǎn chá-chā qī-qì
āyí-āyì .shuìguǒ-shuǐguǒ zhèxiē-zhěxiē gǎnbèi-gānbēi
piāoliàng-piàoliang

2. 朗读下列词语，体会重音。 Read the words below and feel the accents. 💿 13-09

① 前重后轻 strong-weak

麻烦　　　叔叔
máfan　　shūshu

② 前中后重 medium-strong

阿姨　　　咖啡　　　绿茶　　　花茶　　　干杯
āyí　　　kāfēi　　　lǜ chá　　huā chá　　gān bēi

3. 朗读下列句子，注意语音语调。Read the following sentences aloud and pay attention to the accents.

① 我是王军，你是……
Wǒ shì Wáng Jūn, nǐ shì …

② 欧文，你好！快请进。
Ōuwén, nǐ hǎo! Kuài qǐng jìn.

③ 他下楼买东西去了，马上就回来。
Tā xià lóu mǎi dōngxi qù le, mǎshàng jiù huílai.

④ 真香，比饭店的还好吃。
Zhēn xiāng, bǐ fàndiàn de hái hǎo chī.

⑤ 时间还早，着什么急啊？
Shíjiān hái zǎo, zháo shénme jí a?

⑥ 今天太打扰你们了。
Jīntiān tài dǎrǎo nǐmen le.

⑦ 我听说绿茶对身体很好。
Wǒ tīngshuō lǜ chá duì shēntǐ hěn hǎo.

二、替换练习 Substitution exercises

① 他下楼　　　　买东西去了。
Tā xià lóu　　　mǎi dōngxi qùle.

到教室　　　　学习
dào jiàoshì　　xuéxí

回宿舍　　　　睡觉
huí sùshè　　　shuì jiào

上楼　　　　　拿书
shàng lóu　　　ná shū

② 这些 菜　　看着就 好吃。
Zhèxiē cài　　kànzhe jiù hǎo chī.

葡萄　　　　　　　想吃
Pútáo　　　　　　xiǎng chī

衣服　　　　　　　漂亮
Yīfu　　　　　　　piàoliang

学生　　　　　　　聪明(smart)
Xuésheng　　　　cōngming

③ 叔叔、阿姨我敬你们一杯。
Shūshu, āyí wǒ jìng nǐmen yìbēi.

爸爸、妈妈
Bàba, māma

爷爷、奶奶
Yéye, nǎinai

老师、同学们
Lǎoshī, tóngxué men

④ 我该　　回去　　　了。
Wǒ gāi　　huíqù　　le.

吃午饭(lunch)
chī wǔfàn

睡觉
shuì jiào

给家人打电话
gěi jiārén dǎ diànhuà

⑤ 时间还早，着什么 急啊？
Shíjiān hái zǎo, zháo shénme jí a?

吃　　　　饭
chī　　　　fàn

睡　　　　觉
shuì　　　jiào

回　　　　家
huí　　　　jiā

⑥ 你们 想 喝 绿茶还是花茶？
Nǐmen xiǎng hē lǜ chá háishi huā chá?

坐 里面　　　外面
zuò lǐmian　　wàimian

吃 米饭　　　面条(noodle)
chī mǐfàn　　miàntiáo

住 宿舍　　　租房子
zhù sùshè　　zū fángzi

三、口语常用语及常用格式 Common oral expressions and patterns

1. 模仿例句，用指定的词语回答问题。 Imitate the sample sentence to answer the following questions with given words.

Example：比饭店的**还**好吃。
Bǐ fàndiàn de hái hǎo chī.

① A：他汉语说得怎么样？
Tā Hànyǔ shuō de zěnmeyàng?

B：_____。（好）
hǎo

③ A：他什么时候来的？
Tā shénme shíhou lái de?

B：_____。（早）
zǎo

② A：你的宿舍怎么样？
Nǐ de sùshè zěnmeyàng?

B：_____。（大）
dà

④ A：这件衣服怎么样？
Zhè jiàn yīfu zěnmeyàng?

B：_____。（短）
duǎn

2. 模仿例句，完成对话。 Imitate the sample sentence to complete the following sentences.

Example：阿姨做了这么多菜，**太麻烦您了**。
Āyí zuòle zhème duō cài, tài máfan nín le.

① A：到了，这儿就是图书馆。
Dàole, zhèr jiù shì túshūguǎn.

B：_____，_____。

③ A：山本，你的书我帮你拿回来了。
Shānběn, nǐ de shū wǒ bāng nǐ ná huílái le.

B：_____，_____。

② A：春香，你的电脑修好了。
Chūnxiāng, nǐ de diànnǎo xiū hǎo le.

B：_____，_____。

④ A：您好，您的床单换好了。
Nín hǎo, nín de chuángdān huàn hǎo le.

B：_____，_____。

扩展活动 Extended Activities

一、看图编故事并表演 Make up a story according to the following pictures and act

二、歌曲：《北京欢迎你》 Song: Welcome to Beijing

给教师的提示

您需要事先准备好歌词，请学生在课堂上一起学习歌词内容。

总结与评价 Summary and Evaluation

一、语句整理。Summary.

如果去中国人家做客，你知道应该说什么了吗？利用下面的表格复习一下。Do you get to know what to say if you visit a Chinese friend? Review what you have learned according to the following form.

Occasion	What to say
第一次见到朋友的家人 The first time to see a friend's family	
主人请你吃东西和喝茶 The host offers you food and tea	
称赞主人的家 Compliments on host's home	
称赞女主人做的饭 Compliments on hostess' cooking	
向主人敬酒 Propose a toast to host	
邀请大家一起喝酒 Invite all to drink	
想要告辞 Ask for leave	

二、完成任务的自我表现评价。Self-evaluation.

- Are you satisfied with your own performance?

- Very good   good   not so good   bad

- Your own evaluation

  A   B   C   Your willingness to state your opinions.

  A   B   C   Your willingness to raise your questions.

  A   B   C   Your enthusiasm to gather useful information.

第 14 课

天气预报说下午有中雪(Tiānqì yūbào shuō xiàwǔ yǒu zhōng xuě)

The Weather Forecast Says It Will Be Snowing Moderately in the Afternoon

目标 | Objectives

1. 复习询问天气的常用语句。Review common words and sentences of asking about the weather.

2. 学习谈论天气。Learn to talk about the weather.

3. 学习询问旅游安排。Learn to ask about travel arrangements.

4. 学习照相时的常用语句。Learn common words and sentences of taking pictures.

准备 Preparation

给教师的提示
这一课的活动中需要您和学生使用照相机，请提前提醒学生带来。

1. 下面的词语你都认识吗? Do you know all the words below?

晴	阴	雨	雪	风
qíng	yīn	yǔ	xuě	fēng
sunny	cloudy	rainy	snow	windy

2. 利用下面的表格准备一下，然后和同伴说一下最近三天的天气情况。Make preparations according to the following form, and then talk about the weather of three days with your partner.

Time	Weather
前天	
昨天	
今天	

223

词语 Words and Expressions

❑ 朗读下列词语，注意发音和词语的意思。Read the following words aloud, pay attention to the pronunciation and the meanings. 🔘 14-01

1 外边 wàibian outside	2 阴 yīn cloudy	3 雪 xuě snow	4 预报 yùbào forecast	5 公园 gōngyuán park	6 今年 jīnnián this year	7 场 chǎng a measure word for snow
8 照相 zhào xiàng take picture	9 唉 ài alas	10 别提了 bié tí le don't mention it	11 倒 dào that's right	12 适合 shìhé suitable	13 影响 yǐngxiǎng influence	14 心情 xīnqíng mood
15 团 tuán group	16 自由 zìyóu freedom	17 船 chuán ship	18 主意 zhǔyi idea	19 火车 huǒchē train	20 帮忙 bāng máng help	21 角度 jiǎodù angle
22 动 dòng move	专有名词 Proper nouns	23 杭州 Hángzhōu Hangzhou	24 大连 Dàlián Dalian	25 上海 Shànghǎi Shanghai	26 广州 Guǎngzhōu Guangzhou	

❑ 选择合适的词语进行搭配。Match the words below with the proper words.

今年 jīnnián	适合 shìhé	影响 yǐngxiǎng	帮忙 bāng máng

❑ 词语搭积木。Word bricks.

Example:

人 rén	下雪 xiàxuě	适合 shìhé	旅行团 lǚxíng tuán
日本人 Rìběn rén	□下雪	□适合	□□□旅行团
是日本人 shì Rìběn rén	□□□下雪	□□□适合	□□□□旅行团

句子 Sentences

□ **听录音，填词语，然后朗读下列句子。** Listen to the recording, fill in the blanks, and then read the sentences aloud. 🔘 14-02

1 天这么阴，可能要_____。

Tiān zhème yīn, kěnéng yào xià xuě.

It is so cloudy outside. I think it will be snowing.

2 _____说下午有中雪。

Tiānqì yùbào shuō xiàwǔ yǒu zhōng xuě.

The weather forecast says it will be snowing moderately in the afternoon.

3 这一个星期，_____阴天_____下雨。

Zhè yí ge xīngqī, bú shì yīntiān jiù shì xià yǔ.

It had been cloudy and rainy for the whole week.

4 如果不下雨，阴天倒是挺_____旅行的。

Rúguǒ bú xià yǔ, yīntiān dàoshì tǐng shìhé lǚxíng de.

It is good to travel in cloudy days if there is no rain.

5 假期我要去_____，你觉得怎么走最好？

Jiàqī wǒ yào qù lǚxíng, nǐ juéde zěnme zǒu zuì hǎo?

I want to travel in holiday. What do you think is the best route?

6 我不喜欢旅行团，太不_____。

Wǒ bù xǐhuan lǚxíng tuán, tài bù zìyóu.

I don't like it. It is comfortless.

7 找个人_____，咱们一起照吧。

Zhǎo ge rén bāngmáng, zánmen yìqǐ zhào ba.

Let's ask someone for help that can take a picture of us together.

8 先生，麻烦您给我们_____张_____好吗？

Xiānsheng, máfan nín gěi wǒmen zhào zhāng xiàng hǎo ma?

Sir, would you please take a picture of us?

9 这个_____好。

Zhège jiǎodù hǎo.

It is a perfect angle.

10 人要大_____。

Rén yào dà yìdiǎnr.

Please make the bodies larger in the picture.

> 给教师的提示
> 您可以采用各种方式操练句子，并纠正学生的发音。

□ **看图片，和同伴商量他们可能在说什么。** Look at the pictures and discuss with your partner what they are probably talking about.

①

②

☐ 和同伴一起，选择合适的句子完成下列对话。Select the proper sentences to complete the dialogues below with your partner.

① A: 今天是不是要下雪？
Jīntiān shì bu shì yào xià xuě?
Is it going to be snowing today?

B: ＿＿＿＿＿＿＿。

② A: ＿＿＿＿＿＿＿？

B: 你还是先坐船，再坐火车。
Nǐ háishi xiān zuò chuán, zài zuò huǒchē.
You'd better take a ship first, then take the train.

③ A: 你找个旅行社吧。
Nǐ zhǎo ge lǚxíngshè ba.
You can join a tourist group.

B: ＿＿＿＿＿＿＿。

情 景 Situations

一

☐ 听两遍录音，然后回答下列问题。Listen to the recording twice and then answer the questions.
🔘 14-03

① 外边冷不冷？
Wàibian lěng bu lěng?
Is it cold outside?

③ 下午她们想去哪儿？
Xiàwǔ tāmen xiǎng qù nǎr?
Where are they going in the afternoon?

② 天气预报说什么？
Tiānqì yùbào shuō shénme?
What does the weather forecast say?

④ 她们要带什么？
Tāmen yào dài shénme?
What are they going to take with?

☐ 朗读对话一，注意发音和语气。Read Dialogue 1 aloud, pay attention to the pronunciation and the tone.

玛莎： 春香，外边冷不冷？
Mǎshā: Chūnxiāng, wàibian lěng bu lěng?

春香： 有点儿冷。
Chūnxiāng: Yǒudiǎnr lěng.

玛莎： 天这么阴，可能要下雪。
Mǎshā: Tiān zhème yīn, kěnéng yào xià xuě.

春香： 天气预报说下午有中雪。
Chūnxiāng: Tiānqì yùbào shuō xiàwǔ yǒu zhōng xuě.

Masha:	Chun Hyang, is it cold outside?
Chun Hyang:	A little.
Masha:	It is so cloudy outside. I think it will be snowing.
Chun Hyang:	The weather forecast says it will be snowing moderately in the afternoon.
Masha:	That is great. Let's go and play outside in the afternoon.
Chun Hyang:	OK. Let's go to the park.
Masha:	It is the first snow of this year.
Chun Hyang:	Let's take pictures.

玛莎：　太好了，下午我们出去玩儿吧？
Mǎshā：　Tài hǎo le, xiàwǔ wǒmen chū qù wánr ba?

春香：　好啊，我们去公园。
Chūnxiāng：　Hǎo a, wǒmen qù gōngyuán.

玛莎：　这可[1]是今年的第一场雪。
Mǎshā：　Zhè kě shì jīnnián de dì yī chǎng xuě.

春香：　那我们去照相吧！
Chūnxiāng：　Nà wǒmen qù zhào xiāng ba!

> **Tip:**
> 1. Here, 可 is an adverb, which emphasizes the tone. E.g. 今天可真热。

❑ **根据对话一，判断正误。** Decide whether the following statements are true or false according to Dialogue 1.

1. 春香说外边不冷。　☐
   Chūnxiāng shuō wàibian bù lěng.

2. 天气预报说上午有中雪。　☐
   Tiānqì yùbào shuō shàngwǔ yǒu zhōng xuě.

3. 下午她们不想出去玩。　☐
   Xiàwǔ tāmen bù xiǎng chū qù wán.

4. 这是今年的第一场雪。　☐
   Zhè shì jīnnián de dì yī chǎng xuě.

❑ **和同伴一起，根据下面的提示说说对话一的内容。** Tell the story in Dialogue 1 according to the given hints with your partner.

玛莎问_____，春香说_____。外边现在_____，可能_____。天气预报
Mǎshā wèn_____, Chūnxiāng shuō_____. Wàibian xiànzài_____, kěnéng_____. Tiānqì yùbào
说_____。玛莎想下午_____，春香想_____，因为_____，她们要_____。
shuō_____. Mǎshā xiǎng xiàwǔ_____, Chūnxiāng xiǎng_____, yīnwèi_____, tāmen yào_____.

❑ **说一说。** Say it.

1. 你喜欢下雪吗？在你的国家冬天常下雪吗？
   Nǐ xǐhuan xià xuě ma? Zài nǐ de guójiā dōngtiān cháng xià xuě ma?
   Do you like snowing? Is it often snowing in winter in your country?

2. 下雪的时候你喜欢做什么？
   Xià xuě de shíhou nǐ xǐhuan zuò shénme?
   What do you like to do when it is snowing?

（二）

❑ **听两遍录音，然后判断正误。** Listen to the recording twice, and then decide whether the following statements are true or false. 14-04

1. 王军去杭州了。　☐
   Wáng Jūn qù Hángzhōu le.
   Wang Jun has been to Hangzhou.

2. 杭州不好玩儿。　☐
   Hángzhōu bù hǎowánr.
   It is not fun in Hangzhou.

③ 这一个星期都是阴天。　　☐

Zhè yí ge xīngqī dōu shì yīntiān.

It has been cloudy for the whole week.

⑤ 下雨天心情不好。　　☐

Xiàyǔ tiān xīnqíng bù hǎo.

He is in bad mood when it is raining.

④ 王军喜欢下雨。　　☐

Wáng Jūn xǐhuan xià yǔ.

Wang Jun likes raining.

☐ **朗读对话二，注意发音和语气。**Read Dialogue 2 aloud, pay attention to the pronunciation and the tone.

欧文: 听说你去杭州了，玩儿得怎么样？

Ōuwén: Tīngshuō nǐ qù Hángzhōu le, wánr de zěnmeyàng?

王军: 唉，别提了[1]。

Wáng Jūn: Ài, bié tí le.

欧文: 怎么了？不好玩儿吗？

Ōuwén: Zěnme le? Bù hǎowánr ma?

王军: 这一个星期，不是阴天就是[2]下雨。

Wáng Jūn: Zhè yí ge xīngqī, bú shì yīntiān jiù shì xià yǔ.

欧文: 雨大吗？

Ōuwén: Yǔ dà ma?

王军: 有时候大，有时候小。

Wáng Jūn: Yǒu shíhou dà, yǒu shíhou xiǎo.

欧文: 如果不下雨，阴天倒是[3]挺适合旅行的。

Ōuwén: Rúguǒ bú xià yǔ, yīntiān dào shì tǐng shìhé lǚxíng de.

王军: 可阴天会影响心情。

Wáng Jūn: Kě yīntiān huì yǐngxiǎng xīnqíng.

欧文: 那倒是。

Ōuwén: Nà dào shì.

Irving: I heard that you have been to Hangzhou. How was it?

Wang Jun: I would rather not mention it.

Irving: What was wrong? Was it not fun?

Wang Jun: It had been cloudy and rainy for the whole week.

Irving: Was it raining heavily?

Wang Jun: Sometime it was. Sometime not.

Irving: It is good to travel in cloudy days if there is no rain.

Wang Jun: But I am in bad mood when it is cloudy.

Irving: That is right.

Tips:

1. 别提了 usually expresses the results are unsatisfied. E.g. A: 你的生日晚会怎么样？—B: 唉，别提了。

2. 不是A就是B expresses the situation is just A or B. There is no third choice. E.g. 在上海的时候，我们不是去公园，就是逛商店。

3. Here, 倒是 expresses to give in and admit the situation as it is said. E.g. 旅行中有很多困难，不过，倒是挺有意思的。

□ **根据对话二，回答下列问题。** Answer the questions below according to Dialogue 2.

① 王军去杭州玩得怎么样？为什么？
Wáng Jūn qù Hángzhōu wán de zěnmeyàng? Wèi shénme?

② 王军在杭州时，雨大吗？
Wáng Jūn zài Hángzhōu shí, yǔ dà ma?

③ 欧文觉得这样的天气怎么样？
Ōuwén juéde zhèyàng de tiānqì zěnmeyàng?

④ 王军喜欢这样的天气吗？
Wáng Jūn xǐhuan zhèyàng de tiānqì ma?

□ **说一说。** Say it.

① 你喜欢什么样的天气？
Nǐ xǐhuan shénme yàng de tiānqì?
What kind of weather do you like?

③ 旅行时你最不喜欢什么样的天气？
Lǚxíng shí nǐ zuì bù xǐhuan shénme yàng de tiānqì?
What kind of weather do you dislike the most when you are travelling?

② 你喜欢旅行吗？
Nǐ xǐhuan lǚxíng ma?
Do you like travelling?

三

□ **听两遍录音，然后判断正误。** Listen to the recording twice, and then decide whether the following statements are true or false. 14-05

① 春香假期要去旅行。 □
Chūnxiāng jiàqī yào qù lǚxíng.
Chun Hyang is going to travel in holiday.

③ 春香想找旅行团。 □
Chūnxiāng xiǎng zhǎo lǚxíng tuán.
Chun Hyang wants to join a tourist group.

② 春香只想去大连。 □
Chūnxiāng zhǐ xiǎng qù Dàlián.
Chun Hyang just wants to go to Dalian.

④ 春香觉得坐船可能便宜。 □
Chūnxiāng juéde zuò chuán kěnéng piányi.
Chun Hyang thinks it is cheaper travelling by ship.

□ **朗读对话三，注意发音和语气。** Read Dialogue 3 aloud, pay attention to the pronunciation and the tone.

春香 Chūnxiāng： 假期我要去旅行，你觉得怎么走最好？
Jiàqī wǒ yào qù lǚxíng, nǐ juéde zěnme zǒu zuì hǎo?

王军 Wáng Jūn： 你想去什么地方？
Nǐ xiǎng qù shénme dìfang?

春香 Chūnxiāng： 大连、上海和广州。
Dàlián, Shànghǎi hé Guǎngzhōu.

王军 Wáng Jūn： 你可以找个旅行社。
Nǐ kěyǐ zhǎo ge lǚxíngshè.

229

春香: 我不喜欢旅行团，太不自由。
Chūnxiāng: Wǒ bù xǐhuan lǚxíng tuán, tài bú zìyóu.

王军: 自己走的话，你就先去大连。
Wáng Jūn: Zìjǐ zǒu de huà, nǐ jiù xiān qù Dàlián.

春香: 坐船是不是更便宜？
Chūnxiāng: Zuò chuán shì bu shì gèng piányi?

王军: 当然了。也可以从大连
Wáng Jūn: Dāngrán le. Yě kěyǐ cóng Dàlián

坐船到[1]上海。
zuò chuán dào Shànghǎi.

春香: 好主意。再从上海坐火车到广州。
Chūnxiāng: Hǎo zhǔyi. Zài cóng Shànghǎi zuò huǒchē dào Guǎngzhōu.

Chun Hyang:	I want to travel in holiday. What do you think is the best route?
Wang Jun:	Where do you want to travel?
Chun Hyang:	Dalian, Shanghai and Guangzhou.
Wang Jun:	You can join a tourist group.
Chun Hyang:	I don't like it. It is comfortless.
Wang Jun:	You can go to Dalian first if you travel on your own.
Chun Hyang:	Is it cheaper by ship?
Wang Jun:	Of course. You can also go to Shanghai from Dalian by ship.
Chun Hyang:	Good idea. Then I can go to Guangzhou from Shanghai by train.

Tip:

1. 从……到…… can both connect time and places in between. E.g. 从昨天到今天、从这儿到那儿。

❏ **画线连接。** Match the sentences with their proper responses.

1) 你想去什么地方？
Nǐ xiǎng qù shénme dìfang?

2) 你可以找个旅行社。
Nǐ kěyǐ zhǎo ge lǚxíngshè.

3) 坐船是不是更便宜？
Zuò chuán shì bu shì gèng piányi?

A) 当然了。也可以从大连坐船到上海。
Dāngrán le. Yě kěyǐ cóng Dàlián zuò chuán dào Shànghǎi.

B) 大连、上海和广州。
Dàlián、Shànghǎi hé Guǎngzhōu.

C) 我不喜欢旅行团，太不自由。
Wǒ bù xǐhuan lǚxíng tuán, tài bú zìyóu.

❏ **根据对话三填空，并试着说说对话三的内容。** Fill in the blanks according to Dialogue 3, and then make an effort to tell the story in Dialogue 3.

春香假期要_____，她问王军_____。她想去_____、_____和
Chūnxiāng jiàqī yào_____, tā wèn Wáng Jūn_____. Tā xiǎng qù_____、_____hé

_____。王军建议 (suggest) 她找个_____，但是春香觉得_____。王军
_____. Wáng Jūn jiànyì tā zhǎo ge_____, dànshì Chūnxiāng juéde_____. Wáng Jūn

说她可以先_____，从大连_____到上海，再从上海_____到广州。
shuō tā kěyǐ xiān_____, cóng Dàlián_____dào Shànghǎi, zài cóng Shànghǎi dào_____Guǎngzhōu.

❏ **说一说。** Say it.

1) 你经常去旅行吗？
Nǐ jīngcháng qù lǚxíng ma?
Do you often go travelling?

2) 旅行时，你一个人去还是跟旅行团去？为什么？
Lǚxíng shí, nǐ yí ge rén qù háishi gēn lǚxíng tuán qù? Wèi shénme?
Do you prefer go travelling in a tourist group or on your own? Why?

③ 你通常都怎么去旅行?

Nǐ tōngcháng dōu zěnme qù lǚxíng?

How will you go travelling usually?

听两遍录音,然后回答问题。Listen to the recording twice and then answer the questions. 🔘 14-06

① 玛莎找那位先生干什么?

Mǎshā zhǎo nǎ wèi xiānsheng gàn shénme?

What does Masha ask that man to do?

② 她们为什么要拍照的人往前?

Tāmen wèi shénme yào pāizhào de rén wǎng qián?

Why do they want the man to move forward?

③ 她们希望照片上的人什么样?

Tāmen xīwàng zhàopiàn shàng de rén shénme yàng?

How will the people be like in the picture as they hope?

朗读对话四,注意发音和语气。Read Dialogue 4 aloud, pay attention to the pronunciation and the tone.

春香: Chūnxiāng:	这儿太漂亮了,照张相吧。 Zhèr tài piàoliang le, zhào zhāng xiàng ba.
玛莎: Mǎshā:	好。我先给[1]你照。 Hǎo. Wǒ xiān gěi nǐ zhào.
春香: Chūnxiāng:	找个人帮忙,咱们一起照吧。 Zhǎo ge rén bāng máng, zánmen yìqǐ zhào ba.
玛莎: Mǎshā:	先生,麻烦您给我们照 Xiānsheng, máfan nín gěi wǒmen zhào 张相好吗? zhāng xiàng hǎo ma?
先生: Xiānsheng:	没问题。在这儿吗? Méi wèntí. Zài zhèr ma?
春香: Chūnxiāng:	再往前点儿吧。 Zài wǎng qián diǎnr ba.
先生: Xiānsheng:	这个角度好。 Zhège jiǎodù hǎo.
春香: Chūnxiāng:	人要大一点儿。 Rén yào dà yìdiǎnr.

Chun Hyang: It is so beautiful here that let's take a picture.

Masha: Ok. I will take a picture of you first.

Chun Hyang: Let's ask someone for help that can take a picture of us together.

Masha: Sir, would you please take a picture of us?

Man: No problem. Where?

Chun Hyang: Somewhere forward.

Man: It is a perfect angle.

Chun Hyang: Please make the bodies larger in the picture.

Man: All right. Don't move. One, two, three.

Chun Hyang: Cheese!

先生: 好的，不要动，一、二、三！
Xiānsheng: Hǎo de, bú yào dòng, yī、èr、sān!

春香: 茄子[2]！
Chūnxiāng: Qiézi!

Tips:

1. Here, 给 is a preposition, which is used to bring out the object of an action. E.g. 给他照几张。

2. In Chinese, when you pronounce 茄子, the shape of your mouth is as the same as the shape when you are smiling. So people like to pronounce 茄子 long when taking pictures.

☐ 和同伴一起，根据下面的提示说说对话四的内容。Tell the story in Dialogue 4 according to the given hints with your partner.

春香觉得_____，她想_____。朋友要_____。春香想_____。朋友找
Chūnxiāng juéde_____, tā xiǎng_____. Péngyou yào_____. Chūnxiāng xiǎng_____. Péngyou zhǎo
了_____，春香想_____，因为_____。先生照相时说_____，她们一起说_____
le_____, Chūnxiāng xiǎng_____, yīnwèi_____. Xiānsheng zhào xiàng shí shuō_____, tāmen yìqǐ shuō_____

（五）

☐ 朗读下面的短文，并模仿课文说说自己最喜欢的季节。Read the passage below aloud, and then imitate the passage to introduce your favourite season. 🔊 14-07

一年四个季节 (season) 中，我最喜欢春天 (spring)。在我住的地方，春天的天气很好，不冷也不热，晴天的时候比较多。我经常跟朋友们骑 (ride) 自行车去郊外 (suburb) 爬山。山上到处是绿色，还有很多花 (flower)，非常漂亮。

Yì nián sì ge jìjié zhōng, wǒ zuì xǐhuan chūntiān. Zài wǒ zhù de dìfang, chūntiān de tiānqì hěn hǎo, bù lěng yě bú rè, qíngtiān de shíhou bǐjiào duō. Wǒ jīngcháng gēn péngyou men qí zìxíngchē qù jiāowài pá shān. Shān shàng dàochù shì lǜsè, hái yǒu hěn duō huā, fēicháng piàoliang.

活动 Activities

一、双人活动 Pair work

试着和同伴一起说说不同的天气和人的感觉。词库里的词语可以帮助你表达。Try to talk about how the people will feel in different kinds of weather with your partner. The word bank may be helpful.

Word bank

暖和	凉快	刮风
nuǎnhuo	liángkuai	guā fēng
warm	cool	windy

给教师的提示

您可以任意找几个同学来说说他们的看法，以达到全班交流的目的。

二、小组活动 Group work

1. 全班按春、夏、秋、冬四个主题分为四组，每组准备3个与自己组那个季节的天气相关的句子。The class is divided into 4 groups as spring, summer, autumn and winter. Each group is required to make 3 sentences relevant to the season of the group.

①

②

③

2. 每个组向全班介绍一个季节的天气。Each group introduces the weather of one season to the class.

三、双人活动 Pair work

1. 利用下面的表格准备一下，然后了解一下你的同伴家乡的情况。Make preparations according to the following form and then get to know the information in your partner's hometown.

Season	Weather	What do people like to do
春		
夏		
秋		
冬		

2. 两人一起比较一下你们的家乡有什么不同，并用一段话给大家介绍。Make a comparison of your hometowns with your partner. And introduce to the class with a short passage.

四、小组活动 Group work

一个中国人想去你们的国家旅行，他不知道什么时候去、怎么走最好。3–4人一组，一起为他出主意。A Chinese is going to travel in your country. But he doesn't know what the suitable time is and what the best route is. Work in groups of 3 or 4. Try to help him with suggestions.

> **A tip for students**
>
> Please help him arrange the time and the route, and tell him the reason.

语言练习 Language Focus

一、语音和语调 Pronunciation and intonation

1. 听录音，选择你听到的音节。Listen to the recording and choose the syllables you've heard. 🔘 14-08

① bian-tian   xin-jin   tuan-chuan   ji-ti

② zheng-zhong   hou-huo   jiao-jiu   bao-bie

③ léng-lěng   yīn-yǐn   xuē-xuě   chǎng-chāng   yú-yǔ   zhào-zhāo

   yǔbāo-yùbào   zhōngxuě-zhōngxué   zhūyǐ-zhǔyì   zhāoxiàng jì-zhāoxiàngjī

   shìhé-shìhē   chùqù-chūqù   xīnqíng-xīnqìng   yōushǐhòu-yǒushíhòu

2. 朗读下列词语，体会重音。Read the words below and feel the accents. 🔘 14-09

① 前重后轻 Strong-weak

外边	有时候	主意
wàibian	yǒu shí hou	zhǔyi

② 前中后重 Sedium-strong

公园	影响	下雪	火车	照相	帮忙	预报
gōngyuán	yǐngxiǎng	xià xuě	huǒchē	zhào xiàng	bāng máng	yùbào

3. 朗读下列句子，注意语音语调。Read the following sentences aloud and pay attention to the accents.

① 天这么阴，可能要下大雨。
Tiān zhème yīn, kěnéng yào xià dà yǔ.

② 太好了，下午我们出去玩儿吧？
Tài hǎo le, xiàwǔ wǒmen chūqù wánr ba?

③ 这可是今年的第一场雪。
Zhè kěshì jīnnián de dì yī chǎng xuě.

④ 唉，别提了。
Ài, bié tí le.

⑤ 这一个星期，不是阴天就是下雨。
Zhè yí ge xīngqī, bú shì yīntiān jiù shì xià yǔ.

⑥ 阴天倒是挺适合旅行的。
Yīntiān dàoshì tǐng shìhé lǚxíng de.

⑦ 不要动，一、二、三！
Búyào dòng, yī、èr、sān!

二、替换练习 Substitution exercises

① 天气预报说<u>下午有中雪</u>。
Tiānqì yùbào shuō xiàwǔ yǒu zhōng xuě.

明天有雨
míngtiān yǒu yǔ

晚上刮风
wǎnshang guā fēng

早上晴
zǎoshang qíng

② 这　　可是　今年的第一场雪。
Zhè kěshì jīnnián de dì yī chǎng xuě.

他	是	我们班汉语最好的
Tā	shì	wǒmen bān Hànyǔ zuì hǎo de
欧文	没	来过这里
Ōwén	méi	lái guo zhèlǐ
她	不	买这种衣服 (clothes)
Tā	bù	mǎi zhèzhǒng yīfu

③ 先生，麻烦您给我们照张相好吗？
Xiānsheng, máfan nín gěi wǒmen zhào zhāng xiàng hǎo ma?

告诉我去植物园怎么走
gàosu wǒ qù zhíwùyuán zěnme zǒu

帮我一个忙
bāng wǒ yí ge máng

给我一杯水
gěi wǒ yì bēi shuǐ

④ 这<u>一个星期</u>，不是阴天就是下雨。
Zhè yí ge xīngqī, bú shì yīntiān jiù shì xià yǔ.

三天	吃饭	睡觉
sān tiān	chī fàn	shuì jiào
一个月	上课	上网
yí ge yuè	shàng kè	shàng wǎng
一年	学习	工作
yì nián	xuéxí	gōngzuò

⑤ 也可以从<u>大连</u>　<u>坐船</u>到　<u>上海</u>。
Yě kěyǐ cóng Dàlián zuò chuán dào Shànghǎi.

学校	坐车	动物园
xuéxiào	zuò chē	dòngwùyuán
宿舍	走路	超市
sùshè	zǒu lù	chāoshì
上海	坐火车	广州
Shànghǎi	zuò huǒchē	Guǎngzhōu

三、口语常用语及常用格式 Common oral expressions and patterns

1. 模仿例句，用"别提了"完成下列对话。Imitate the sample sentence to complete the following sentences with 别提了.

Example：A：听说你去杭州了，玩儿得怎么样？
Tīngshuō nǐ qù Hángzhōu le, wánr de zěnmeyàng?

B：唉，别提了。
Ài, bié tí le.

① A：昨天你的生日晚会怎么样？
Zuótiān nǐ de shēngrì wǎnhuì zěnmeyàng?

B：_____，_____。（没电）(electricity)
　　　　　　　　　　　　　méi diàn

② A：这次考试你考得怎么样？
Zhè cì kǎoshì nǐ kǎo de zěnmeyàng?

B：_____，_____。（忘）
　　　　　　　　　　　　　wàng

③ A：昨天你们去看电影了吗？
　　Zuótiān nǐmen qù kàn diànyǐng le ma?

　　B：_____，_____。（生气）
　　　　　　　　　　　　　　shēngqì

④ A：你找到房子了吗？
　　Nǐ zhǎo dào fángzi le ma?

　　B：_____，_____。（钱 丢）
　　　　　　　　　　　　　　qián diū

2. 模仿例句，用"倒是"回答下列问题。Imitate the sample sentence to complete the following sentences with 倒是.

Example：如果不下雨，阴天倒是挺适合旅行的。
　　　　　Rúguǒ bú xià yǔ, yīntiān dàoshì tǐng shìhé lǚxíng de.

① A：这个房间太小了。
　　Zhège fángjiān tài xiǎo le.

　　B：_____。（舒服）
　　　　　　　　　　　　shūfu

③ A：植物园太远了。
　　Zhíwùyuán tài yuǎn le.

　　B：_____。（漂亮）
　　　　　　　　　　　　piàoliàng

② A：这个菜有点儿辣。
　　Zhège cài yǒudiǎnr là.

　　B：_____。（好吃）
　　　　　　　　　　hǎo chī

四、根据实际情况回答问题 Answer the questions according to the real situations

Example：（雨）有时候大，有时候小。
　　　　　(Yǔ) yǒu shíhou dà, yǒu shíhou xiǎo.

① 你什么时候睡觉？
　　Nǐ shénme shíhou shuì jiào?

　　When do you go to bed?

② 你多长时间去一次超市？
　　Nǐ duōcháng shíjiān qù yí cì chāoshì?

　　How often do you go to the supermarket?

③ 你多长时间给家人打一次电话？
　　Nǐ duōcháng shíjiān gěi jiārén dǎ yí cì diànhuà?

　　How often do you call your family?

④ 周末的时候你干什么？
　　Zhōumò de shíhou nǐ gàn shénme?

　　What do you do at weekends?

⑤ 你经常跟朋友一起干什么？
　　Nǐ jīngcháng gēn péngyou yìqǐ gàn shénme?

　　What do you often do with your friends?

扩展活动 Extended Activities

一、看图编故事并表演 Make up a story according to the following pictures and act

① ② ③

④ ⑤

二、照相 Take pictures

1. **照相的时候遇到问题你知道怎么说了吗？利用下面的表格准备一下，然后和大家一起照几张相试一试。** Do you get to know what to say when you happen to meet a problem of taking pictures? Make preparations according to the following form, and try to take some pictures with your classmates.

Occasion	What to say
请别人帮你照相 Ask others to take pictures of you	
你给别人照相 You take pictures of others	
位置不合适的时候 Position is not suitable	

2. 跟大家一起照相。要求每个人都请别人帮一次忙，并提一个要求。你可以选择—— Take pictures with the classmates. Everyone is required to help others once and make a request as well. You can choose to——

跟老师合影 take a picture with teacher

全班合影 take a picture of the whole class

请别人给自己单独照一张 ask others to take a picture of you

请别人给自己和别人照合影 ask others to take a picture of you and someone else.

> **Word bank**
>
> 合影
> hé yǐng
> group picture,
> take a picture of the group

总结与评价 Summary and Evaluation

一、语句整理。Summary.

你学会说天气了吗？表示不同天气情况的词语你都记住了吗？利用下面的表格复习一下。Do you get to know to describe the weather? Can you remember the words of different kinds of weather? Review what you have learned according to the following form.

Words of different kinds of weather	Words and sentences to describe the change of weather

二、完成任务的自我表现评价。Self-evaluation.

- Are you satisfied with your own performance?

  Very good   good   not so good   bad

- Your own evaluation

  A   B   C   Your willingness to state your opinions

  A   B   C   Your willingness to raise your questions

  A   B   C   Your enthusiasm to gather useful information

第 15 课

我喜欢打棒球 (Wǒ xǐhuan dǎ bàngqiú)

I Like Playing Baseball

目标 | Objectives

1. 复习表达兴趣爱好的简单语句。Review basic words and sentences of interests and hobbies.

2. 学习询问、介绍兴趣和爱好。Learn to ask about and introduce interests and hobbies.

3. 学习谈论周末和假日的生活。Learn to talk about the life at weekends and in holidays.

准备 Preparation

1. 看看下面的图片，你喜欢干什么？ Look at the pictures below. What do you like to do?

唱歌
chàng gē

跳舞
tiào wǔ

练剑
liàn jiàn

跑步
pǎo bù

运动
yùndòng

购物
gòuwù

打网球
dǎ wǎngqiú

239

2. 问一问同伴，看看有哪些是你们都喜欢的。Ask your partner and find out what you like both.

Who	Like	Dislike
Yourself		
Your partner		

Patterns

你喜欢什么？　　　　……你喜欢吗？
Nǐ xǐhuan shénme?　　… Nǐ xǐhuan ma?
What do you like?　　*Do you like…?*

词语 Words and Expressions

❑ 朗读下列词语，注意发音和词语的意思。Read the following words aloud, pay attention to the pronunciation and the meanings. 15-01

给教师的提示
课前请提醒学生预习词语。

1 太极拳 tàijíquán Tai chi chuan	2 从小 cóng xiǎo since young	3 对……感兴趣 duì … gǎn xìngqu be interested in	4 武术 wǔshù martial art	5 成立 chénglì found	6 艺术 yìshù art
7 参加 cānjiā take part in	8 唱歌 chànggē sing	9 弹 tán play	10 吉他 jítā guitar	11 爱好 àihào hobby	12 报名 bào míng enroll
13 游泳 yóuyǒng swim	14 一般 yìbān common	15 运动 yùndòng sport	16 棒球 bàngqiú baseball	17 网球 wǎngqiú tennis	18 场 chǎng court yard
19 操场 cāochǎng playground	20 逛 guàng go around	21 街 jiē street	22 起床 qǐ chuáng get up	23 好好儿 hǎohāor well	

❑ 选择合适的词语进行搭配。Match the words below with the proper words.

从小 cóngxiǎo　　对 duì　　感兴趣 gǎn xìngqu　　参加 cānjiā　　好好儿 hǎohāor

□　**词语搭积木。** Word bricks.

Example:　　　人　　　　　　　运动　　　　　　干什么　　　　　街
　　　　　　　rén　　　　　　yùndòng　　　　gàn shénme　　　jiē

　　　　　　日本人　　　　□□运动　　　　□□干什么　　　□街
　　　　　　Rìběn rén

　　　　　　是日本人　　　□□□□运动　　□□□干什么　　□□街
　　　　　　shì Rìběn rén

　　　　　　我是日本人　　□□□□□运动　□□□□□干什么　□□□街
　　　　　　wǒ shì Rìběn rén

给教师的提示
这个练习，您可以按照从上到下的顺序带领学生依次朗读，也可以分为不同的小组先做练习，然后全班交流。

句 子　Sentences

□　**听录音，填词语，然后朗读下列句子。** Listen to the recording, fill in the blanks, and then read the sentences aloud. 🌐 15-02

1 我从小就对_____感兴趣。
Wǒ cóngxiǎo jiù duì wǔshù gǎn xìngqu.
I have been interested in martial arts since I was young.

2 弹着吉他唱歌是我最大的_____。
Tán zhe jítā chàng gē shì wǒ zuì dà de àihào.
My biggest hobby is to sing while playing guitar.

3 你不是也喜欢_____吗？
Nǐ bú shì yě xǐhuan tiào wǔ ma?
You like dancing, right?

4 _____吧，我游得不太好。
Yìbān ba, wǒ yóu de bú tài hǎo.
Just so so. I am not good at swimming

5 那你喜欢什么_____？
Nà nǐ xǐhuan shénme yùndòng?
What sports do you like?

6 _____你一般干什么？
Zhōumò nǐ yìbān gàn shénme?
What do you usually do at weekends?

7 有时候在家休息，有时候去_____。
Yǒu shíhou zài jiā xiūxi, yǒu shíhou qù guàng jiē.
Sometimes I have a rest at home, and sometimes I go shopping.

8 你睡_____觉吗？
Nǐ shuì lǎn jiào ma?
Do you lie in?

9 周末应该好好_____一下。
Zhōumò yīnggāi hǎohǎo xiūxi yíxià.
We should have a good rest at weekends.

10 这周末我们先逛街，然后看_____吧？
Zhè zhōumò wǒmen xiān guàng jiē, ránhòu kàn diànyǐng ba?
How about going shopping first and then seeing a movie this Saturday?

给教师的提示
您可以采用各种方式操练句子，并纠正学生的发音。

❑ 看图片，和同伴商量他们可能在说什么。Look at the pictures and discuss with your partner what they are probably talking about.

①

Zhōuliù wǒ yào shí'èr diǎn qǐchuǎng.

②

③

❑ 和同伴一起，选择合适的句子完成下列对话。Select the proper sentences to complete the dialogues below with your partner.

1 A: 你什么时候开始学武术的？　　　　　B: ＿＿＿＿＿＿＿＿。

Nǐ shénme shíhou kāishǐ xué wǔshù de?

When did you start to learn martial arts?

2 A: 周末你一般干什么？　　　　　　　　B: ＿＿＿＿＿＿＿＿。

Zhōumò nǐ yìbān gàn shénme?

What do you usually do at weekends?

3 A: 你喜欢游泳吗？　　　　　　　　　　B: ＿＿＿＿＿＿＿＿。

Nǐ xǐhuan yóuyǒng ma?

Do you like swimming?

情 景 Situations

❑ 听两遍录音，然后回答下列问题。Listen to the recording twice and then answer the questions. 🔘 15-03

1 王军什么打得好？他学了多长时间了？

Wáng Jūn shénme dǎ de hǎo? Tā xué le duō cháng shíjiān le?

What does Wang Jun play well? How long has he been learning it?

2 王军对什么感兴趣？从什么时候开始学的？

Wáng Jūn duì shénme gǎn xìngqu? Cóng shénme shíhou kāishǐ xué de?

What is Wang Jun interested in? When did he start to learn it?

3 欧文想让王军干什么？他们什么时候开始？

Ōuwén xiǎng ràng Wáng Jūn gàn shénme? Tāmen shénme shíhou kāishǐ?

What does Irving ask Wang Jun to do? When will they start?

❑ **朗读对话一，注意发音和语气。** Read Dialogue 1 aloud, pay attention to the pronunciation and the tone.

欧文: Ōuwén:	王军，你太极拳打得真好。 Wáng Jūn, nǐ tàijíquán dǎ de zhēn hǎo.
王军: Wáng Jūn:	我学了三年了[1]。 Wǒ xué le sān nián le.
欧文: Ōuwén:	你还会别的吗？ Nǐ hái huì bié de ma?
王军: Wáng Jūn:	会，我从小就对武术感兴趣。 Huì, wǒ cóngxiǎo jiù duì wǔshù gǎn xìngqù.
欧文: Ōuwén:	你从什么时候开始学的？ Nǐ cóng shénme shíhou kāishǐ xué de?
王军: Wáng Jūn:	六岁。 Liù suì.
欧文: Ōuwén:	我也想学，现在开始晚不晚？ Wǒ yě xiǎng xué, xiànzài kāishǐ wǎn bu wǎn?
王军: Wáng Jūn:	什么时候开始学都不晚。 Shénme shíhou kāishǐ xué dōu bù wǎn.
欧文: Ōuwén:	那你教我吧。 Nà nǐ jiāo wǒ ba.
王军: Wáng Jūn:	没问题，明天就开始吧。 Méi wèntí, míngtiān jiù kāishǐ ba.

Irving: Wang Jun, you play Tai chi chuan so well.

Wang Jun: I have been learning it for 3 years.

Irving: Can you play anything else?

Wang Jun: Yes. I have been interested in martial arts since I was young.

Irving: When did you start to learn it?

Wang Jun: When I was 6 years old.

Irving: I want to learn it too. Is it too late to learn?

Wang Jun: Whenever you start is not late.

Irving: Can you teach me?

Wang Jun: No problem. Let's start tomorrow.

Tip:

1. This sentence expresses that it has been 3 years from the start time to learn Tai chi chuan till now and it is still continuing. However 学了三年 expresses that someone had been learning it for 3 years in the past, and it already stopped.

❑ **根据对话一，选择合适的句子跟同伴说话。** Choose the proper sentences in Dialogue 1 and talk with your partner.

Ask	Answer
你还会别的吗？ Nǐ hái huì bié de ma?	
	六岁。 Liù suì.
	什么时候开始学都不晚。 Shénme shíhou kāishǐ xué dōu bù wǎn.

❑ **说一说**。Say it.

① 你会打太极拳吗? 你的朋友中有人会打吗?

Nǐ huì dǎ tàijíquán ma? Nǐ de péngyou zhōng yǒu rén huì dǎ ma?

Can you play Tai chi chuan? Can any of your friends play Tai chi chuan?

② 你从小对什么感兴趣? 你现在还学吗?

Nǐ cóngxiǎo duì shénme gǎn xìngqu? Nǐ xiànzài hái xué ma?

What have you been interested in since you were young? Are you still learning it?

③ 在这儿, 你有没有想学的东西?

Zài zhèr, nǐ yǒu méiyǒu xiǎng xué de dōngxi?

Is there anything you want to learn here?

❑ **听两遍录音, 然后判断正误**。Listen to the recording twice, and then decide whether the following statements are true or false. 🔘 15-04

① 玛莎不想参加艺术团。 ☐

Mǎshā bù xiǎng cānjiā yìshù tuán.

② 山本不会唱歌。 ☐

Shānběn búhuì chàng gē.

③ 春香喜欢弹吉他。 ☐

Chūnxiāng xǐhuan tán jítā.

④ 欧文最大的爱好是弹吉他。 ☐

Ōuwén zuì dà de àihào shì tán jítā.

⑤ 他们四个人都要报名。 ☐

Tāmen sì ge rén dōu yào bào míng.

❑ **朗读对话二, 注意发音和语气**。Read Dialogue 2 aloud, pay attention to the pronunciation and the tone.

玛莎:	学校要成立艺术团了, 你们参加吗?
Mǎshā:	Xuéxiào yào chénglì yìshù tuán le, nǐmen cānjiā ma?
山本:	我不行, 我不会唱歌。
Shānběn:	Wǒ bù xíng, wǒ búhuì chàng gē.
玛莎:	欧文, 你呢?
Mǎshā:	Ōuwén, nǐ ne?
春香:	他最喜欢唱歌了, 还会弹吉他。
Chūnxiāng:	Tā zuì xǐhuan chàng gē le, hái huì tán jítā.
欧文:	弹着吉他唱歌[1]是我最大的爱好。
Ōuwén:	Tán zhe jítā chàng gē shì wǒ zuì dà de àihào.
玛莎:	春香, 你不是也喜欢跳舞吗[2]?
Mǎshā:	Chūnxiāng, nǐ bú shì yě xǐhuan tiào wǔ ma?

Masha:	An art ensemble is going to be set up in our school. Will you join it?
Yamamoto:	I won't. I am not good at singing.
Masha:	Irving, what about you?
Chun Hyang:	He likes singing the most and he can also play guitar.
Irving:	My biggest hobby is singing while playing guitar.
Masha:	Chun Hyang, you like dancing, right?

春香： 是啊，玛莎你想参加吗？
Chūnxiāng: Shì'a, Mǎshā nǐ xiǎng cānjiā ma?

玛莎： 想。咱们三个都报名吧。
Mǎshā: Xiǎng. Zánmen sān ge dōu bào míng ba.

欧文： 行。我们一起去办公室问问吧。
Ōuwén: Xíng. Wǒmen yìqǐ qù bàngōngshì wènwen ba.

Chun Hyang:	You are right. Do you want to join the art ensemble, Masha?
Masha:	Yes. Let's go and enroll for it.
Irving:	Ok. Let's go to the office to ask about it.

Tips：

1. "Action 1 + 着 + action 2" expresses that the latter action is on accompanied with the former action. But the latter one is the main action. 弹着吉他唱歌 means singing while playing guitar. E.g. 看着电视 (diànshì TV) 喝咖啡 (kāfēi coffee)。

2. 不是……吗 is a rhetorical question which emphasizes affirmation. It reminds someone to pay attention to certain obvious fact and doesn't need an answer. E.g. 他不是去过吗 means 他去过。

❑ **根据对话二填空，并试着说说对话二的内容。**Fill in the blanks according to Dialogue 2, and then make an effort to tell the story in Dialogue 2.

学校要成立_____，山本_____，因为他_____。欧文最喜欢_____，
Xuéxiào yào chénglì_____, Shānběn_____, yīnwèi tā_____. Ōuwén zuì xǐhuan_____,

而且他还会_____。春香喜欢_____，玛莎也想_____。他们三个
érqiě tā hái huì_____. Chūnxiāng xǐhuan_____, Mǎshā yě xiǎng_____. Tāmen sān ge

都想_____，他们要一起去_____。
dōu xiǎng_____, tāmen yào yìqǐ qù_____.

三

❑ **听两遍录音，然后判断正误。**Listen to the recording twice, and then decide whether the following statements are true or false. 🔘 15-05

① 山本不喜欢游泳。 ☐
Shānběn bù xǐhuan yóuyǒng.

② 山本喜欢打棒球。 ☐
Shānběn xǐhuan dǎ bàngqiú.

③ 玛莎喜欢打网球。 ☐
Mǎshā xǐhuan dǎ wǎngqiú.

④ 玛莎在小操场打网球。 ☐
Mǎshā zài xiǎo cāochǎng dǎ wǎngqiú.

⑤ 山本一周打三次球。 ☐
Shānběn yì zhōu dǎ sān cì qiú.

❑ **朗读对话三，注意发音和语气。** Read Dialogue 3 aloud, pay attention to the pronunciation and the tone.

玛莎： 山本，你喜欢游泳吗？
Mǎshā: Shānběn, nǐ xǐhuan yóuyǒng ma?

山本： 一般吧[1]，我游得不好。
Shānběn: Yìbān ba, wǒ yóu de bù hǎo

玛莎： 那你喜欢什么运动？
Mǎshā: Nà nǐ xǐhuan shénme yùndòng?

山本： 我喜欢打棒球。
Shānběn: Wǒ xǐhuan dǎ bàngqiú.

玛莎： 你的棒球一定打得很好。
Mǎshā: Nǐ de bàngqiú yídìng dǎ de hěn hǎo.

山本： 还可以。你喜欢打网球吧？
Shānběn: Hái kěyǐ. Nǐ xǐhuan dǎ wǎngqiú ba?

玛莎： 你怎么知道？
Mǎshā: Nǐ zěnme zhīdào?

山本： 我经常见你跟朋友去网球场。
Shānběn: Wǒ jīngcháng jiàn nǐ gēn péngyou qù wǎngqiú chǎng.

玛莎： 我们一周打三次[2]。你在哪儿打棒球？
Mǎshā: Wǒmen yì zhōu dǎ sān cì. Nǐ zài nǎr dǎ bàngqiú?

山本： 周末我跟朋友们在小操场打。
Shānběn: Zhōumò wǒ gēn péngyou men zài xiǎo cāochǎng dǎ.

Masha:	Yamamoto, do you like swimming?
Yamamoto:	Not particularly. I am not good at swimming.
Masha:	So what sports do you like?
Yamamoto:	I like playing baseball.
Masha:	You must play very well.
Yamamoto:	Not too bad. You like playing tennis?
Masha:	How do you know?
Yamamoto:	I often saw you play tennis with your friends.
Masha:	We play three times a week. Where do you play baseball?
Yamamoto:	I play with my friends at the small playground at weekends.

Tips:

1. 一般吧 means ordinary or common. E.g. A: 你英语（English）说得怎么样? – B: 一般吧。

2. In Chinese, V + 次数 can be used to express the times of actions. E.g. 打三次 can not be said as 三次打. E.g. 去两次、玩一次。

❑ **根据对话三，回答下列问题。** Answer the questions below according to Dialogue 3.

① 山本喜欢游泳吗？为什么？
Shānběn xǐhuan yóuyǒng ma? Wèi shénme?

② 山本喜欢什么运动？在哪儿打？
Shānběn xǐhuan shénme yùndòng? Zài nǎr dǎ?

③ 玛莎喜欢什么运动？她一周打几次？
Mǎshā xǐhuan shénme yùndòng? Tā yì zhōu dǎ jǐ cì?

❑ **说一说。** Say it.

① 你有什么爱好？你喜欢运动吗？

Nǐ yǒu shénme àihào? Nǐ xǐhuan yùndòng ma?

What hobbies do you have? Do you like sports?

③ 你们国家的人喜欢什么运动？

Nǐmen guójiā de rén xǐhuan shénme yùndòng?

What sports do the people like in your country?

② 你喜欢什么运动？多长时间运动一次？

Nǐ xǐhuan shénme yùndòng? Duōcháng shíjiān yùndòng yí cì?

What sports do you like? How often do you play?

❑ **听两遍录音，然后回答问题。** Listen to the recording twice and then answer the questions. 🔘 15-06

① 李红周末一般干什么？

Lǐ Hóng zhōumò yìbān gàn shénme?

What does Li Hong usually do at weekends?

③ 春香周末干什么？

Chūnxiāng zhōumò gàn shénme?

What does Chun Hyang do at weekends?

② 李红周末睡懒觉吗？

Lǐ Hóng zhōumò shuì lǎn jiào ma?

Does Li Hong lie in at weekends?

④ 这个周六她们有什么打算？

Zhège zhōu liù tāmen yǒu shénme dǎsuàn?

What are they going to do this Saturday?

❑ **朗读对话四，注意发音和语气。** Read Dialogue 4 aloud, pay attention to the pronunciation and the tone.

春香： Chūnxiāng:	李红，周末你一般干什么？ Lǐ Hóng, zhōumò nǐ yìbān gàn shénme?
李红： Lǐ Hóng:	有时候在家休息， Yǒu shíhou zài jiā xiūxi, 有时候去逛街。 yǒu shíhou qù guàng jiē.
春香： Chūnxiāng:	你睡懒觉吗？ Nǐ shuì lǎn jiào ma?
李红： Lǐ Hóng:	当然睡，我十点才起床。 Dāngrán shuì, wǒ shí diǎn cái qǐ chuáng. 你呢？ Nǐ ne?
春香： Chūnxiāng:	我也爱睡懒觉，还爱看电视。 Wǒ yě ài shuì lǎn jiào, hái ài kàn diànshì.
李红： Lǐ Hóng:	周末应该好好儿休息[1]一下。 Zhōumò yīnggāi hǎohāor xiūxi yíxià.

Chun Hyang: Li Hong, what do you usually do at weekends?

Li Hong: Sometimes I have a rest at home, and sometimes I go shopping.

Chun Hyang: Do you lie in?

Li Hong: Of course. I get up at 10 o'clock. What about you?

Chun Hyang: I like lying in and watching TV too.

Li Hong: We should have a good rest at weekends.

Chun Hyang: Do you like watching movies?

Li Hong: Yes.

Chun Hyang: How about going shopping first and then watching a movie this Saturday?

Li Hong: No problem. Call me then.

春香: 你喜欢看电影吗？
Chūnxiāng: Nǐ xǐhuan kàn diànyǐng ma?

李红: 喜欢啊。
Lǐ Hóng: Xǐhuan a.

春香: 这周六我们先去逛街，然后看电影吧。
Chūnxiāng: Zhè zhōu liù wǒmen xiān qù guàng jiē, ránhòu kàn diànyǐng ba.

李红: 好啊，你给我打电话吧。
Lǐ Hóng: Hǎo a, nǐ gěi wǒ dǎ diànhuà ba

Tip:

1. 好好儿 means try hard, enjoy oneself. E.g. 咱们好好儿玩几天。

❑ **和同伴一起，根据下面的提示说说对话四的内容。** Tell the story in Dialogue 4 according to the given hints with your partner.

周末，李红有时候_____有时候_____，她喜欢_____，_____才_____。
Zhōumò, Lǐ Hóng yǒu shíhou_____ yǒu shíhou_____, tā xǐhuan_____, _____cái_____.

春香也_____，还_____，李红认为_____。李红喜欢_____，这周六_____先
Chūnxiāng yě_____, hái_____, Lǐ Hóng rènwéi_____. Lǐ Hóng xǐhuan_____, zhè zhōu liù_____xiān

_____然后_____。
_____ránhòu_____.

五

❑ **朗读下面的短文，然后模仿短文说说自己家里每个人的爱好。** Read the passage below aloud, and then imitate the passage to introduce the hobbies of your family. 🔘 15-07

　　我家有五口人，每个人的爱好都不一样。我爸爸喜欢看书，妈妈喜欢听音乐 (listen to music)。爷爷喜欢散步 (walk)，奶奶喜欢看电视。我呢，有很多爱好，喜欢听音乐，喜欢打乒乓球 (pingpong)，最喜欢的是剪纸 (paper-cut)。

　　Wǒ jiā yǒu wǔ kǒu rén, měi ge rén de àihào dōu bù yíyàng. Wǒ bàba xǐhuan kàn shū, māma xǐhuan tīng yīnyuè. Yéye xǐhuan sàn bù, nǎinai xǐhuan kàn diànshì. Wǒ ne, yǒu hěn duō àihào, xǐhuan tīng yīnyuè, xǐhuan dǎ pīngpāngqiú, zuì xǐhuan de shì jiǎn zhǐ.

活 动 Activities

一、单人活动：看图学词语 Individual work: Learn the words in the pictures

将小词库里的词语与对应的图片连接起来，并说说你喜欢这些活动吗，为什么。
Match the words in the word bank with their corresponding pictures. Talk about if you like these sports and explain why.

Word bank

踢足球 tī zúqiú play football	打篮球 dǎ lánqiú play basketball	打羽毛球 dǎ yǔmáoqiú play badminton	弹钢琴 tán gāngqín play piano
跳舞 tiào wǔ dance	玩游戏 wán yóuxì play a game	听音乐 tīng yīnyuè listen to music	画画儿 huà huàr draw a picture

二、双人活动 Pair work

2人一组，给同伴介绍一下你参加过的社团活动。你可以从以下几个方面介绍： Work in pairs. Introduce the group activities you have taken part in to your partner. You can introduce from the aspects below:

① 活动内容 activity content

② 参加者的情况（年龄、性别等） information of the participants (age, gender and so on)

③ 活动的时间 activity time

三、小组活动 Group work

3–4人一组。策划一个有趣的周末活动。 Work in groups of 3 or 4. Try to plan an interesting weekend activity.

1. **在班里快速找出跟你爱好相似的人。** Find out the one who has the similar interests as you in class quickly.

> **给教师的提示**
> 您可以请每位同学介绍自己的爱好。如果时间有限，您也可以采取直接询问大家的方式。

2. **爱好相似的人组成一组，策划一个有趣的主题活动。** Make groups of the students with similar interests. And plan an interesting activity.

> **A tip for students**
> You'd better arrange the items and detailed contents well.

3.　各组报告自己的策划案，然后选出一个全班最喜欢的活动，周末实施。All the groups report the plans and then choose the favourite one which is going to be carried out at the weekend.

语言练习 Language Focus

一、语音和语调 Pronunciation and intonation

1.　听录音，选择你听到的音节。Listen to the recording and choose the syllables you've heard. 🔘 15-08

　① diao-tiao　jiao-xiao　pao-bao　ji-qi　qiu-xiu

　② ban-bang　chang-chuang　lan-tan

　③ chāng-chǎng　guāng-guǎng

　tàijǐquán-tàijíquán　wǔshù-wūshǔ　yǐshù-yìshù

　bǎomìng-bāomíng　bàngōngshì-bàngǒngshǐ　yǔndōng-yūndōng

2.　朗读下列词语，体会重音。Read the words below and feel the accents. 🔘 15-09

　① 前重后轻 Strong-weak

有时候	休息	怎么
yǒu shí hou	xiūxi	zěnme

　② 前中后重 Sedium-strong

成立	参加	跳舞	游泳	棒球	网球	起床
chénglì	cānjiā	tiào wǔ	yóuyǒng	bàngqiú	wǎngqiú	qǐ chuāng

3.　朗读下列句子，注意语音语调。Read the following sentences aloud and pay attention to the accents.

　① 我已经学了三年了。
　　Wǒ yǐjīng xué le sān nián le.

　② 什么时候开始学都不晚。
　　Shénme shíhou kāishǐ xué dōu bù wǎn.

　③ 我不行，我不会唱歌。
　　Wǒ bù xíng, wǒ búhuì chàng gē.

　④ 他最喜欢唱歌了，还会弹吉他呢！
　　Tā zuì xǐhuan chàng gē le, hái huì tán jítā ne!

　⑤ 你的网球一定打得很好吧？
　　Nǐ de wǎngqiú yídìng dǎ de hěn hǎo ba?

　⑥ 周末应该好好儿玩玩儿。
　　Zhōumò yīnggāi hǎohāor wánwanr.

　⑦ 我也爱睡懒觉，还爱看电视。
　　Wǒ yě ài shuì lǎn jiào, hái ài kàn diànshì.

二、替换练习 Substitution exercises

① 你**太极拳** **打**得真好！
Nǐ tàijíquán dǎ de zhēn hǎo!

游泳	游
yóu yǒng	yóu
网球	打
wǎngqiú	dǎ
吉他	弹
jítā	tán

② 我**学**了**三年**了
Wǒ xué le sān nián le

看	两天
kàn	liǎng tiān
说	五次
shuō	wǔ cì
喝	一瓶
hē	yì píng

③ 我从小就对**武术**感兴趣
Wǒ cóngxiǎo jiù duì wǔshù gǎn xìngqù

唱歌
chàng gē
跳舞
tiào wǔ
音乐 (music)
yīnyuè

④ 什么时候**开始学** 都 **不晚**。
Shénme shíhou kāishǐ xué dōu bù wǎn.

去	行
qù	xíng
给我打电话	可以
gěi wǒ dǎ diànhuà	kěyǐ
来我家	欢迎
lái wǒ jiā	huānyíng

⑤ 我们**一周** **打** 三次。
Wǒmen yì zhōu dǎ sān cì.

一个月	练 (practise)
yí ge yuè	liàn
半年	去
bàn nián	qù
一年	看
yì nián	kàn

⑥ 周末应该好好儿**休息一下**。
Zhōumò yīnggāi hǎohāor xiūxi yíxià.

玩儿一下
wānr yíxià
睡一觉
shuì yí jiào
逛逛街
guàngguang jiē

三、口语常用语及常用格式 Common oral expressions and patterns

1. **模仿例句，根据答案，用"不是……吗"来提问。** Imitate the sample sentence to ask questions according to the following answers with **不是……吗**.

Example：你**不是**也喜欢跳舞**吗**？
Nǐ bú shì yě xǐhuan tiào wǔ ma?

① A：_____？
B：不，他喜欢吃牛肉。
Bù, tā xǐhuan chī niúròu.

② A：_____？
B：不，我下个星期才回国。
Bù, wǒ xià ge xīngqī cái huí guó.

③ A：_____？
B：对，他是王老师。
Duì, tā shì Wáng lǎoshī.

2. 根据实际情况，用"先……然后……"来回答问题。Answer the following questions with 先 ……然后…… according to real situations.

Example：这周六我们先去逛街，然后看电影吧。
Zhè zhōu liù wǒmen xiānqù guàngjiē, ránhòu kàn diànyǐng ba.

① 下课以后你干什么？
Xià kè yǐhòu nǐ gàn shénme?
What do you do after class?

③ 你什么时候睡觉？
Nǐ shénme shíhou shuì jiào?
When do you go to bed?

② 去超市怎么走？
Qù chāoshì zěnme zǒu?
Where is the supermarket?

④ 这个周末你想干什么？
Zhège zhōumò nǐ xiǎng gàn shénme?
What do you want to do this weekend?

扩展活动 Extended Activities

一、看图比较 Make comparisons according to the following pictures

注意看图比较的小词库中的词语 Look at the pictures carefully and make comparisons of the words in word bank.

Word bank

羽毛球	拍子	接	毛巾
yǔmáoqiú	pāizi	jiē	máojīn
badminton	racket	catch	towel

A

A tip for students

Work in groups of 2. One looks at picture A and the other the picture B (on next page). Describe your picture in Chinese to your partner and the listener should point out the differences from the picture you see.

Word bank

羽毛球	拍子	接	毛巾
yǔmáoqiú	pāizi	jiē	máojīn
badminton	racket	catch	towel

B

给教师的提示

您需要提醒学生在完成对自己的图片的描述前，不要看同伴的图片。

二、课堂游戏：好朋友，对对碰 In-class game: Find friends and make couples

将全班同学分为两组，面对面坐好。每位同学面前都有一个数字，还有一个"×"和"√"的小牌子。通过"击鼓传花"的方式来确定要说话的同学。该同学将介绍自己的兴趣和爱好。其他同学可以问相关的问题，来决定此人是否可以做你的好朋友，然后亮出小牌子，教师记下对应的 "√"的数字，全班介绍和问题结束以后，教师公布所得数字，看谁的好朋友最多。Divide the class into 2 groups and make the 2 groups sit face to face. There are 2 plates of "×"and "√" and a number in front of each student. Choose one student to speak first by "hit the drum and pass on the flower game". This student is required to introduce his/her own interests and hobbies. Other students may ask relevant questions and then decide if this student can be their friend by showing the right plate. The teacher will write down the number of "√". After the introductions and questions, the teacher will announce the numbers of each student. See who gets most friends.

总结与评价 Summary and Evaluation

一、语句整理。Summary.

你知道哪些表示爱好的词语？你学会询问和说明爱好了吗？利用下面的表格复习一下。What words do you know to express hobbies? Do you get to know how to ask about and explain hobbies? Review what you have learned according to the following form.

Words to express hobbies	Sentences used to ask about and explain hobbies

二、完成任务的自我表现评价。Self-evaluation.

- Are you satisfied with your own performance?

  Very good　　good　　not so good　　bad

- Your own evaluation

  A　　B　　C　　Your willingness to state your opinions

  A　　B　　C　　Your willingness to raise your questions

  A　　B　　C　　Your enthusiasm to gather useful information

第 16 课

你的口语进步得太快了 (Nǐ de kǒuyǔ jìnbù de tài kuài le)
You've Made Such a Great Progress with Your Oral Chinese

目标 | Objectives

1. 复习与语言学习有关的词语。Review words of language study.
2. 学习简单询问和说明语言学习的难点。Learn to ask about and explain the difficulties of language study briefly.
3. 学习简单与别人交流学习方法。Learn to communicate the study methods with others briefly.

准备 | Preparation

1. 看图片，他们在干什么？Look at the pictures below. What are they doing?

①

③

②

④

2. 这学期你们都有什么课？在每门课上你们都学什么？你觉得哪一门课比较难？What classes do you have this semester? What do you learn in each class? Which class do you think is difficult?

Class	What to learn

词语 Words and Expressions

❑ 朗读下列词语，注意发音和词语的意思。Read the following words aloud, pay attention to the pronunciation and the meanings. 🔘 16-01

1 准备 zhǔnbèi prepare	2 考试 kǎoshì exam	3 跟……一样 gēn … yíyàng same as	4 水平 shuǐpíng level	5 马虎 mǎhu careless	6 汉字 Hànzì Chinese character
7 难 nán difficult	8 对……来说 duì … lái shuō to someone	9 确实 quèshí indeed	10 练习 liànxí practise	11 进步 jìnbù progress	12 紧张 jǐnzhāng nervous
13 错 cuò mistake	14 说话 shuō huà say	15 记 jì remember	16 办法 bànfǎ method	17 遍 biàn times	18 卡片 kǎpiàn card	19 日语 Rìyǔ Japanese
20 只要 zhǐyào as long as	专有名词 Proper noun 21 中国 Zhōngguó China				

❑ 选择合适的词语进行搭配。Match the words below with the proper words.

准备 zhǔnbèi	水平 shuǐpíng	练习 liànxí	难 nán

❑ **词语搭积木**。Word bricks.

Example:　　人　　　　　　难　　　　　　错　　　　　　遍
　　　　　　rén　　　　　　nán　　　　　　cuò　　　　　　biàn

　　日本人　　　　□难　　　　　□错　　　　　□遍
　　Rìběn rén

　　是日本人　　□□□难　　　□□错　　　　□□遍
　　shì Rìběn rén

　　我是日本人　□□□□□难　　□□□错　　□□□□遍
　　wǒ shì Rìběn rén

给教师的提示
这个练习，您可以按照从上到下的顺序带领学生依次朗读，也可以分为不同的小组先做练习，然后全班交流。

句子 Sentences

❑ **听录音，填词语，然后朗读下列句子**。Listen to the recording, fill in the blanks, and then read the sentences aloud. 16-02

1 我觉得_____很难。
Wǒ juéde Hànzì hěn nán.
I think it is hard to learn Chinese characters.

2 你的口语_____得太快了。
Nǐ de kǒuyǔ jìnbù de tài kuài le.
You have made such a great progress with your oral language.

3 我怕说_____。
Wǒ pà shuō cuò.
I am afraid of making mistakes.

4 我经常跟中国人_____。
Wǒ jīngcháng gēn Zhōngguó rén liáo tiānr.
I often chat with Chinese people.

5 我一说汉语就_____。
Wǒ yì shuō Hànyǔ jiù jǐnzhāng.
I am nervous when I am speaking Chinese.

6 可是不说话怎么_____口语呀？
Kěshì bù shuō huà zěnme liànxí kǒuyǔ ya?
But how can you practise your oral language if you don't speak?

7 我每天写十_____汉字。
Wǒ měi tiān xiě shí biàn Hànzì.
I write Chinese characters ten times a day.

8 我把汉字写在_____上，没事就看。
Wǒ bǎ Hànzì xiě zài kǎpiàn shàng, méi shì jiù kàn.
I write Chinese characters on the cards and read them whenever I have time.

9 _____多写多练就一定能记住。
Zhǐyào duō xiě duō liàn jiù yídìng néng jì zhù.
You can remember them as long as you write and practise more.

☐ **和同伴一起，选择合适的句子完成下列对话。** Select the proper sentences to complete the dialogues below with your partner.

1 A: 你为什么怕跟中国人说话？ B: ＿＿＿＿＿＿＿。

Nǐ wèi shénme pà gēn Zhōngguó rén shuō huà?

Why are you afraid of talking with Chinese people?

2 A: 你的汉语怎么进步得这么快？ B: ＿＿＿＿＿＿＿。

Nǐ de Hànyǔ zěnme jìnbù de zhème kuài?

How can you make such a great progress with your Chinese?

3 A: 你每天写几遍汉字？ B: ＿＿＿＿＿＿＿。

Nǐ měi tiān xiě jǐ biàn Hànzì?

How many times do you write Chinese characters each day?

情景 Situations

一

☐ **听两遍录音，然后回答下列问题。** Listen to the recording twice and then answer the questions. 🔘 16-03

1 王军最近在忙什么？ **3** 欧文准备得怎么样？为什么？

Wáng Jūn zuìjìn zài máng shénme? Ōuwén zhǔnbèi de zěnmeyàng? Wèi shénme?

What is Wang Jun busy doing recently? *How well has Irving prepared? Why?*

2 欧文最近在忙什么？ **4** 王军准备好了吗？为什么？

Ōuwén zuìjìn zài máng shénme? Wáng Jūn zhǔnbèi hǎo le ma? Wèi shénme?

What is Irving busy doing recently? *Is Wang Jun ready? Why?*

☐ **朗读对话一，注意发音和语气。** Read Dialogue 1 aloud, pay attention to the pronunciation and the tone.

欧文：	王军，最近你在忙什么？
Ōuwén:	Wáng Jūn, zuìjìn nǐ zài máng shénme?
王军：	准备考试。
Wáng Jūn:	Zhǔnbèi kǎoshì.
欧文：	我跟你一样。
Ōuwén:	Wǒ gēn nǐ yíyàng.
王军：	你也有考试？
Wáng Jūn:	Nǐ yě yǒu kǎoshì?

欧文: 对，我要参加汉语水平考试。
Ōuwén: Duì, wǒ yào cānjiā Hànyǔ shuǐpíng kǎoshì.

王军: 哦。准备得怎么样了？
Wáng Jūn: Ó. Zhǔnbèi de zěnmeyàng le?

欧文: 马马虎虎[1]，我觉得汉字很难。
Ōuwén: Mǎmahūhu, wǒ juéde Hànzì hěn nán.

王军: 对你来说[2]，汉字确实有点儿难。
Wáng Jūn: Duì nǐ lái shuō, Hànzì quèshí yǒudiǎnr nán.

欧文: 你呢？准备好[3]了吗？
Ōuwén: Nǐ ne? Zhǔnbèi hǎo le ma?

王军: 还没有，我的口语不太好。
Wáng Jūn: Hái méiyǒu, wǒ de kǒuyǔ bú tài hǎo.

欧文: 我可以帮你练习呀。
Ōuwén: Wǒ kěyǐ bāng nǐ liànxí ya.

王军: 那太好了！
Wáng Jūn: Nà tài hǎo le!

Irving: Wang Jun, what are you busy doing recently?
Wang Jun: I am preparing an exam.
Irving: So do I.
Wang Jun: Do you have an exam, too?
Irving: Yes, I am preparing the HSK.
Wang Jun: Oh, how well have you prepared?
Irving: Just passably. I think it is hard to learn Chinese characters.
Wang Jun: It is hard to you indeed.
Irving: What about you? Are you ready?
Wang Jun: Not yet. My spoken language is not good.
Irving: I can help you with it.
Wang Jun: That's great.

Tips:

1. 马马虎虎 is the a overlapping form of 马虎. Some adjectives can be used in overlapping form as AABB, which deepen the degree. E.g. 漂漂亮亮。

2. 对……来说 is used to bring in the objects that are referred to. E.g. 对我来说，这件衣服太大了。

3. V + 好 expresses that the action is over. E.g. 作业写好了。 The negative form is 没 + V + 好. E.g. 门没关好。

❑ 根据对话一，选择合适的句子跟同伴说话。Choose the proper sentences in Dialogue 1 and talk with your partner.

Ask	Answer
	准备考试。 Zhǔnbèi kǎoshì.
你也有考试？ Nǐ yě yǒu kǎoshì?	
准备得怎么样？ Zhǔnbèi de zěnmeyàng?	
你呢？准备好了吗？ Nǐ ne? Zhǔnbèi hǎo le ma?	

◻ **说一说。** Say it.

① 最近你们有考试吗？
Zuìjìn nǐmen yǒu kǎoshì ma?
Do you have any exam recently?

② 要考试的时候，你有什么感觉？
Yào kǎoshì de shíhou, nǐ yǒu shénme gǎnjué?
What do you feel when the exam comes?

③ 这个学期你们都有什么课？
Zhège xuéqī nǐmen dōu yǒu shénme kè?
What classes do you have this semester?

④ 你觉得学汉语什么最难？
Nǐ juéde xué Hànyǔ shénme zuì nán?
What do you think is the most difficult in learning Chinese?

二 ○───────────────────────────○

◻ **听两遍录音，然后判断正误。** Listen to the recording twice, and then decide whether the following statements are true or false. 🔘 16-04

① 欧文的听力进步很快。　☐
Ōuwén de tīnglì jìnbù hěn kuài.

② 欧文喜欢跟中国人聊天儿。　☐
Ōuwén xǐhuan gēn Zhōngguó rén liáo tiānr.

③ 春香经常跟中国人聊天儿。　☐
Chūnxiāng jīngcháng gēn Zhōngguó rén liáo tiānr.

④ 春香怕说错。　☐
Chūnxiāng pà shuō cuò.

◻ **朗读对话二，注意发音和语气。** Read Dialogue 2 aloud, pay attention to the pronunciation and the tone.

春香：	欧文，你的口语进步得太快了！
Chūnxiāng:	Ōuwén, nǐ de kǒuyǔ jìnbù de tài kuài le!
欧文：	我经常跟中国人聊天儿。
Ōuwén:	Wǒ jīngcháng gēn Zhōngguó rén liáo tiānr.
春香：	我一说汉语就紧张。
Chūnxiāng:	Wǒ yì shuō Hànyǔ jiù jǐnzhāng.
欧文：	为什么？
Ōuwén:	Wèi shénme?
春香：	我怕说错。
Chūnxiāng:	Wǒ pà shuō cuò.
欧文：	别怕，说错了也没关系。
Ōuwén:	Bié pà, shuō cuò le yě méi guānxi.
春香：	那多不好意思啊[1]。
Chūnxiāng:	Nà duō bù hǎoyìsi a.
欧文：	可是不说话怎么练习口语呀？
Ōuwén:	Kěshì bù shuō huà zěnme liànxí kǒuyǔ ya?
春香：	你说得对，我要向你学习。
Chūnxiāng:	Nǐ shuō de duì, wǒ yào xiàng nǐ xuéxí.

Chun Hyang: Irving, you have made such a great progress with your oral language.
Irving: I often chat with Chinese people.
Chun Hyang: I am nervous when I am speaking Chinese.
Irving: Why?
Chun Hyang: I am afraid of making mistakes.
Irving: Don't worry. It doesn't matter even if you made mistakes.
Chun Hyang: What a shame it is going to be.
Irving: But how can you practise your oral language if you don't speak?
Chun Hyang: You are right. I should learn from you.

Tip:

1. Here, influenced by the -i in the previous syllable, 啊 is pronounced za here.

❑ **根据对话二填空，并试着说说对话二的内容。** Fill in the blanks according to Dialogue 2, and then make an effort to tell the story in Dialogue 2.

欧文的口语_____，因为他经常_____。春香一_____就_____，
Ōuwén de kǒuyǔ_____, yīnwèi tā jīngcháng_____. Chūnxiāng yī_____ jiù_____,

因为她_____。欧文告诉她_____，_____也没关系。春香觉得_____，
yīnwèi tā_____. Ōuwén gàosu tā_____, _____yě méi guānxi. Chūnxiāng juéde_____,

欧文认为不说话_____？春香认为 (think) 欧文_____，她要_____。
Ōuwén rènwéi bù shuō huà_____? Chūnxiāng rènwéi Ōuwén_____, tā yào_____.

❑ **说一说。** Say it.

1 你喜欢跟中国人聊天吗？
Nǐ xǐhuan gēn Zhōngguó rén liáo tiān ma?
Do you like chatting with Chinese people?

2 你的中国朋友多吗？
Nǐ de Zhōngguó péngyou duō ma?
Do you have many Chinese friends?

3 你经常和中国朋友一起做什么？
Nǐ jīngcháng hé Zhōngguó péngyou yìqǐ zuò shénme?
What do you usually do with your Chinese friends?

三

❑ **听两遍录音，然后判断正误。** Listen to the recording twice, and then decide whether the following statements are true or false. 16-05

1 玛莎记不住汉字。 ☐
Mǎshā jì bu zhù Hànzì.

2 欧文不喜欢写汉字。 ☐
Ōuwén bù xǐhuan xiě Hànzì.

3 大龙经常看汉字卡片。 ☐
Dàlóng jīngcháng kàn Hànzì kǎpiàn.

4 山本觉得汉字不难。 ☐
Shānběn juéde Hànzì bù nán.

5 春香觉得汉字应该多写多练。 ☐
Chūnxiāng juéde Hànzì yīnggāi duō xiě duō liàn.

❑ **朗读对话三，注意发音和语气。** Read Dialogue 3 aloud, pay attention to the pronunciation and the tone.

玛莎： 我记不住汉字怎么办？
Mǎshā: Wǒ jì bú zhù Hànzì zěnme bàn?

春香： 别着急，多写多练就记住了。
Chūnxiāng: Bié zháojí, duō xiě duō liàn jiù jì zhù le.

玛莎： 有没有更好的办法？
Mǎshā: Yǒu méiyǒu gèng hǎo de bànfǎ?

欧文： 我每天写十遍汉字。
Ōuwén: Wǒ měi tiān xiě shí biàn Hànzì.

大龙： 我把汉字写在卡片上，
Dàlóng: Wǒ bǎ Hànzì xiě zài kǎpiàn shàng,

没事就看。
méi shì jiù kàn.

玛莎： 这两个办法都不错。
Mǎshā: Zhè liǎng ge bànfǎ dōu búcuò.

山本，你呢？
Shān běn, nǐ ne?

山本： 对我来说，汉字不太难。
Shānběn: Duì wǒ lái shuō, Hànzì bú tài nán.

玛莎： 对了[1]，日语里也有汉字。
Mǎshā: Duì le, Rìyǔ lǐ yěyǒu Hànzì.

春香： 只要多写多练就[2]一定能记住。
Chūnxiāng: Zhǐyào duō xiě duō liàn jiù yídìng néng jì zhù.

Masha:	I can't remember Chinese characters. What should I do?
Chun Hyang:	Don't worry. You can remember them by writing and practising more.
Masha:	Is there any better way?
Irving:	I write Chinese characters ten times a day.
Dalong:	I write Chinese characters on the cards and read them whenever I have time.
Masha:	They both sounds good. Yamamoto, what about you?
Yamamoto:	Chinese characters are not difficult to me.
Masha:	Right. There are Chinese characters in Japanese.
Chun Hyang:	You can remember them as long as you write and practise more.

Tips:

1. 对了 is an insert component which expresses to think of something suddenly. E.g. 对了，明天下午我有课。

2. 只要……就…… expresses a conditional relation. It expresses that if there is a condition first, it may lead to the following result. E.g. 只要你努力学习，就能取得 (get) 好成绩 (result)。

❏ 根据对话三，回答下列问题。Answer the questions below according to Dialogue 3.

① 春香认为应该怎么记汉字？
Chūnxiāng rènwéi yīnggāi zěnme jì Hànzì?

③ 大龙记汉字用什么办法？
Dàlóng jì Hànzì yòng shénme bànfǎ?

② 欧文记汉字用什么办法？
Ōuwén jì Hànzì yòng shénme bànfǎ?

④ 山本觉得汉字难吗？
Shānběn juéde Hànzì nán ma?

❏ 和同伴一起，根据下面的提示说说对话三的内容。Tell the story in Dialogue 3 according to the given hints with your partner.

玛莎想知道_____，欧文_____，大龙_____。玛莎觉得_____。
Mǎshā xiǎng zhīdào____, Ōuwén____, Dàlóng____. Mǎshā juéde____

山本_____，因为_____，春香认为_____。
Shānběn____, yīnwéi____, Chūnxiāng rènwéi____

□ **朗读下面的短文，并模仿课文说说自己的情况。** Read the passage below aloud, and then imitate the passage to talk about something of yourself. 🔵 16-06

> 这个学期我们有五门课。综合 (comprehensive)、口语、听力 (listening)、写作 (writing) 和阅读 (reading)。综合课老师上得慢，所以语法 (grammar) 我都明白 (understand)。我经常跟中国人聊天儿，所以我觉得口语不太难。对我来说，阅读和写作最难，因为汉字比较难，我学了就忘。
>
> Zhège xuéqī wǒmen yǒu wǔ mén kè. Zōnghé, kǒuyǔ, tīnglì, xiězuò hé yuèdú. Zōnghé kè lǎoshī shàng de màn, suǒyǐ yǔfǎ wǒ dōu míngbai. Wǒ jīngcháng gēn Zhōngguó rén liáo tiānr, suǒyǐ wǒ juéde kǒuyǔ bú tài nán. Duì wǒ lái shuō, yuèdú hé xiězuò zuì nán, yīnwèi Hànzì bǐjiào nán, wǒ xué le jiù wàng.

活动 Activities

一、双人活动 Pair work

利用下面的表格准备一下，然后和同伴交流，看看他/她有没有你不知道的学习方法。 Make preparations according to the following form, and then discuss with your partner to see if he/she has some study methods that you don't know.

Who	学习方法 Study method			
	生词	汉字	口语	其他（Other）
Yourself				
Your partner				

二、小组活动 Group work

3人一组。看看图中几个同学用什么学习方法，然后一起讨论一下这些学习方法的利弊。 Work in groups of 3. Look at the pictures below and try to find out their ways of study. Then discuss the pros ans cons.

> **A tip for students**
>
> You can explain your points of view from different angles. You can also talk about when it is good or bad.

三、全班活动 Class work

1. **4人一组。谈谈你们认为哪种学习语言的方法是最好的？** Work in groups of 4. Talk about the best way you think to learn a language.

Best way	Reason

给教师的提示

分组的时候，您需要对上题的小组成员重新分组。

2. **向大家介绍你们的讨论结果并说明理由。** Introduce the result of your discussion and explain the reasons to the classmates.

语言练习 Language Focus

一、语音和语调 Pronunciation and intonation

1. **听录音，选择你听到的音节。** Listen to the recording and choose the syllables you've heard. 🔘 16-07

   ① bian-pian　shi-ri　han- nan

   ② ka-kao　lian-liao　shuo-shui　ban-bang

   ③ bāng-bǎng　cuō-zuō　liān-liǎn　biān-piàn　zhǎojí-zhǎojí
   　quēshǐ-quēshí　kǒuyǔ-kǒuyǔ　liānxì-liānxí　liáotiān-liáotiǎn

2. **朗读下列词语，体会重音。** Read the words below and feel the accents. 🔘 16-08

   ① **前重后轻** Strong-weak

   为什么　　　马虎
   wèi shénme　　mǎhu

   ② **前中后重** Sedium-strong

   考试　　　汉字　　　进步　　　卡片
   kǎoshì　　Hànzì　　jìnbù　　kǎpiàn

3. **朗读下列句子，注意语音语调。** Read the following sentences aloud and pay attention to the accents.

   ① 最近你们在忙什么？
   Zuìjìn nǐmen zài máng shénme?

   ② 你也有考试？
   Nǐ yě yǒu kǎoshì?

   ③ 对我来说，汉字确实有点儿难。
   Duì wǒ lái shuō, Hànzì quèshí yǒudiǎnr nán.

   ④ 我一说汉语就紧张。
   Wǒ yì shuō Hànyǔ jiù jǐnzhāng.

   ⑤ 那多不好意思啊。
   Nà duō bù hǎoyìsi a.

   ⑥ 不说话怎么练习口语啊？
   Bù shuō huà zěnme liànxí kǒuyǔ a?

   ⑦ 对了，日语里也有汉字。
   Duì le, Rìyǔ lǐ yě yǒu Hànzì.

   Word bank

   回答
   huídá
   answer

   A tip for students

   This picture will be used in Extended Activities I.

B

265

二、替换练习 Substitution exercises

① 我 　一说汉语 就 紧张。
Wǒ yì shuō Hànyǔ jiù jǐnzhāng.

妹妹	感冒	发烧
Mèimei	gǎnmào	fāshāo
他	没钱	给妈妈打电话
Tā	méi qián	gěi māma dǎ diànhuà
山本	喝咖啡	拉肚子
Shānběn	hē kāfēi	lā dùzi

④ 我每天 　写十遍汉字。
Wǒ měi tiān xiě shí biàn Hànzì.

听	录音 (record)
tīng	lùyīn
读	课文 (text)
dú	kèwén
看	生词 (new word)
kàn	shēngcí

② 可是不说话怎么练习口语呀?
Kěshì bù shuōhuà zěnme liànxí kǒuyǔ yā?

写	能记住
xiě	néng jìzhù
坐车	去
zuòchē	qù
买书	上课
mǎi shū	shàng kè

⑤ 只要多写多练就一定能记住。
Zhǐyào duō xiě duō liàn jiù yídìng néng jìzhù.

多运动	有一个好身体
duō yùndòng	yǒu yí ge hǎo shēntǐ
多学习	取得 (get) 好成绩 (result)
duō xuéxí	qǔdé hǎo chéngjì
多看	学会
duō kàn	xuéhuì

③ 对你来说,汉字确实有点儿难。
Duì nǐ lái shuō, Hànzì quèshí yǒudiǎnr nán.

我	听力不难
wǒ	tīnglì bù nán
他	这件衣服不贵
tā	zhè jiàn yīfu bù guì
我们	他是最好的朋友
wǒmen	tā shì zuì hǎo de péngyou

三、口语常用语及常用格式 Common oral expressions and patterns

1. **模仿例句,根据答案,用"对……来说"来提问题。** Imitate the sample sentence to ask questions according to the following answers with 对……来说.

Example: 对你来说,汉字确实有点儿难。
　　　　　 Duì nǐ lái shuō, Hànzì quèshí yǒudiǎnr nán.

① A: 他真的不会唱歌吗?
　　　 Tā zhēnde búhuì chàng gē ma?
　　 B: ＿＿＿＿＿＿,＿＿＿＿＿＿。(难)
　　　　　　　　　　　　　　　　　nán

② A: 让小王帮我修一下电脑吧。
　　　 Ràng xiǎo Wáng bāng wǒ xiū yíxià diànnǎo ba.
　　 B: ＿＿＿＿＿＿,＿＿＿＿＿＿。(容易)
　　　　　　　　　　　　　　　　　róngyì

③ A: 明天玛莎要参加汉语水平考试。
   Míngtiān Mǎshā yào cānjiā Hànyǔ shuǐpíng kǎoshì.

   B: _____, _____。(第一次)
                              dì yī cì

④ A: 这件衣服是她姐姐的吧?
   Zhè jiàn yīfu shì tā jiějie de ba?

   B: _____, _____。(大)
                              dà

扩展活动 Extended Activities

一、看图比较 Make comparisons according to the following pictures

注意看图比较的小词库中的词语 Look at the pictures carefully and make comparisons of the words in word bank.

给教师的提示
您需要提醒学生在完成对自己的图片的描述前,不要看同伴的图片。

Word bank

回答
huí dá
answer

A tip for students

Work in groups of 2. One looks at picture A and the other the picture B (on Page 265). Describe your picture in Chinese to your partner and the listener should point out the differences from the picture you see.

A

二、课堂游戏: 看词联想, 说故事 In-class game: imagine with the words and tell stories

将学生分为3~4组。在限定的时间内,教师给出一个词,每组进行自由联想,将联想到的词写在一起,然后根据联想,将这些词组成一个故事。 Divide the students into 3 or 4 groups. The teacher gives one word and each group is required to write down some other words by imagination, then make up a story with these words within limited time.

给教师的提示
这个游戏可重复多次,每次您可以给出不同的词语。

总结与评价 Summary and Evaluation

一、语句整理。Summary.

你能向别人简单介绍自己学习汉语的情况了吗？你学会询问和说明学习方法了吗？利用下面的表格复习一下。Can you introduce your situation of learning Chinese to others briefly? Do you get to know how to ask about and explain study methods? Review what you have learned according to the following form.

Situation	Words or sentences to say
介绍汉语水平 **Introduce the level of Chinese study**	
说明学习难点 **Explain the difficulties**	
说明学习方法 **Explain the methods**	
介绍说汉语时的感觉 **Introduce the feeling of speaking Chinese**	

二、完成任务的自我表现评价。Self-evaluation.

- Are you satisfied with your own performance?

  Very good   good   not so good   bad

- Your own evaluation

  A   B   C   Your willingness to state your opinions

  A   B   C   Your willingness to raise your questions

  A   B   C   Your enthusiasm to gather useful information

第 17 课

去哪儿好呢？ (Qù nǎr hǎo ne?)

Where Shall We Go?

目标 | Objectives

1. 复习与打算相关的语句。Review relevant words and sentences of plan.
2. 学习谈论计划和打算。Learn to talk about making plans.
3. 学习谈论活动计划。Learn to talk about plans of activities.

准 备 Preparation

1. 看图片，你觉得这种情况下你会怎么说。Look at the picture below. What will you say in this case?

Pattern

我想······
Wǒ xiǎng ...
I think ......

2. 用 "我要……" 或 "我可能……" 回答下列问题。 Answer the following questions with 我要…… or 我可能……

① 今天中午你去哪儿吃饭？

Jīntiān zhōngwǔ nǐ qù nǎr chī fàn?

Where are you going to have lunch?

② 今天晚上你要干什么？

Jīntiān wǎnshang nǐ yào gàn shénme?

What are you going to do tonight?

③ 你什么时候回国？

Nǐ shénme shíhou huí guó?

When will you go back to your country?

④ 学完汉语你做什么？

Xué wán Hànyǔ nǐ zuò shénme?

What are you going to do after finishing the Chinese study?

词语 Words and Expressions

❑ 朗读下列词语，注意发音和词语的意思。 Read the following words aloud, pay attention to the pronunciation and the meanings. 🔘 17-01

给教师的提示
课前请提醒学生预习词语。

1 安排 ānpái arrange	2 打算 dǎsuàn plan	3 音乐 yīnyuè music	4 厅 tīng hall	5 杂技 zájì acrobatic	6 表演 biǎoyǎn performance	7 肯定 kěndìng for sure
8 打工 dǎ gōng part-time job	9 毕业 bìyè graduate	10 夏天 xiàtiān summer	11 跟……有关系 gēn …… yǒu guānxi related to	12 读 dú read	13 研究生 yánjiūshēng master	
14 正在 zhèngzài doing	15 复习 fùxí review	16 南方 nánfāng south	17 计划 jìhuà plan	18 商量 shāngliang discuss	19 飞机 fēijī plane	

❑ 选择合适的词语进行搭配。 Match the words below with the proper words.

打算
dǎsuàn

肯定
kěndìng

正在
zhèngzài

商量
shāngliang

❑ **词语搭积木。** Word bricks.

Example:	人 rén	商量 shāngliang	安排 ānpái	研究生 yánjiūshēng
	日本人 Rìběn rén	□□商量	□□安排	□研究生
	是日本人 shì Rìběn rén	□□□□商量	□□□□安排	□□研究生
	我是日本人 wǒ shì Rìběn rén	□□□□□商量	□□□□□安排	□□□研究生

给教师的提示

这个练习，您可以按照从上到下的顺序带领学生依次朗读，也可以分为不同的小组先做练习，然后全班交流。

句 子 Sentences

❑ **听录音，填词语，然后朗读下列句子。** Listen to the recording, fill in the blanks, and then read the sentences aloud. 🔘 17-02

① 周末你们怎么_____的？
Zhōumò nǐmen zěnme ānpái de?
What are you going to do at this weekend?

② 我_____去看一个朋友。
Wǒ dǎsuàn qù kàn yí ge péngyou.
I am going to visit a friend.

③ 晚上我们_____都回来了。
Wǎnshang wǒmen kěndìng dōu huílai le.
We can be back before night for sure.

④ 马上就要_____了，你们有什么打算？
Mǎshàng jiù yào fàngjià le, nǐmen yǒu shénme dǎsuàn?
The holiday is coming. What are you going to do?

⑤ 我想跟一个中国老师学_____。
Wǒ xiǎng gēn yí ge Zhōngguó lǎoshī xué tiào wǔ.
I am going to learn dancing from a Chinese teacher.

⑥ 你什么时候_____？
Nǐ shénme shíhou bìyè?
When will you graduate?

⑦ 最好是跟经济有_____的。
Zuìhǎo shì gēn jīngjì yǒu guānxi de.
It is better to be related to economics.

⑧ 那就读_____。我正在_____呢。
Nà jiù dú yánjiūshēng. Wǒ zhèngzài fùxí ne.
Then I will take the master exam. I am preparing for it now.

⑨ 你们想不想去_____旅行？
Nǐmen xiǎng bu xiǎng qù nánfāng lǚxíng?
Do you want to go travelling in south?

⑩ 咱们可以_____。
Zánmen kěyǐ shāngliang shāngliang.
We can talk about it together.

给教师的提示

您可以采用各种方式操练句子，并纠正学生的发音。

☐ **看图片，和同伴商量他们可能在说什么。** Look at the pictures and discuss with your partner what they are probably talking about.

☐ **和同伴一起，选择合适的句子完成下列对话。** Select the proper sentences to complete the dialogues below with your partner.

1 A: 你想找什么样的工作？
Nǐ xiǎng zhǎo shénme yàng de gōngzuò?
What kind of job are you looking for?

B: _____。

2 A: _____？

B: 我明年毕业。
Wǒ míngnián bìyè.
I will graduate next year.

3 A: _____？

B: 想。我还没有去过呢。
Xiǎng. Wǒ hái méiyǒu qù guo ne.
Yes. I've never been there before.

情 景 Situations

一

☐ **听两遍录音，然后判断正误。** Listen to the recording twice, and then decide whether the following statements are true or false. 🔘 17-03

1 周末山本的朋友来看他。 ☐
Zhōumò Shānběn de péngyou lái kàn tā.

2 周末春香跟朋友去爬山。 ☐
Zhōumò Chūnxiāng gēn péngyou qù pá shān.

3 周日晚上音乐厅有杂技表演。 ☐
Zhōu rì wǎnshang yīnyuè tīng yǒu zájì biǎoyǎn.

4 欧文一个人去看杂技表演。 ☐
Ōuwén yí ge rén qù kàn zájì biǎoyǎn.

Word bank

法国
Fǎ guó
France

B

A tip for students

This picture will be used in Extended Activitis I.

□ **朗读对话一，注意发音和语气。** Read Dialogue 1 aloud, pay attention to the pronunciation and the tone.

欧文： 周末你们怎么安排的？
Ōuwén: Zhōumò nǐmen zěnme ānpái de?

山本： 我打算去看一个朋友。
Shānběn: Wǒ dǎsuàn qù kàn yí ge péngyou.

春香： 我和朋友约好了，要去爬山。
Chūnxiāng: Wǒ hé péngyou yuē hǎo le, yào qù pá shān.

你呢？
Nǐ ne?

欧文： 听说周六晚上音乐厅
Ōuwén: Tīngshuō zhōu liù wǎnshang yīnyuè tīng

有杂技表演。
yǒu zájì biǎoyǎn.

山本： 真的吗？
Shānběn: Zhēnde ma?

春香： 太好了，我也喜欢看杂技。
Chūnxiāng: Tài hǎo le, wǒ yě xǐhuan kàn zájì.

欧文： 你们不是都有安排[1]了吗？
Ōuwén: Nǐmen bú shì dōu yǒu ānpái le ma?

山本： 晚上我们肯定都回来了。
Shānběn: Wǎnshang wǒmen kěndìng dōu huílai le.

欧文： 那好，晚上我们一起去吧。
Ōuwén: Nà hǎo, wǎnshang wǒmen yìqǐ qù ba.

Irving:	What are you going to do at this weekend?
Yamamoto:	I am going to visit a friend.
Chun Hyang:	I have an appointment with my friend that we are going climbing. What about you?
Irving:	I heard that there are acrobatics in the concert hall on Saturday night.
Yamamoto:	Really?
Chun Hyang:	That is great. I like watching acrobatics.
Irving:	Have you already had plans?
Yamamoto:	We can be back before night for sure.
Irving:	Ok. Let's go to watch it together then.

Tip:

1. Here, 安排 is a noun.

□ **根据对话一，回答下列问题。** Answer the questions below according to Dialogue 1.

(1) 山本周末打算干什么？
Shānběn zhōumò dǎsuàn gàn shénme?

(2) 春香周末打算干什么？
Chūnxiāng zhōumò dǎsuàn gàn shénme?

(3) 周六晚上音乐厅有什么活动？
Zhōu liù wǎnshang yīnyuè tīng yǒu shénme huódòng?

(4) 他们打算一起去干什么？
Tāmen dǎsuàn yìqǐ qù gàn shénme?

□ **说一说。** Say it.

(1) 周末你一般都干什么？
Zhōumò nǐ yìbān dōu gàn shénme?
What do you usually do at weekends?

(2) 这个周末你有什么安排？
Zhège zhōumò nǐ yǒu shénme ānpái?
What are you going to do at this weekend?

□ **听两遍录音，然后回答问题。** Listen to the recording twice and then answer the questions. 🌀 17-04

① 放假欧文有什么打算？

Fàng jià Ōuwén yǒu shénme dǎsuàn?

What is Irving going to do in holidays?

② 欧文为什么不回国？

Ōuwén wèi shénme bù huí guó?

Why is Irving not going back to his country?

③ 春香假期打算学什么？

Chūnxiāng jiàqī dǎsuàn xué shénme?

What is Chun Hyang going to learn in holidays?

④ 李红假期有什么打算？

Lǐ Hóng jiàqī yǒu shénme dǎsuàn?

What is Li Hong going to do in holidays?

□ **朗读对话二，注意发音和语气。** Read Dialogue 2 aloud, pay attention to the pronunciation and the tone.

李红：	马上要放假了，你们有什么打算¹？
Lǐ Hóng：	Mǎshàng yào fàng jià le, nǐmen yǒu shénme dǎsuàn?
欧文：	我打算²在中国打工。
Ōuwén：	Wǒ dǎsuàn zài Zhōngguó dǎ gōng.
春香：	你不回国看女朋友了？
Chūnxiāng：	Nǐ bù huí guó kàn nǚ péngyou le?
欧文：	我女朋友准备假期来中国。
Ōuwén：	Wǒ nǚ péngyou zhǔnbèi jiàqī lái Zhōngguó.
李红：	那你就得一边打工一边³陪她了。
Lǐ Hóng：	Nà nǐ jiù děi yìbiān dǎ gōng yìbiān péi tā le.
欧文：	是啊。你呢？假期打算干什么？
Ōuwén：	Shì a. Nǐ ne? Jiàqī dǎsuàn gàn shénme?
春香：	我想跟一个中国老师学跳舞。
Chūnxiāng：	Wǒ xiǎng gēn yí ge Zhōngguó lǎoshī xué tiào wǔ.
欧文：	李红，你呢？
Ōuwén：	Lǐ Hóng, nǐ ne?
李红：	我还没想好呢。
Lǐ Hóng：	Wǒ hái méi xiǎng hǎo ne.

Li Hong:	The holiday is coming. What are you going to do?
Irving:	I am going to look for a part-time job in China.
Chun Hyang:	Are you not going back to your country to see your girlfriend?
Irving:	She is coming to China in holidays.
Li Hong:	Well, you have to accompany her while working.
Irving:	Yes. What about you? What are you going to do in holidays?
Chun Hyang:	I am going to learn dancing from a Chinese teacher.
Irving:	Li Hong, what about you?
Li Hong:	I haven't thought out what to do yet.

Tips：

1. 打算在这里是名词。Here, 打算 is a noun.

2. Here, 打算 is a verb. In Chinese, the location is put before the verb when it is used as an adverbial. It can't be said as 我打算打工在中国。

3. 一边……一边…… connects two or more actions that are going on at the same time. E.g. 他一边唱歌一边跳舞。

❑ 和同伴一起，根据下面的提示说说对话二的内容。Tell the story in Dialogue 2 according to the given hints with your partner.

> 马上要＿＿＿＿＿，欧文＿＿＿＿＿，他不＿＿＿＿＿，因为＿＿＿＿＿，他得一边
> Mǎshàng yào＿＿＿，Ōuwén＿＿＿，tā bù＿＿＿，yīnwéi＿＿＿，tā děi yìbiān
>
> ＿＿＿＿＿一边＿＿＿＿＿。春香想＿＿＿＿＿，李红＿＿＿＿＿。
> yìbiān＿＿＿．Chūnxiāng xiǎng＿＿＿，Lǐ Hóng＿＿＿．

❑ 说一说。Say it.

① 马上要放假了，你有什么打算？
Mǎshàng yào fàng jià le, nǐ yǒu shénme dǎsuàn?
The holiday is coming. What are you going to do?

② 你打过工吗？做什么工作？
Nǐ dǎ guo gōng ma? Zuò shénme gōngzuò?
Have you ever had a part-time job? What was it?

③ 这个假期你打算去打工吗？为什么？
Zhège jiàqī nǐ dǎsuàn qù dǎ gōng ma? Wèi shénme?
Are you going to look for a part-time job in this holiday? Why?

三

❑ 听两遍录音，然后判断正误。Listen to the recording twice, and then decide whether the following statements are true or false. 🔊 17-05

① 王军明年夏天毕业。 ☐
Wáng Jūn míngnián xiàtiān bìyè.

② 王军还没开始找工作。 ☐
Wáng Jūn hái méi kāishǐ zhǎo gōngzuò.

③ 王军准备考研究生。 ☐
Wáng Jūn zhǔnbèi kǎo yánjiūshēng.

④ 欧文不想考研究生。 ☐
Ōuwén bù xiǎng kǎo yánjiūshēng.

❑ 朗读对话三，注意发音和语气。Read Dialogue 3 aloud, pay attention to the pronunciation and the tone.

欧文： 王军，你什么时候毕业？
Ōuwén： Wáng Jūn, nǐ shénme shíhou bìyè?

王军： 明年夏天。
Wáng Jūn： Míngnián xiàtiān.

欧文： 你开始找工作了吗？
Ōuwén： Nǐ kāishǐ zhǎo gōngzuò le ma?

王军： 一直在找呢，可是很难。
Wáng Jūn： Yìzhí zài zhǎo ne, kěshì hěn nán.

Irving: Wang Jun, when will you graduate?

Wang Jun: In the summer of next year.

Irving: Have you started to look for a job?

Wang Jun: Yes. But it is so difficult.

Irving: What kind of job are you looking for?

Wang Jun: It is better to be related to economics.

Irving: What if you can't get a job?

Wang Jun: Then I will take the master exam. I am preparing for it now.

Irving: It is so hard. I don't want to be a master.

欧文： 你想找什么样的工作？
Ōuwén: Nǐ xiǎng zhǎo shénme yàng de gōngzuò?

王军： 最好是跟经济有关系的。
Wáng Jūn: Zuìhǎo shì gēn jīngjì yǒu guānxi de.

欧文： 找不到怎么办？
Ōuwén: Zhǎo bú dào zěnme bàn?

王军： 那就读研究生。我正在复习呢。
Wáng Jūn: Nà jiù dú yánjiūshēng. Wǒ zhèngzài fùxí ne.

欧文： 读研究生太累了，我可不想读。
Ōuwén: Dú yánjiūshēng tài lèi le, Wǒ kě bù xiǎng dú.

❑ **根据对话三，选择合适的句子跟同伴说话。** Choose the proper sentences in Dialogue 3 and talk with your partner.

Ask	Answer
	明年夏天。 Míngnián xiàtiān.
你开始找工作了吗？ Nǐ kāishǐ zhǎo gōngzuò le ma?	
你想找什么样的工作？ Nǐ xiǎng zhǎo shénme yàng de gōngzuò?	
找不到怎么办？ Zhǎo bú dào zěnme bàn?	

❑ **根据对话三填空，并试着说说对话三的内容。** Fill in the blanks according to Dialogue 3, and then make an effort to tell the story in Dialogue 3.

王军_____毕业。他已经开始_____，他想_____的工作，可是_____。
Wáng jūn_____ bìyè. Tā yǐjīng kāishǐ_____, tā xiǎng_____ de gōngzuò, kěshì_____.
如果_____，他准备_____，因为他正在_____。欧文不想_____，他
rúguǒ_____, tā zhǔnbèi_____, yīnwèi tā zhèngzài_____. Ōuwén bù xiǎng_____, tā
觉得_____。
juéde_____.

☐ **说一说。** Say it.

① 你什么时候毕业？毕业以后你打算干什么？

Nǐ shénme shíhou bìyè? Bìyè yǐhòu nǐ dǎsuàn gàn shénme?

When will you graduate? What are you going to do after graduation?

② 在你们国家大学毕业后，考研究生的人多吗？

Zài nǐmen guójiā dàxué bìyè hòu, kǎo yánjiūshēng de rén duō ma?

Are there many students taking the master exams after graduating from colleges?

③ 你将来想在哪个国家工作？为什么？

Nǐ jiānglái xiǎng zài nǎge guójiā gōngzuò? Wèi shénme?

In which country do you want to work in the future? Why?

☐ **听两遍录音，然后回答问题。** Listen to the recording twice and then answer the questions. 🔘 17-06

① 他们想去哪儿？

Tāmen xiǎng qù nǎr?

Where are they going?

② 他们什么时候去？

Tāmen shénme shíhou qù?

When are they going?

③ 他们怎么去？为什么？

Tāmen zěnme qù? Wèi shénme?

How will they go there? Why?

④ 他们找旅行社吗？为什么？

Tāmen zhǎo lǚxíngshè ma? Wèi shénme?

Have they looked for a travel agency? Why?

☐ **朗读对话四，注意发音和语气。** Read Dialogue 4 aloud, pay attention to the pronunciation and the tone.

金大成： Jīn Dàchéng:	你们想不想去南方旅行？ Nǐmen xiǎng bu xiǎng qù nánfāng lǚxíng?
春香： Chūnxiāng:	行啊！咱们周五走，下周日回来。 Xíng a! Zánmen zhōu wǔ zǒu, xià zhōu rì huílai.
山本： Shānběn:	去哪儿好呢？ Qù nǎr hǎo ne? 大成，你有计划了吗？ Dàchéng, nǐ yǒu jìhuà le ma?
金大成： Jīn Dàchéng:	还没有，咱们可以商量商量[1]。 Hái méiyǒu, zánmen kěyǐ shāngliang shāngliang.
春香： Chūnxiāng:	怎么去啊？坐飞机吗？ Zěnme qù a? Zuò fēijī ma?
金大成： Jīn Dàchéng:	坐火车吧，又便宜又好玩儿。 Zuò huǒchē ba, yòu piányi yòu hǎowánr.

Kim Tae Song: Do you want to go travelling in south?

Chun Hyang: Yes. We can leave on Friday and come back on the next Sunday.

Yamamoto: Where shall we go? Tae Song, have you got a plan?

Kim Tae Song: Not yet. We can talk about it together.

Chun Hyang: How can we go there? By plane?

春香： 要不要找个旅行社？
Chūnxiāng: Yào bu yào zhǎo ge lǚxíngshè?

山本： 还是²自己走比较好。
Shānběn: Háishi zìjǐ zǒu bǐjiǎo hǎo.

金大成： 对。想去哪儿就去哪儿。
Jīn Dàchéng: Duì. Xiǎng qù nǎr jiù qù nǎr.

春香： 我同意。
Chūnxiāng: Wǒ tóngyì.

> Kim Tae Song: How about by train? It is cheap and fun.
> Chun Hyang: Do we need to look for a travel agency?
> Yamamoto: It is better that we go by ourselves.
> Kim Tae Song: That's right. We can go everywhere we want to.
> Chun Hyang: I agree.

Tips：

1. In Chinese, a disyllabic verb's overlapping form is "ABAB", which contains a meaning of randomness and attemption. It is often used to express suggestions, advice and plans. E.g. 打扫打扫 (clean).

2. 还是 expresses to make a choice after comparisons. E.g. 还是坐火车吧，又便宜又好玩。

❏ **画线连接。** Match the sentences with their proper responses.

1. 你们想不想去南方旅行？
   Nǐmen xiǎng bu xiǎng qù nánfāng lǚxíng?

2. 大成，你有计划了吗？
   Dàchéng, nǐ yǒu jìhuà le ma?

3. 怎么去啊？坐飞机吗？
   Zěnme qù a? Zuò fēijī ma?

4. 要不要找个旅行社？
   Yào buyào zhǎo ge lǚxíngshè?

A. 还是自己走比较好。
   Háishi zìjǐ zǒu bǐjiǎo hǎo.

B. 行啊！
   Xíng a!

C. 还没有，咱们可以商量商量。
   Hái méiyǒu, zánmen kěyǐ shāngliang shāngliang.

D. 坐火车吧，又便宜又好玩儿。
   Zuò huǒchē ba, yòu piányi yòu hǎowánr.

❏ **和同伴一起，根据下面的提示说说对话四的内容。** Tell the story in Dialogue 4 according to the given hints with your partner.

金大成问大家_____，他们可以_____，_____回来。但是大成_____，
Jīn Dàchéng wèn dàjiā____, tāmen kěyǐ____, ____huílai. Dànshì Dàchéng____,

他们要_____。大成不想_____，他想_____，因为_____。山本不想_____，
tāmen yào____. Dàchéng bù xiǎng____, tā xiǎng____, yīnwèi____. Shānběn bù xiǎng____,

大成觉得_____，春香也同意。
Dàchéng juéde____, Chūnxiāng yě tóngyì.

五

□ **朗读下面的短文，然后模仿短文介绍一下自己的打算。** Read the passage below aloud, and then imitate the passage to introduce your plan. ● 17-07

今年暑假 (summer holiday)，我打算回国打工，因为我住的城市 (city) 有很多中国公司。还有一年我就毕业了，毕业以后我打算在中国公司工作，所以现在就要做准备。我希望 (hope) 汉语能让我找到一份 (a measure word for job) 好工作。

Jīnnián shǔjià, wǒ dǎsuàn huí guó dǎgōng, yīnwèi wǒ zhù de chéngshì yǒu hěn duō Zhōngguó gōngsī. Háiyǒu yì nián wǒ jiù bìyè le, bìyè yǐhòu wǒ dǎsuàn zài Zhōngguó gōngzuò, suǒyǐ xiànzài jiù yào zuò zhǔnbèi. Wǒ xīwàng Hànyǔ néng ràng wǒ zhǎo dào yí fèn hǎo gōngzuò.

活 动 Activities

一、双人活动 Pair work

下列活动中，你喜欢哪些？和同伴一起选择一个，策划一下什么时候去，具体怎样做。 Which ones of the following activities do you like? Choose one with your partner and plan when to go and how to do in details.

1. □ 参观博物馆（go to museum） □ 看京剧（see Beijing opera）

2. □ 逛中国市场（shopping in a Chinese market） □ 去茶馆喝茶（go to have tea in teahouse）
   □ 去吃中国菜（go to enjoy Chinese food）

3. □ 旅行（travel） □ 和家人出游（travel with family）

> **Pattern**
>
> 我打算······
> Wǒ dǎsuàn ...
> *I am going to...*

二、小组活动 Group work

1. **在未来的一年中，你都有什么打算？利用下面的表格准备一下。** What are your plans for the next year? Make preparations according to the following form.

Content	Plan
学习 Study	
运动 Sport	
旅游 Travel	
工作 Work	
交朋友 Make friends	
购物 Shopping	

Patterns

（在……方面）你有什么打算？
(Zài …… fāngmiàn) nǐ yǒu shénme dǎsuàn?
(In which aspect) what are your plans?

我打算/想……
Wǒ dǎsuàn / xiǎng …
I am going to……

2. 3–4人一组。看一看同伴们在这些方面都有什么样的打算，然后向全班汇报本组同学的计划。Work in groups of 3 or 4. Discuss your plans with your partners and then report to the class.

三、全班活动 Class work

大卫和安妮是一对恋人，最近因为有不同的打算，他们之间出现了一些问题。看看下面的图，帮他们制定一个完美的计划，解决他们的问题。David and Annie are a couple. There are some problems between them because of their different plans. Look at the picture below, and help them make a perfect plan in order to solve the problems.

1. Míngnián wǒ dǎsuàn qù Fēizhōu lǚxíng.
2. Míngnián wǒ dǎsuàn qù Zhōngguó xué Hànyǔ.
3. Hòunián wǒ dǎsuàn jiéhūn.

1. Míngnián wǒ dǎsuàn jiéhūn.
2. Míngnián wǒ dǎsuàn qù Zhōngguó lǚxíng.
3. Míngnián wǒ dǎsuàn zài Měiguó xué Hànyǔ.

语言练习 Language Focus

一、语音和语调 Pronunciation and intonation

1. 听录音，选择你听到的音节。Listen to the recording and choose the syllables you've heard. 🔘 17-08

(1) lian-mian   ting-ding   chu-zhu   da-pa

(2) min-ming   tan-tian   jia-jiao   biao-bian

(3) yuē-yuè   tīng-tíng   tán-tān

dǎsuàn-dāsuàn   zājī-zájì   bǐyè-bìyē   jiǎnmiàn-jiànmiàn

2.　朗读下列词语，体会重音。Read the words below and feel the accents. 🔘 17-09

① 前重后轻 Strong-weak

回来　　商量
huílai　　shāngliang

② 前中后重 Sedium-strong

爬山　　音乐　　表演　　假期　　打工　　飞机
pá shān　yīnyuè　biǎoyǎn　jiàqī　dǎ gōng　fēijī

3.　朗读下列句子，注意语音语调。Read the following sentences aloud and pay attention to the accents.

① 太好了，我也喜欢看杂技。
Tài hǎo le, wǒ yě xǐhuan kàn zájì.

② 你们不是都有安排了吗？
Nǐmen bú shì dōu yǒu ānpái le ma?

③ 那你就得一边打工一边陪她了。
Nà nǐ jiù děi yìbiān dǎ gōng yìbiān péi tā le.

④ 你不回国看女朋友了？
Nǐ bù huí guó kàn nǚ péngyou le?

⑤ 一直在找呢，可是很难。
Yìzhí zài zhǎo ne, kěshì hěn nán.

⑥ 读研究生太累了，我可不想读。
Dú yánjiūshēng tài lèi le, wǒ kě bù xiǎng dú.

⑦ 坐火车吧，又便宜又好玩儿。
Zuò huǒchē ba, yòu piányi yòuhǎo wánr.

⑧ 对。想去哪儿就去哪儿。
Duì. Xiǎng qù nǎr jiù qù nǎr.

二、替换练习 Substitution exercises

① 我打算<u>去看</u>一个朋友。
Wǒ dǎsuàn qù kàn yí ge péngyou.

继续学习汉语
jìxù xuéxí Hànyǔ

周末去逛街
zhōumò qù guàng jiē

给家人打电话
gěi jiārén dǎ diànhuà

③ 你们不是都<u>有</u>安排了吗？
Nǐmen bú shì dōuyǒu ānpái le ma?

看完
kànwán

去过
qù guo

计划好
jìhuà hǎo

② 那你就得一边<u>打工</u>一边<u>陪</u>她了。
Nà nǐ jiù děi yìbiān dǎ gōng yìbiān péi tā le.

听　　写
tīng　　xiě

唱　　跳
chàng　　tiào

学习　　工作
xuéxí　　gōngzuò

④ 一<u>直</u>在<u>找</u>呢，可是<u>很难</u>。
Yìzhí zài zhǎo ne, kěshì hěn nán.

学　　学得很慢
xué　　xué de hěn màn

看　　看不懂
kàn　　kàn bu dǒng

写　　写不好
xiě　　xiě bu hǎo

三、口语常用语及常用格式 Common oral expressions and patterns

1. 模仿例句，用"可"完成下列对话。 Imitate the sample sentence to complete the following dialogues with 可.

Example：读研究生太累了，我可不想读。
Dú yánjiūshēng tài lèi le, wǒ kě bù xiǎng dú.

① A：晚上陪我去看电影吧。
Wǎnshang péi wǒ qù kàn diànyǐng ba.

B：＿＿＿＿＿＿＿＿＿。（累）
lèi

③ A：你发烧了，快去医院看看吧!
Nǐ fā shāo le, kuài qù yīyuàn kànkan ba!

B：＿＿＿＿＿＿＿＿＿。（怕）
pà

② A：明天我们去他家玩吧?
Míngtiān wǒmen qù tā jiā wán ba?

B：＿＿＿＿＿＿＿＿＿。（远）
yuǎn

④ A：这件衣服真漂亮，你买一件吧。
Zhè jiàn yīfu zhēn piàoliang, nǐ mǎi yí jiàn ba.

B：＿＿＿＿＿＿＿＿＿。（贵）
guì

2. 模仿例句，用"还是"完成下列对话。 Imitate the sample sentence to complete the following dialogues with 还是.

Example：还是自己走比较好。
Háishi zìjǐ zǒu bǐjiào hǎo.

① A：我们这周末去爬山还是下周末去?
Wǒmen zhè zhōumò qù pá shān háishi xià zhōumò qù?

B：＿＿＿＿＿，＿＿＿＿＿。（考试）
kǎoshì

② A：下午我们先上课，然后去吃饭怎么样?
Xiàwǔ wǒmen xiān shàng kè, ránhòu qù chī fàn zěnmeyàng?

B：＿＿＿＿＿，＿＿＿＿＿。（有事）
yǒushì

③ A：明天你去机场接他吧。
Míngtiān nǐ qù jīchǎng jiē tā ba.

B：＿＿＿＿＿，＿＿＿＿＿。（有课）
(yǒu kè)

④ A：晚上你六点来也行，七点来也行。
Wǎnshang nǐ liù diǎn lái yě xíng, qī diǎn lái yě xíng.

B：＿＿＿＿＿，＿＿＿＿＿。（跟朋友吃饭）
gēn péngyou chī fàn

扩展练习 Extended Activities

一、看图比较 Make comparisons according to the following pictures

给教师的提示
您需要提醒学生在完成对自己的图片的描述前，不要看同伴的图片。

A tip for students

Work in groups of 2. One looks at picture A and the other the picture B (on Page 272). Describe your picture in Chinese to your partner and the listener should point out the differences from the picture you see.

Word bank

法国
Fǎ guó
France

A

二、课堂游戏："口耳相传" In-class game: transmit message via mouths and ears

全班分成两队，教师悄悄告诉每个队的第一人一个电话号码，然后由各组同学口耳相传，不能让第三人听到，最后一名同学听到答案以后，马上报告给教师。答案正确的组获胜。在答案相同时，用时最少的组获胜。Divide the class into 2 groups. The teacher tells a telephone number to the first students of each group quietly. And then each of the 2 students transmits the number to the next student of his/her own group. It is must be transmitted via mouths and ears and can't be heard by others. When the last student of each group gets the number, he/she should report to the teacher immediately. The very group that gets the right answer wins. If both groups get the right answer, the very group that uses the shortest time wins.

总结与评价 Summary and Evaluation

一、语句整理。Summary.

你学会询问和说明打算和计划了吗？利用下面的表格复习一下。 Do you get to know how to ask about and explain plans? Review what you have learned according to the following form.

Situation		What to say
下午 Afternoon	学习 Study	
晚上 Night	休息 Have a rest	
周末 Weekend	看电影 Watch a movie	
假期 Holiday	打工 Take a part-time job	
明年 Next year	……	

二、完成任务的自我表现评价。Self-evaluation.

- Are you satisfied with your own performance?

  Very good   good   not so good   bad

- Your own evaluation

  A   B   C   Your willingness to state your opinions

  A   B   C   Your willingness to raise your questions

  A   B   C   Your enthusiasm to gather useful information

第 18 课

我们会想你的 (Wǒmen huì xiǎng nǐ de)
We'll Miss You

目标 | Objectives

1. 复习分别时的简单语句。Review basic words and sentences of leaving.
2. 学习送别时的常用语句。Learn common words and sentences of sending someone off.
3. 学习描述分别时的感受。Learn to describe the feeling of leaving.

准备 Preparation

1. 利用下面的表格，计划一下你的周末活动。Make a plan of what you are going to do at the weekend according to the following form.

Time	Activities
周五晚上 Friday night	
周六早晨 Saturday morning	
周六下午 Saturday afternoon	
周六晚上 Saturday night	
周日 Sunday	

2. 看看哪些同学有时间，邀请他们参加你的一个活动。Find out the classmates who have time and invite them to take part in one of your activities.

3. 你知道哪些在分别时可以说的话？问问你的同伴还知道哪些？What words and sentences do you know are usually said on departure? Ask your partner what else they know.

285

词语 Words and Expressions

☐ 朗读下列词语，注意发音和词语的意思。Read the following words aloud, pay attention to the pronunciation and the meanings. 18-01

给教师的提示

课前请提醒学生预习词语。

1 明年 míngnián next year	2 交换 jiāohuàn exchange	3 欢迎 huānyíng welcome	4 感谢 gǎnxiè thank	5 帮助 bāngzhù help	6 发 fā send	7 地址 dìzhǐ address
8 联系 liánxì contact	9 嗯 ńg er	10 恐怕 kǒngpà afraid	11 信 xìn letter	12 放心 fàngxīn no problem	13 行李 xíngli luggage	14 收拾 shōushi pack
15 机场 jīchǎng airport	16 见面 jiàn miàn meet	17 舍不得 shě bu dé be loath to	18 离开 líkāi leave	19 难过 nánguò sad	20 登机 dēng jī board	21 进去 jìnqu get in
22 祝 zhù wish	23 一路顺风 yí lù shùnfēng have a nice trip	专有名词 Proper noun	24 王老师 Wáng lǎoshī Teacher Wang			

☐ 选择合适的词语进行搭配。Match the words below with the proper words.

欢迎	恐怕	离开	收拾
huānyíng	kǒngpà	líkāi	shōushi

☐ 词语搭积木。Word bricks.

Example:
人 rén	见面 jiàn miàn	地址 dìzhǐ	机场 jīchǎng
日本人 Rìběn rén	□□见面	□□地址	□机场
是日本人 shì Rìběn rén	□□□□□见面	□□□地址	□□机场
我是日本人 wǒ shì Rìběn rén	□□□□□□见面	□□□□地址	□□□□机场

给教师的提示

这个练习，您可以按照从上到下的顺序带领学生依次朗读，也可以分为不同的小组先做练习，然后全班交流。

句 子 Sentences

☐ **听录音，填词语，然后朗读下列句子。** Listen to the recording, fill in the blanks, and then read the sentences aloud. 🔘 18-02

1 我_____就回国了。
Wǒ hòutiān jiù huí guó le.
I am going back to my country the day after tomorrow.

2 欢迎你以后有_____再来。
Huānyíng nǐ yǐhòu yǒu jīhuì zài lái.
Welcome to China again if you have time in the future.

3 _____老师给我的帮助。
Gǎnxiè lǎoshī gěi wǒ de bāngzhù.
Thanks for the teacher's help.

4 这是我的_____和电话。
Zhè shì wǒ de dìzhǐ hé diànhuà.
This is my address and telephone number.

5 你的行李_____好了吗？
Nǐ de xíngli shōushi hǎo le ma?
Are you ready with your luggage?

6 明天我去_____送你。
Míngtiān wǒ qù jīchǎng sòng nǐ.
I will send you off at the airport tomorrow.

7 我们都_____你走。
Wǒmen dōu shě bu dé nǐ zǒu.
We are loath to part with you.

8 那以后我们经常在_____见面吧。
Nà yǐhòu wǒmen jīngcháng zài wǎngshang jiàn miàn ba.
Let's meet on the internet regularly then.

9 该_____了。
Gāi dēng jī le.
It is time to board.

10 祝你_____！
Zhù nǐ yí lù shùnfēng!
May you have a good trip.

> 给教师的提示
> 您可以采用各种方式操练句子，并纠正学生的发音。

☐ **看图片，和同伴商量他们可能在说什么。** Look at the pictures and discuss with your partner what they are probably talking about.

①

②

③

☐ **和同伴一起，选择合适的句子完成下列对话。** Select the proper sentences to complete the dialogues below with your partner.

1 A: _____

B: 好的，以后常联系。
Hǎo de, yǐhòu cháng liánxi.
OK, keep in touch.

② A: ＿＿＿＿＿＿＿＿?　　　　B: 收拾好了。
　　　　　　　　　　　　　　　　　Shōushi hǎo le.
　　　　　　　　　　　　　　　　　I'm ready with my luggage.

③ A: ＿＿＿＿＿＿＿＿。　　　　B: 谢谢，那太麻烦你了。
　　　　　　　　　　　　　　　　　Xièxie, nà tài máfan nǐ le.
　　　　　　　　　　　　　　　　　Thank you for bothering you.

情景 Situations

一

☐ **听两遍录音，然后判断正误。** Listen to the recording twice, and then decide whether the following statements are true or false. 18-03

① 山本马上要回国了。　　　☐
　　Shānběn mǎshàng yào huí guó le.

② 山本在这里已经一年了。　☐
　　Shānběn zài zhèlǐ yǐjīng yì nián le.

③ 山本明年还来。　　　　　☐
　　Shānběn míngnián hái lái.

④ 山本给了王老师他的e-mail。☐
　　Shānběn gěi le Wáng lǎoshī tā de e-mail.

☐ **朗读对话一，注意发音和语气。** Read Dialogue 1 aloud, pay attention to the pronunciation and the tone.

山本: Shānběn:	王老师，后天我就回国了。 Wáng lǎoshī, hòutiān wǒ jiù huí guó le.
王老师: Wáng lǎoshī:	这么快呀! Zhème kuài ya!
山本: Shānběn:	是呀，一年时间很快就过去了。 Shì ya, yì nián shíjiān hěn kuài jiù guòqu le.
王老师: Wáng lǎoshī:	明年还来吗? Míngnián hái lái ma?
山本: Shānběn:	我是交换生，在中国只有一年。 Wǒ shì jiāohuàn shēng, zài Zhōngguó zhǐyǒu yì nián.
王老师: Wáng lǎoshī:	那欢迎你以后有机会再来。 Nà huānyíng nǐ yǐhòu yǒu jīhuì zài lái.
山本: Shānběn:	一定会来的。感谢老师给我的帮助[1]。 Yídìng huì lái de. Gǎnxiè lǎoshī gěi wǒ de bāngzhù.
王老师: Wáng lǎoshī:	以后有什么事就给我发e-mail。 Yǐhòu yǒu shénme shì jiù gěi wǒ fā e-mail.

Yamamoto: Teacher Wang, I am going back to my country the day after tomorrow.

Teacher Wang: How time flies!

Yamamoto: You are right. One year is so short.

Teacher Wang: Are you coming again next year?

Yamamoto: I am an exchange student, so I can only spend one year in China.

Teacher Wang: Welcome to China again if you have time in the future.

Yamamoto: I am sure of coming again. Thank you for your help.

Teacher Wang: It doesn't matter. Send me an e-mail if you need help.

Yamamoto: All right. This is my address and telephone number.

Teacher Wang: Keep in touch.

山本: 好的。这是我的地址和电话。
Shānběn: Hǎo de. Zhè shì wǒ de dìzhǐ hé diànhuà.

王老师: 常联系！
Wáng lǎoshī: Cháng liánxi!

Tip:
1. Here, it can't be said as 感谢老师给我的帮忙。

❑ 和同伴一起，根据下面的提示说说对话一的内容。Tell the story in Dialogue 1 according to the given hints with your partner.

山本_____，王老师觉得_____。山本明年_____，因为_____，他
Shānběn_____, Wáng lǎoshī juéde_____. Shānběn míngnián_____, yīnwèi_____, tā

感谢_____。王老师欢迎他_____，山本给了_____，他们会_____。
gǎnxiè_____. Wáng lǎoshī huānyíng tā_____, Shānběn gěi le_____, tāmen huì_____.

❑ 说一说。Say it.

① 你打算去别的国家学习吗？你想学多长时间？
Nǐ dǎsuàn qù bié de guójiā xuéxí ma? Nǐ xiǎng xué duō cháng shíjiān?
Do you want to go to study in foreign countries? How long do you want to study for?

② 你和朋友经常怎么联系？
Nǐ hé péngyou jīngcháng zěnme liánxi?
How do you usually contact your friends?

③ 你喜欢打电话还是发e-mail？
Nǐ xǐhuan dǎ diànhuà háishi fā e-mail?
Do you prefer making a call or sending an e-mail?

（二）

❑ 听两遍录音，然后回答问题。Listen to the recording twice and then answer the questions. 🔘 18-04

① 玛莎为什么要回国？
Mǎshā wèi shénme yào huí guó?
Why is Masha going back to her country?

② 玛莎下个学期还来吗？
Mǎshā xià ge xuéqī hái lái ma?
Will Masha come here again next semester?

③ 李红希望玛莎经常干什么？
Lǐ Hóng xīwàng Mǎshā jīngcháng gàn shénme?
What does Li Hong wish Masha often to do?

④ 玛莎欢迎李红干什么？
Mǎshā huānyíng Lǐ Hóng gàn shénme?
What does Masha welcome Li Hong to do?

❑ 朗读对话二，注意发音和语气。Read Dialogue 2 aloud, pay attention to the pronunciation and the tone.

李红: 玛莎，听说你要回国？
Lǐ Hóng: Mǎshā, tīngshuō nǐ yào huí guó?

玛莎： 嗯。家里有事，我得马上回去。
Mǎshā： Ng. Jiālǐ yǒu shì, wǒ děi mǎshàng huí qu.

李红： 下学期还回来吗？
Lǐ Hóng： Xiàxuéqī hái huílai ma?

玛莎： 恐怕不回来了。
Mǎshā： Kǒngpà bù huílai le.

李红： 我们会想你的。
Lǐ Hóng： Wǒmen huì xiǎng nǐ de.

玛莎： 我也会想你们的。
Mǎshā： Wǒ yě huì xiǎng nǐmen de.

李红： 你要常给我写信呀。
Lǐ Hóng： Nǐ yào cháng gěi wǒ xiě xìn ya.

玛莎： 你们也别忘了我。
Mǎshā： Nǐmen yě bié wàng le wǒ.

李红： 有机会你一定要回来看我们。
Lǐ Hóng： Yǒu jīhuì nǐ yídìng yào huílai kàn wǒmen.

玛莎： 放心吧。也欢迎你来我们国家玩儿！
Mǎshā： Fàng xīn ba. Yě huānyíng nǐ lái wǒmen guójiā wánr!

Li Hong: Masha, I have heard that you are going back to your country.
Masha: Yes. I have something to do in my family. So I have to go back right now.
Li Hong: Will you come here again next semester?
Masha: I am afraid not.
Li Hong: We will miss you.
Masha: Me too.
Li Hong: Write to me regularly.
Masha: Don't forget about me.
Li Hong: Come back to visit us by all means if you have time.
Masha: No problem. You are welcomed to our country too.

❏ 画线连接。Match the sentences with their proper responses.

1 听说你要回国了？
Tīngshuō nǐ yào huí guó le?

2 下学期还回来吗？
Xià xuéqī hái huílai ma?

3 我们会想你的。
Wǒmen huì xiǎng nǐ de.

4 你要常给我写信呀。
Nǐ yào cháng gěi wǒ xiě xìn ya.

5 有机会你一定要回来看我们。
Yǒu jīhuì nǐ yídìng yào huílai kàn wǒmen.

A 我也会想你们的。
Wǒ yě huì xiǎng nǐmen de.

B 你们也别忘了我。
Nǐmen yě bié wàng le wǒ.

C 家里有事，我得马上回去。
Jiālǐ yǒu shì, wǒ děi mǎshàng huí qu.

D 也欢迎你来我们国家玩儿！
Yě huānyíng nǐ lái wǒmen guójiā wánr!

E 恐怕不回来了。
Kǒngpà bù huílai le.

❏ 根据对话二填空，并试着说说对话二的内容。Fill in the blanks according to Dialogue 2, and then make an effort to tell the story in Dialogue 2.

玛莎要＿＿＿＿，因为她家里＿＿＿＿。下个学期她＿＿＿＿。李红说她会＿＿＿＿，
Mǎshā yào＿＿＿, yīnwèi tā jiālǐ＿＿＿. Xià ge xuéqī tā＿＿＿. Lǐ Hóng shuō tā huì＿＿＿,

她希望玛莎＿＿＿＿，有机会＿＿＿＿。玛莎也欢迎＿＿＿＿。
tā xīwàng Mǎshā＿＿＿, yǒu jīhuì＿＿＿. Mǎshā yě huānyíng＿＿＿.

三

听两遍录音，然后判断正误。Listen to the recording twice, and then decide whether the following statements are true or false. 🔘 18-05

1 春香要回国了。　　　□　　　**3** 春香回国很高兴。　　　□
Chūnxiāng yào huí guó le.　　　　　　Chūnxiāng huí guó hěn gāoxìng.

2 欧文一个人去送春香。　□　　　**4** 以后他们每天都会见面。　□
Ōuwén yí ge rén qù sòng Chūnxiāng.　　Yǐhòu tāmen měi tiān dōu huì jiàn miàn.

朗读对话三，注意发音和语气。Read Dialogue 3 aloud, pay attention to the pronunciation and the tone.

欧文：　春香，你的行李收拾好了吗？
Ōuwén:　Chūnxiāng, nǐ de xíngli shōushi hǎo le ma?

春香：　都收拾好了。
Chūnxiāng:　Dōu shōushi hǎo le.

欧文：　明天我去机场送你。
Ōuwén:　Míngtiān wǒ qù jīchǎng sòng nǐ.

春香：　太麻烦你了。
Chūnxiāng:　Tài máfan nǐ le.

玛莎：　没关系，我也去。
Mǎshā:　Méi guānxi, wǒ yě qù.

欧文：　以后我们就不能天天见面了。
Ōuwén:　Yǐhòu wǒmen jiù bù néng tiāntiān jiàn miàn le.

玛莎：　是啊，我们都舍不得你走。
Mǎshā:　Shì a, wǒmen dōu shě bu dé nǐ zǒu.

春香：　一想到要离开你们我就很难过。
Chūnxiāng:　Yì xiǎng dào yào líkāi nǐmen wǒ jiù hěn nánguò.

玛莎：　那以后我们经常在网上见面吧。
Mǎshā:　Nà yǐhòu wǒmen jīngcháng zài wǎngshang jiàn miàn ba.

Irving:	Chun Hyang, are you ready with your luggage?
Chun Hyang:	Yes.
Irving:	I will send you off at the airport tomorrow.
Chun Hyang:	Sorry for bothering so much.
Masha:	It doesn't matter. I will go too.
Irving:	We can't meet each other everyday in the future.
Masha:	That's right. We are loath to part with you.
Chun Hyang:	Once I am thinking about leaving here, I feel very sad.
Masha:	Let's meet on the internet regularly then.

和同伴一起，根据下面的提示说说对话三的内容。Tell the story in Dialogue 3 according to the given hints with your partner.

欧文问春香_____？他明天要_____。春香觉得_____。玛莎说_____，
Ōuwén wèn Chūnxiāng_____? Tā míngtiān yào_____. Chūnxiāng juéde_____. Mǎshā shuō_____,

因为_____。玛莎他们都_____，春香一_____就_____。他们决定_____。
yīnwèi_____. Mǎshā tāmen dōu_____, Chūnxiāng yī_____jiù_____. Tāmen juédìng_____.

❏ **说一说。Say it.**

① 听说你的朋友要离开，你会做什么？

Tīngshuō nǐ de péngyou yào líkāi, nǐ huì zuò shénme?

What will you do if you have heard that your friend is leaving?

② 如果你要离开朋友，你会做什么？

Rúguǒ nǐ yào líkāi péngyou, nǐ huì zuò shénme?

What will you do if you are parting with your friends?

③ 离开朋友的时候，你的心情是什么样的？

Líkāi péngyou de shíhou, nǐ de xīnqíng shì shénme yàng de?

How will you feel when you are parting with your friends?

❏ **听两遍录音，然后回答问题。Listen to the recording twice and then answer the questions.** 🔊 18-06

① 现在他们在哪儿？

Xiànzài tāmen zài nǎr?

Where are they now?

② 大家为什么在这儿？

Dàjiā wèi shénme zài zhèr?

Why are they here?

③ 他们想什么时候再见面？

Tāmen xiǎng shénme shíhou zài jiàn miàn?

When are they going to meet again?

④ 山本离开前他们做了什么？

Shānběn líkāi qián tāmen zuò le shénme?

What do they do before Yamamoto leaves?

❏ **朗读对话四，注意发音和语气。Read Dialogue 4 aloud, pay attention to the pronunciation and the tone.**

张老师： Zhāng lǎoshī:	该登机了，山本，快进去吧。 Gāi dēng jī le, Shānběn, kuài jìnqu ba.
王军： Wáng Jūn:	山本，*祝你一路顺风*[1]！ Shānběn, zhù nǐ yí lù shùnfēng!
春香： Chūnxiāng:	你一定要常跟我们联系啊！ Nǐ yídìng yào cháng gēn wǒmen liánxì a!
山本： Shānběn:	我会的。 Wǒ huì de.
欧文： Ōuwén:	你去美国时一定给我打电话。 Nǐ qù Měiguó shí yídìng gěi wǒ dǎ diànhuà.
山本： Shānběn:	好的。 Hǎo de.

Teacher Zhang:	Time to board. Yamamoto, go and get in.
Wang Jun:	Yamamoto, may you have a good trip.
Chun Hyang:	Keep in touch with us regularly.
Yamamoto:	I will.
Irving:	Call me when you are going to USA.
Yamamoto:	Ok.
Chun Hyang:	When will we meet each other again?
Masha:	How about we all come back after graduation?

春香: 我们什么时候才能再见面呀？
Chūnxiāng: Wǒmen shénme shíhou cái néng zài jiàn miàn ya?

玛莎: 等我们都毕业了[2]，一起回来怎么样？
Mǎshā: Děng wǒmen dōu bìyè le, yìqǐ huílai zěnmeyàng?

山本: 太好了，就这么说定了！
Shānběn: Tài hǎo le, jiù zhème shuō dìng le!

张老师: 这个主意不错，我在这儿等你们。
Zhāng lǎoshī: Zhège zhǔyi búcuò, wǒ zài zhèr děng nǐmen.

李红: 我们一起照张相吧。
Lǐ Hóng: Wǒmen yìqǐ zhào zhāng xiàng ba.

山本: 别忘了发给我！
Shānběn: Bié wàng le fā gěi wǒ!

Yamamoto:	Great. It is a deal.
Teacher Zhang:	That's a good idea. I will be waiting for you here.
Li Hong:	Let's take a picture.
Yamamoto:	Don't forget to send me the picture.

Tips:

1. It is a common sentence when parting with someone. It expresses to wish others good luck and to have a pleasant trip. You can also say 祝你旅途愉快、祝你一帆风顺、祝你一路平安 and so on.

2. Here, 等……了 means "after……" E.g. 等我学会了，我要自己做一个。

❏ **根据对话四填空，并试着说说对话四的内容。** Fill in the blanks according to Dialogue 4, and then make an effort to tell the story in Dialogue 4.

该_____了，张老师让山本_____。王军祝_____，春香告诉山本_____，
Gāi_____ le, Zhāng lǎoshī ràng Shānběn_____. Wáng Jūn zhù_____, Chūnxiāng gàosu Shānběn_____,

欧文说_____。春香不知道_____，玛莎建议_____。山本觉得_____，_____。
Ōuwén shuō_____. Chūnxiāng bù zhīdào_____, Mǎshā jiànyì_____. Shānběn juéde_____, _____.

张老师也觉得_____。李红想_____，_____山本。
Zhāng lǎoshī yě juéde_____. Lǐ Hóng xiǎng_____, _____Shānběn.

❏ **说一说。** Say it.

① 在机场送朋友时，你会说什么？
Zài jīchǎng sòng péngyou shí, nǐ huì shuō shénme?
What will you say when you are sending friends off at the airport?

② 毕业以后，你回过学校吗？
Bìyè yǐhòu, nǐ huí guo xuéxiào ma?
Have you ever been back to school since you graduated?

③ 毕业以后，你们班同学聚会过吗？多长时间一次？
Bìyè yǐhòu, nǐmen bān tóngxué jùhuì guo ma? Duō cháng shíjiān yí cì?
Have the students of your class got together since you graduated? How often do you get together?

五

❑ **朗读下面的短文，然后模仿短文介绍一下自己的情况。** Read the passage below aloud, and then imitate the passage to talk about yourself. 🔘 18-07

> 李老师要出国了。昨天，我们班去机场送她。我们每个人都跟她拥抱 (hug)、告别 (say goodbye)，祝她一路平安 (have a nice trip)、旅途 (journey) 愉快 (pleasant)。李老师给了我们她的e-mail和新的电话，她说有事可以给她打电话。我们都希望她能快点回来。
>
> Lǐ lǎoshī yào chū guó le. Zuótiān, wǒmen bān qù jīchǎng sòng tā. Wǒmen měi ge rén dōu gēn tā yōngbào、gàobié, zhù tā yí lù píng'ān、lǚtú yúkuài. Lǐ lǎoshī gěi le wǒmen tā de e-mail hé xīn de diànhuà, tā shuō yǒu shì kěyǐ gěi tā dǎ diànhuà. Wǒmen dōu xīwàng tā néng kuài diǎn huílai.

活动 Activities

一、单人活动 Individual work

利用下面的表格准备一下告别时的常用语句。 Make preparations of common words and sentences of leaving according to the following form.

Situation	What to say
表达祝福时 Express wishes	
留联系方式时 Give contact	
表达心情时 Express feelings	

二、双人活动 Pair work

和同伴一起商量一下，图片中的几种情况，你在生活中遇到过吗？你们觉得在这些情况下，人们常说什么。 Have you ever met the situations of the picture below in your life? Talk about it with your partner. What do people usually say in these situations according to your opinions?

①   ②   ③

④

⑤

三、全班活动 Class work

1. **将全班分为3-4组，每组做一张临别留言卡。** Divide the class into 3 or 4 groups. Each group is required to make a card to leave parting messages.

> **A tip for students**
>
> You can choose to give the card to your teacher or to the student that is leaving. Every student should leave a message on the card.

2. **展示你们做的卡片。** Show your card to the class.

语言练习 Language Focus

一、语音和语调 Pronunciation and intonation

1. **听录音，选择你听到的音节。** Listen to the recording and choose the syllables you've heard. 🔘 18-08

    ① fa-pa nian-tian xi-qi di-li zhi-shi

    ② sheng-shun fan-fang ji-jin xin-xing

    ③ fā-fǎ cháng-chāng xìn-xīn
    hǒutiān-hòutiān míngnián-mǐngnián huānyǐng-huānyíng gānxiě-gǎnxiè
    kǒngpā-kōngpà xǐnglì-xíngli máfan-māfǎn lǐkǎi-líkāi

2. 朗读下列词语，体会重音。Read the words below, feel the accents. ⊙ 18-09

① 前重后轻 Strong-weak

麻烦	行李	收拾	进去
máfan	xíngli	shōushi	jìnqu

② 前中后重 Sedium-strong

地址	登机	感谢	机场	难过	见面
dìzhǐ	dēng jī	gǎnxiè	jīchǎng	nánguò	jiàn miàn

3. 朗读下列句子，注意语音语调。Read the following sentences aloud and pay attention to the accents.

① 一年时间很快就过去了。
Yì nián shíjiān hěn kuài jiù guòqu le.

② 以后有什么事就给我发e-mail。
Yǐhòu yǒu shénme shì jiù gěi wǒ fā e-mail.

③ 玛莎，听说你要回国？
Mǎshā, tīng shuō nǐ yào huí guó.

④ 我也会想你们的。
Wǒ yě huì xiǎng nǐmen de.

⑤ 以后我们就不能天天见面了。
Yǐhòu wǒmen jiù bù néng tiāntiān jiàn miàn le.

⑥ 一想到要离开你们我就很难过。
Yì xiǎng dào yào líkāi nǐmen wǒ jiù hěn nánguò.

⑦ 等我们都毕业了，一起回来怎么样？
Děng wǒmen dōu bìyè le, yìqǐ huílai zěnmeyàng?

二、替换练习 Substitution exercises

① 感谢老师给我的帮助。
Gǎnxiè lǎoshī gěi wǒ de bāngzhù.

你对我学习的帮助
nǐ duì wǒ xuéxí de bāngzhù

你来机场送我
nǐ lái jīchǎng sòng wǒ

你对我的照顾 (look after)
nǐ duì wǒ de zhàogù

② 你要常给我写信啊。
Nǐ yào cháng gěi wǒ xiěxìn a.

你们	发e-mail
Nǐmen	fā e-mail
你们	打电话
Nǐmen	dǎ diànhuà

③ 有机会你一定要回来看我们。
Yǒu jīhuì nǐ yídìng yào huílai kàn wǒmen.

我一定去你们国家旅行
wǒ yídìng qù nǐmen guójiā lǚxíng

我一定告诉你
wǒ yídìng gàosu nǐ

欢迎你来我家
huānyíng nǐ lái wǒ jiā

④ 一想到要 离开你们我就很难过。
Yì xiǎng dào yào líkāi nǐmen wǒ jiù hěn nánguò.

去旅行	高兴
qù lǚxíng	gāoxìng
考试	紧张
kǎoshì	jǐnzhāng
坐车	害怕 (scared)
zuò chē	hàipà

⑤ 别忘了<u>发给我</u>。
Bié wàng le fā gěi wǒ.

告诉他
gàosu tā

来看我
lái kàn wǒ

送给老师
sòng gěi lǎoshī

⑥ 等我们都毕业了，<u>一起回来</u>怎么样？
Děng wǒmen dōu bìyè le, yìqǐ huílai zěnmeyàng?

你到美国　　给我打个电话
nǐ dào Měiguó　　gěi wǒ dǎ ge diànhuà

你有机会　　再回来
nǐ yǒu jīhuì　　zài huílai

他有空　　我们一起去
tā yǒu kòng　　wǒmen yìqǐ qù

三、口语常用语及常用格式 Common oral expressions and patterns

模仿例句，用"恐怕"回答问题。Imitate the sample sentence to answer the following questions with 恐怕.

Example：A：下学期还回来吗？
Xià xuéqī hái huílai ma?

B：恐怕不回来了。
Kǒngpà bù huílai le.

① A：他今天能来吗？
Tā jīntiān néng lái ma?

B：＿＿＿＿，＿＿＿＿。（下雨）
xià yǔ

② A：周末咱们去逛街好吗？
Zhōumò zánmen qù guàng jiē hǎo ma?

B：＿＿＿＿，＿＿＿＿。（有事）
yǒu shì

③ A：他能帮我修电脑吗？
Tā néng bāng wǒ xiū diànnǎo ma?

B：＿＿＿＿，＿＿＿＿。（不会）
bù huì

④ A：你能找到他家吗？
Nǐ néng zhǎo dào tā jiā ma?

B：＿＿＿＿，＿＿＿＿。（记不住）
jì bú zhù

扩展活动 Extended Activities

一、看图编故事并表演 Make up a story according to the following pictures and act

①　　　　　　②

Word bank

硕士服
shuòshìfú
uniform of master

③

④

二、课堂游戏：你说我说，编故事
In-class game: You say, I say. To make up a story

教师给出一个句子作为故事的开头，全班每人说一句话，共同完成一个故事。The teacher gives a sentence as the start of a story. Each one of the class is required to say one sentence to make up the whole story.

A tip for students

Each one should continue making up the story according to the contents given by the previous students. Try to make the story complete, funny and interesting.

总结与评价 Summary and Evaluation

一、语句整理。Summary.

分别的时候你知道应该说什么了吗？利用下面的表格复习一下。Do you get to know what to say when parting? Review what you have learned according to the following form.

Situation	What to ask and what to say
同学要回国 A classmate is going back to his country	
朋友要去别的地方学习 A friend is going to other place for study	
爸爸和妈妈要去旅行 Parents are going travelling	
要离开大家去别的地方 Part with everyone to other place	

二、完成任务的自我表现评价。Self-evaluation.

- Are you satisfied with your own performance?

  Very good   good   not so good   bad

- Your own evaluation

  A   B   C   Your willingness to state your opinions

  A   B   C   Your willingness to raise your questions

  A   B   C   Your enthusiasm to gather useful information

复习 3
Review 3

一、语言练习 Language Focus

1.　有问有答。Ask and answer.

Ask	Answer
	天气预报说明天有大雨。 Tiānqì yùbào shuō míngtiān yǒu dà yǔ.
	唉，别提了！ Ài, bié tí le!
	有时候在家里看电视，有时候找朋友聊天。 Yǒu shíhou zài jiālǐ kàn diànshì, yǒu shíhou zhǎo péngyou liáotiān.
	行，在哪儿照？ Xíng, zài nǎr zhào?
	六岁开始学的。 Liù suì kāishǐ xué de.
	我学了三年了。 Wǒ xué le sān nián le.
	我喜欢打太极拳。 Wǒ xǐhuan dǎ tàijíquán.
	我每天写十遍汉字。 Wǒ měi tiān xiě shí biàn Hànzì.
	我和朋友约好了，明天去爬山。 Wǒ hé péngyou yuē hǎo le, míngtiān qù pá shān.
	我打算考研究生。 Wǒ dǎsuàn kǎo yánjiūshēng.
	别着急，多写多练就记住了。 Bié zháojí, duō xiě duō liàn jiù jì zhu le.
	我不能参加，因为我唱歌不好。 Wǒ bù néng cānjiā, yīnwèi wǒ chàng gē bù hǎo.
	一般吧，我游得不快。 Yìbān ba, wǒ yóu de bú kuài.

2. 用所给的词语口头完成句子。Complete the following sentences orally with given words.

(1) 你做的菜真不错，＿＿＿＿＿＿＿＿＿＿＿＿＿。（比……还……）
　　Nǐ zuò de cài zhēn búcuò,　　　　　　　　　　　　(bǐ …… hái ……)

(2) 我们那儿夏天挺热的，可是这个地方＿＿＿＿＿＿＿＿＿＿＿？（比……还……）
　　Wǒmen nàr xiàtiān tǐng rè de, kěshì zhège dìfang　　　　(bǐ …… hái ……)

(3) 已经12点了，＿＿＿＿＿＿＿＿＿＿＿＿。（该……了）
　　Yǐjīng shí'èr diǎn le,　　　　　　　　　(gāi …… le)

(4) 要毕业了，＿＿＿＿＿＿＿＿＿＿。（该……了）
　　Yào bìyè le,　　　　　　　　(gāi …… le)

(5) 这个星期天气一直不好，＿＿＿＿＿＿＿＿＿＿。（不是……就是……）
　　Zhège xīngqī tiānqì yìzhí bù hǎo,　　　　(bú shì …… jiù shì ……)

(6) 一般他去饭馆时只点一个菜，＿＿＿＿＿＿＿＿＿，因为这两个菜是他最喜欢的。
　　Yìbān tā qù fànguǎn shí zhǐ diǎn yí ge cài,　　yīnwèi zhè liǎng ge cài shì tā zuì xǐhuan de.
　　（不是……就是……）
　　(bú shì …… jiù shì ……)

(7) 他每天下午都学习汉语，＿＿＿＿＿＿＿＿＿＿。（不是……就是……）
　　Tā měi tiān xiàwǔ dōu xuéxí Hànyǔ,　　　　(bú shì …… jiù shì ……)

(8) 我＿＿＿＿＿＿＿＿＿＿，因为害怕说错。（一……就）
　　Wǒ　　　　　　　　　, yīnwèi hàipà shuō cuò.(yī …… jiù)

(9) 你回国以后要跟我们联系啊，最好＿＿＿＿＿＿＿＿＿＿。（一……就……）
　　Nǐ huí guó yǐhòu yào gēn wǒmen liánxì a, zuìhǎo　　　　(yī …… jiù ……)

(10) 他爸爸是中国人，＿＿＿＿＿＿＿＿＿＿。（对……来说、容易）
　　 Tā bàba shì Zhōngguó rén,　　　　　(duì …… lái shuō、róngyì)

(11) 你别着急，汉字＿＿＿＿＿＿＿＿＿＿（只要……就……）
　　 Nǐ bié zháojí, Hànzì　　　　　(zhǐyào …… jiù ……)

(12) 我们联系很方便，＿＿＿＿＿＿＿＿＿＿。（只要……就……）
　　 Wǒmen liánxì hěn fāngbiàn,　　　　(zhǐyào …… jiù ……)

(13) 这种手机真不错，＿＿＿＿＿＿＿＿＿＿。（又……又……）
　　 Zhè zhǒng shǒujī zhēn búcuò,　　　　(yòu …… yòu ……)

(14) ＿＿＿＿＿＿＿＿＿＿，他怎么不帮你？（不是……吗）
　　 　　　　　　　tā zěnme bù bāng nǐ?(bú shì …… ma)

(15) 妈妈做的饭＿＿＿＿＿＿＿＿＿＿（又……又……）。
　　 Māma zuò de fàn　　　　　(yòu …… yòu ……).

二、活动 Activities

1. 2人一组，跟同伴一起利用下列废旧物品制作一种简单的手工艺品或生活用品，然后向大家报告制作的过程和方法。Work in pairs. Try to use the junk below to make a simple handicraft or an article for daily use. Then report the process and method to the class.

给教师的提示

您和学生需要在课前准备好这几样材料以及剪刀、胶带、裁纸刀、包装绳、彩笔等工具，并带到教室来。

> ## Patterns
>
> 把……放在　　把……写在　　把……贴在　　先……然后
> bǎ …… fàng zài　bǎ …… xiě zài　bǎ …… tiē zài　xiān …… ránhòu
> *put…at*　*write…on*　*paste…at*　*first…then*

2. 2人一组。参考下列内容互相采访，请同伴简单介绍一下自己的家乡。一边听一边记录主要内容，然后向大家报告。Work in pairs. Interview each other referring to the following questions and ask your partner to introduce his/her hometown. Write down the main content while listening and then report to the class.

> **A tip for students**
>
> You may ask other questions that you are interested in.

> **For your reference**
>
> 你的家乡在哪儿?
> Nǐ de jiāxiāng zài nǎr?
> *Where is your hometown?*
>
> 有多少人口?
> Yǒu duōshao rénkǒu?
> *What is the population of your hometown?*
>
> 天气怎么样?
> Tiānqì zěnmeyàng?
> *What is the weather like?*
>
> 哪个季节最好?
> Nǎge jìjié zuì hǎo?
> *Which one is the best season?*
>
> 哪些地方适合旅游?
> Nǎxiē dìfang shìhé lǚyóu?
> *What places are fit for travelling?*

3. 猜词语比赛。Guess-word game.

   2人一组，将13～18课中的一些词语做成卡片，由一个同学用汉语说词语的意思，另一个同学猜出是什么词，看看哪一组猜出的词语最多。Work in pairs. Make cards of the words from lesson 13 to lesson 18. One describes them in Chinese while the other guesses. The very group that guesses the most words wins.

> **A tip for students**
>
> You can use body language for help. But it is strongly recommended to use as many Chinese words as you can.

> **给教师的提示**
>
> 您需要事先准备词语卡片。尽量不要选择那些意思比较抽象的词语。

三、短剧表演 Playlet

将全班分成小组，抽签选择短剧的内容。大家一起商量短剧怎么表演，每个人应该说什么话，准备好以后给大家表演。最后利用下面的表格给自己的小组和自己的表现打分，也要给其他的小组打分。Work in groups and select the the subjects by the draw. Discuss how to play and what to say before acting in class. Mark the performance of all the groups according to the following form.

For your reference

有一个人特别喜欢说"没问题"。因为这个，他在生活中出了一些笑话和麻烦。
Yǒu yí ge rén tèbié xǐhuan shuō "méi wèntí". Yīnwèi zhège, tā zài shēnghuó zhōng chū le yìxiē xiàohuà hé máfan.
A man likes to say "no problem" particularly. He has made some funny mistakes and met some troubles because of this.

有一个人特别喜欢说"别提了"，因为他碰到了很多倒霉事儿。
Yǒu yí ge rén tèbié xǐhuan shuō "bié tí le", yīnwèi tā pèng dào le hěn duō dǎoméi shìr.
A man likes to say "don't mention it" particularly. He has met many unlucky incidents.

一个小伙子喜欢一个姑娘。第一次约会时，他们都很不好意思，但结果很成功。
Yí ge xiǎohuǒzi xǐhuan yí ge gūniang. Dì yī cì yuēhuì shí, tāmen dōu hěn bù hǎoyìsi, dàn jiéguǒ hěn chénggōng.
A young man likes a girl. They both feel embarrassed during their first date. However, the date ended with a very successful result.

学生用的评价表 Self-evaluation form for students

本组的表现 **Performance of your group**	**A B C D E**
自己的表现 **Performance of yourself**	**A B C D E**
表现最好的小组 **Group with best performance**	一组 二组 三组
表现最好的同学 **Students with best performance**	1. 2. 3.

教师用的评价表 Evaluation form for the teacher

语言综合表现评价标准

等　级	语音和语调	语法和词汇	流利性	合作性
优	非常准确	基本没有错误。	语素适当，非常流利。	能经常提示或帮助别人回答问题。
良	正确	偶尔有错误。	语速适当，但有停顿。	偶尔能提醒对方。
中	基本正确	错误较多，但有控制。	停顿较多，句子总量不够。	基本没有主动参与的意识。
差	不正确	缺乏语法控制能力，词汇错误较多。	对语速没有控制，经常停顿。	完全不能参与活动。

四、期末演讲 Lecture of the semester

请参考下列内容总结一下自己这个学期的学习和生活情况。 Please summarize your situation of the study and life of the semester referring to the following aspects.

- ❏ 学习了多长时间 how long have you been studying
- ❏ 每天怎么学习 how to study everyday
- ❏ 有什么好方法 good methods
- ❏ 学得怎么样 how well do you study
- ❏ 学习有什么困难 difficulties in study
- ❏ 有什么进步 progress
- ❏ 住在哪儿 where do you live
- ❏ 吃住习惯吗 are you used to the food and living condition
- ❏ 生活有什么困难 difficulties in daily life
- ❏ 有中国朋友吗 any Chinese friend
- ❏ 去过哪儿 where have you been
- ❏ 最高兴的事儿是什么 the happiest thing
- ❏ 最不高兴的事儿是什么 the most unhappy thing
- ❏ 以后有什么打算 what is your plan in the future

词 语 表
Vocabulary Index

第1课

好久	a	hǎojiǔ	long time
*不见	v	bújiàn	no see
昨天	n	zuótiān	yesterday
下午	n	xiàwǔ	afternoon
星期	n	xīngqī	week
*假期	n	jiàqī	vacation
不错	a	búcuò	not bad
短	a	duǎn	short
上课	v	shàngkè	have class
哪个	pron	nǎge	which
班	n	bān	class
国	n	guó	country
哪里	pron	nǎlǐ	where
最近	n	zuìjìn	lately, recently
比较	adv	bǐjiào	rather
注意	v	zhùyì	pay attention
身体	n	shēntǐ	body, health
教	v	jiāo	teach
口语	n	kǒuyǔ	oral language
出去	v	chūqu	go out
介绍	v	jièshào	introduce
中文	n	Zhōngwén	Chinese
名字	n	míngzi	name
*棒	a	bàng	great
认识	v	rènshi	know

专有名词

山本	pn	Shānběn	Yamamoto
春香	pn	Chūnxiāng	Chun Hyang
欧文	pn	Ōuwén	Irving
李英爱	pn	Lǐ Yīng'ài	Lee Young Ae
韩国	pn	Hánguó	Korea
美国	pn	Měiguó	U.S.A.
李老师	pn	Lǐ lǎoshī	Teacher Li
大龙	pn	Dàlóng	Dalong

---

1. 加*号的为超纲词汇。
2. 补充词语为活动和练习中补充的词语。

玛莎	pn	Mǎshā	Masha

补充生词

学期	n	xuéqī	semester
其中	n	qízhōng	amongst
男	a	nán	male
女	a	nǚ	female
上班	v	shàng bān	go to work
运动	v	yùndòng	do sports
回家		huí jiā	go home
买早点		mǎi zǎodiǎn	buy breakfast
以前	n	yǐqián	previously
小时	n	xiǎoshí	hour
遍	m	biàn	time
周末	n	zhōumò	weekend
贵	a	guì	expensive
吃饭	v	chī fàn	dine
汉字	n	Hànzì	Chinese character
漂亮	a	piàoliang	beautiful
礼物	n	lǐwù	gift
衣服	n	yīfu	garment
元	m	yuán	yuan

第2课

号	m	hào	date
星期日	n	xīngqīrì	Sunday
生日	n	shēngrì	birthday
马上	adv	mǎshàng	right away
晚会	n	wǎnhuì	party
*酒吧	n	jiǔbā	bar
同意	v	tóngyì	agree
差	v	chà	to
刻	m	kè	quarter
晚	a	wǎn	later
*得	mv	děi	have to
一会儿	n	yíhuìr	a while
吃饭	v	chī fàn	dine
约会	n	yuēhuì	date
*哦	int	ò	oh
球	n	qiú	ball
后天	n	hòutiān	the day after tomorrow
睡	v	shuì	go to bed
有点儿	adv	yǒudiǎnr	a bit

困	*a*	kùn	sleepy
平时	*n*	píngshí	ordinarily
睡觉	*v*	shuìjiào	sleep
左右	*n*	zuǒyòu	about
周末	*n*	zhōumò	weekend
中午	*n*	zhōngwǔ	noon

专有名词

王军	*pn*	Wáng Jūn	Wang Jun

补充生词

早晨	*n*	zǎochen	morning
起床	*v*	qǐchuáng	get up
洗澡	*v*	xǐzǎo	bath
早饭	*n*	zǎofàn	breakfast
教室	*n*	jiàoshì	classroom
整	*a*	zhěng	exactly
午觉	*n*	wǔjiào	take a nap at midday
逛街		guàng jiē	go shopping
跑步	*v*	pǎo bù	run
聊天儿		liáo tiānr	chat
咖啡馆		kāfēi guǎn	coffee shop
学习	*v*	xuéxí	learn
健身房	*n*	jiànshēn fáng	gymnasium
公园	*n*	gōngyuán	park
商店	*n*	shāngdiàn	shop
毕业	*v*	bìyè	graduate
分钟	*n*	fēnzhōng	minute
房间	*n*	fángjiān	room
人口	*n*	rénkǒu	population

第3课

*摊主	*n*	tānzhǔ	stallholder
（一）点儿	*m*	(yī) diǎnr	a little
*西瓜	*n*	xīguā	watermelon
斤	*m*	jīn	catty
别的		biéde	other
*葡萄	*n*	pútáo	grape
一共	*adv*	yīgòng	altogether
*拖鞋	*n*	tuōxié	slipper
双	*m*	shuāng	pair
试	*v*	shì	try
挺	*adv*	tǐng	really

便宜	*a*	piānyi	cheap
*售货员	*n*	shòuhuòyuán	sales person
样儿	*n*	yàngr	style
*手机	*n*	shǒujī	mobile phone
随便	*a*	suíbiàn	randomly
帮	*v*	bāng	help
*上网	*v*	shàngwǎng	surf on the internet
颜色	*n*	yánsè	color
贵	*a*	guì	expensive
漂亮	*a*	piàoliang	pretty
*T恤	*n*	Tīxù	T-shirt
黑	*a*	hēi	black
白	*a*	bái	white
红	*a*	hóng	red
蓝	*a*	lán	blue

补充生词

灰	*a*	huī	grey
银	*a*	yín	silver
毛衣	*n*	máoyī	sweater
特别	*adv*	tèbié	very much
可乐	*n*	kělè	coke
面包	*n*	miànbāo	bread
香蕉	*n*	xiāngjiāo	banana
饼干	*n*	bǐnggān	biscuit
半份	*m*	bàn fèn	half
裤子	*n*	kùzi	trousers
饭店	*n*	fàndiàn	restaurant

第4课

服务员	*n*	fúwùyuán	waiter
请问	*v*	qǐng wèn	excuse me
边	*n*	biān	this way
杯	*n*	bēi	glass
*菜单	*n*	càidān	menu
*茄子	*n*	qiézi	eggplant
好像	*adv*	hǎoxiàng	look
*主食	*n*	zhǔshí	staple food
碗	*m*	wǎn	bowl
*米饭	*n*	mǐfàn	rice
*点	*v*	diǎn	order
菜	*n*	cài	dish
*特价	*n*	tèjià	special

鱼	*n*	yú	fish
土豆	*n*	tǔdòu	potato
够	*v*	gòu	enough
*辣	*a*	là	spicy
盐	*n*	yán	salt
甜	*a*	tián	sweet
*苦瓜	*n*	kǔguā	bitter gourd
*苦	*a*	kǔ	bitter
啤酒	*n*	píjiǔ	beer
*买单	*v*	mǎidān	pay the bill
*打包	*v*	dǎbāo	doggy bag
*咸	*a*	xián	salty
酸	*a*	suān	sour

专有名词

李红	*pn*	Lǐ Hóng	Li Hong

饭菜名

番茄炒牛肉	*pn*	fānqié chǎo niúròu	fried beef with tomato
烧茄子	*pn*	shāo qiézi	braised eggplant
水煮鱼	*pn*	shuǐ zhǔ yú	fish filets in hot chili oil
炒土豆丝	*pn*	chǎo tǔdòu sī	fried potato strips
鸡蛋炒饭	*pn*	jīdàn chǎo fàn	fried rice with eggs
糖醋里脊	*pn*	táng cù lǐji	sweet and sour pork
炒苦瓜	*pn*	chǎo kǔguā	fried bitter gourd
豆腐汤	*pn*	dòufu tāng	tofu soup

补充生词

经常	*adv*	jīngcháng	often
黄瓜	*n*	huángguā	cucumber
洋葱	*n*	yángcōng	onion
西红柿	*n*	xīhóngshì	tomato
胡萝卜	*n*	húluóbo	carrot
白菜	*n*	báicài	cabbage
青椒	*n*	qīngjiāo	green pepper
风味	*n*	fēngwèi	flavor
式		shì	style
家常菜	*n*	jiācháng cài	home cooking
高级	*a*	gāojí	high grade
小吃	*n*	xiǎochī	snack
选择	*v*	xuǎnzé	choose
座位	*n*	zuòwèi	seat
餐具	*n*	cānjù	tableware
餐巾纸	*n*	cánjīnzhǐ	napkin

免费	*a*	miǎnfèi	free
某种	*a*	mǒuzhǒng	particular
希望	*v*	xīwàng	hope
双			
筷子	*n*	kuàizi	chopsticks
肉	*n*	ròu	meat
红烧鱼	*pn*	hóngshāoyú	braised fish
亮	*a*	liàng	bright
舒服	*a*	shūfu	comfortable
难吃	*a*	nán chī	terrible
宿舍	*n*	sùshè	dormitory
电视	*n*	diànshì	television

第5课

不好意思		bù hǎo yìsi	I'm sorry
没关系		méi guānxi	that's all right
别人	*n*	biéren	someone else
*大爷	*n*	dàye	old man
一直	*adv*	yìzhí	straight
然后	*conj*	ránhòu	then
左	*n*	zuǒ	left
拐	*v*	guǎi	turn
分钟	*n*	fēnzhōng	minute
小姐	*n*	xiǎojiě	Miss
附近	*a*	fùjìn	near
*超市	*n*	chāoshì	supermarket
东边	*n*	dōngbian	east
西边	*n*	xībian	west
*马路	*n*	mǎlù	street
*路口	*n*	lùkǒu	corner
右	*n*	yòu	right
喂	*int*	wèi	hi
门口	*n*	ménkǒu	entrance
接	*v*	jiē	pick up
*小区	*n*	xiǎoqū	community
中学	*n*	zhōngxué	middle school

专有名词

图书大厦	*pn*	túshū dàshà	Book Building
娜拉	*pn*	Nà lā	Nara
阳光小区	*pn*	Yángguāng Xiǎoqū	Sunshine Community

补充生词

方便	*a*	fāngbiàn	convenient

离	v	lí	away from
近	a	jìn	near
大门	n	dàmén	gate
电影院	n	diànyǐngyuàn	cinema
麦当劳	pn	Mài dāng láo	McDonald's
天桥	n	tiānqiáo	overpass
地下通道		dìxià tōngdào	underpass
米	m	mǐ	meter
大概	adv	dàgài	approximately
教堂	n	jiàotáng	church
公路	n	gōnglù	road
桥	n	qiáo	bridge
河	n	hé	river
树林	n	shùlín	forest
银行	n	yínháng	bank
楼	n	lóu	building
书店	n	shūdiàn	bookstore
留学生	n	liúxuéshēng	International students
丢	v	diū	lose
停	v	tíng	stop
向……转		xiàng …… zhuǎn	turn

第6课

大使馆	n	dàshǐguǎn	embassy
司机	n	sījī	driver
小时	n	xiǎoshí	hour
堵	v	dǔ	jam
……的话		…… de huà	if
票	n	piào	ticket
*售票员	n	shòupiàoyuán	ticket seller
图书馆	n	túshūguǎn	library
着急	a	zhāojí	in a hurry
*刷卡		shuākǎ	swipe card
*投币		tóu bì	insert coins
糟糕	a	zāogāo	awful
零钱	n	língqián	change
投	v	tóu	insert
*公交卡	n	gōngjiāo kǎ	bus card
师傅	n	shīfu	change
换	v	huàn	change
*植物园	n	zhíwùyuán	arboretum
路	n	lù	route
*地铁	n	dìtiě	subway

*直达	v	zhídá	go…directly
动物园	n	dòngwùyuán	zoo
公共汽车	n	gōnggòng qìchē	bus
大概	adv	dàgài	about

专有名词

日本	pn	Rìběn	Japan
新华书店	pn	Xīnhuá shūdiàn	Xinhua Bookstore

补充生词

线	n	xiàn	line
城铁	n	chéngtiě	subway
首发	v	shǒufā	first bus
末班	n	mòbān	last bus
起步价	n	qǐbùjià	flag-down fare
公里	m	gōnglǐ	kilometer
骑	v	qí	ride
自行车	n	zìxíngchē	bike
邮局	n	yóujú	post office
机场	n	jīchǎng	airport
钥匙	n	yàoshi	key

第7课

*前台	n	qiántái	reception
房间	n	fángjiān	room
热	a	rè	hot
洗澡	v	xǐ zǎo	take bath
*床单	n	chuángdān	sheet
*被罩	n	bèizhào	quilt cover
脏	a	zāng	dirty
*打扫	v	dǎsǎo	clean
坏	a	huài	broken
了	v	le	modal particle
总是	adv	zǒngshì	always
*占线	v	zhàn xiàn	busy
声音	n	shēngyīn	sound
修	v	xiū	repair
*签证	n	qiānzhèng	visa
*到期	v	dào qī	become due
办	v	bàn	handle
担心	v	dānxīn	worry
延长	v	yáncháng	extend
包	n	bāo	bag

刚才	*n*	gāngcái	just now
忘	*v*	wàng	forget
里面	*n*	lǐmiàn	inside
词典	*n*	cídiǎn	dictionary

专有名词

张老师	*pn*	zhāng lǎoshī	Teacher Zhang

补充生词

修理铺	*n*	xiūlǐ pù	mendery
要是	*conj*	yàoshi	if
马桶	*n*	mǎtǒng	closestool
洗衣机	*n*	xǐyījī	washing machine
台灯	*n*	táidēng	reading lamp
电	*n*	diàn	electricity
漏水		lòushuǐ	leak
关机	*v*	guānjī	shutdown
图像	*n*	túxiàng	picture
堵	*v*	dǔ	block
办公室	*n*	bàngōngshì	office
空调	*n*	kōngtiáo	airconditioner
电脑	*n*	diànnǎo	computer

第8课

*职员	*n*	zhíyuán	staff member
美元	*n*	Měiyuán	dollar
人民币	*n*	Rénmínbì	Renminbi
毛	*m*	máo	a half yuan
百	*num*	bǎi	hundred
千	*num*	qiān	thousand
除了	*prep*	chúle	besides
银行	*n*	yínháng	bank
*酒店	*n*	jiǔdiàn	hotel
存	*v*	cún	deposit
*存折	*n*	cúnzhé	bankbook
填	*v*	tián	fill in
*单子	*n*	dānzi	form
*证件	*n*	zhèngjiàn	ID
取	*v*	qǔ	withdraw
*输入	*v*	shūrù	input
*密码	*n*	mìmǎ	password
*签字	*v*	qiānzì	sign
老板	*n*	lǎobǎn	owner

*网速	n	wǎng sù	internet speed
交	v	jiāo	hand in
*押金	n	yājīn	foregift
台	num	tāi	a measure word for computer
电脑	n	diànnǎo	computer
*死机	v	sǐjī	crash

补充生词

需要	v	xūyào	need
网吧	n	wǎngbā	net bar
排队	v	páiduì	queue
商业区	n	shāngyè qū	business center
汇	v	huì	remit
方式	n	fāngshì	mode
高兴	a	gāoxìng	happy
着急	a	zháojí	anxious
担心	v	dānxīn	worry
中转	v	zhōngzhuǎn	transfer
支行	n	zhī háng	branch of a bank
只好	adv	zhǐhǎo	have no choice but to
终于	adv	zhōngyú	finally
农业银行	pn	Nóngyè Yínháng	Agricultural Bank
瓶	num	píng	bottle
日元	n	Rìyuán	Japanese Yen
韩元	n	Hányuán	South-Korean Won
英镑	n	Yīngbàng	Pound
笔	num	bǐ	pen

第9课

姐姐	n	jiějie	elder sister
哥哥	n	gēge	elder brother
*独生子	n	dúshēngzǐ	the only child
奶奶	n	nǎinai	grandmother
*爷爷	n	yéye	grandfather
*去世	v	qùshì	pass away
医生	n	yīshēng	doctor
职业	n	zhíyè	occupation
国家	n	guójiā	country
结婚	v	jié hūn	marriage
以前	n	yǐqián	before
爱人	n	àiren	spouse
大学	n	dàxué	college
放假	v	fàngjià	holiday

旅行	v	lǚxíng	travel
经济	n	jīngjì	economics
小孩儿	n	xiǎohāir	children
快乐	a	kuàilè	happy
听说	v	tīngshuō	hear
妹妹	n	mèimei	younger sister
*社	n	shè	agency
翻译	v	fānyì	translator
辛苦	a	xīnkǔ	hard
公司	n	gōngsī	company

补充生词

退休	v	tuìxiū	retire
出差	v	chūchāi	business trip
姥姥	n	lǎolao	grandmother, mother's mother
姥爷	n	lǎoye	grandfather, mother's father
姨	n	yí	aunt, mother's sister
舅舅	n	jiùjiu	uncle, mother's brother
叔叔	n	shūshu	uncle, father's brother
家族	n	jiāzú	family
姑姑	n	gūgu	aunt, father's sister
表弟	n	biǎodì	cousin, male
表姐	n	biǎojiě	cousin, female
下课	v	xiàkè	after class

第10课

疼	a	téng	pain
嗓子	v	sǎngzi	throat
特别	adv	tèbié	especially
冷	a	lěng	cold
感冒	n	gǎnmào	catch cold
体温	n	tǐwēn	body temperature
发烧	v	fāshāo	fever
度	num	dù	degree
医院	n	yīyuàn	hospital
舒服	a	shūfu	comfortable
*拉肚子	v	lā dùzi	have diarrhea
夜里	n	yèlǐ	in the night
*检查	v	jiǎnchá	examination
病	n	bìng	disease
严重	a	yánzhòng	serious
药	n	yào	medicine
片	num	piàn	pill

请假	*v*	qǐngjià	ask for leave
*着凉	*v*	zháoliáng	catch cold
陪	*v*	péi	accompany
回去	*v*	huíqù	return
休息	*v*	xiūxi	rest
流	*v*	liú	flow
*鼻涕	*n*	bítì	nasal mucus
中药	*n*	zhōngyào	traditional Chinese medicine
*西药	*n*	xīyào	medicine
盒	*num*	hé	box

专有名词

急性肠胃炎	*pn*	jíxìng chángwèi yán	acute gastroenteritis
清热解毒口服液	*pn*	qīng rè jiě dú kǒufúyè	heat-clearing and detoxicating oral liquid

补充生词

生病	*v*	shēngbìng	have illness
咳嗽	*v*	késou	cough
醉	*v*	zuì	drunk
不卫生		bù wèishēng	unsanitary
淋雨	*v*	lín yǔ	get wet in the rain
踢足球	*v*	tī zúqiú	play football
摔倒	*v*	shuāi dǎo	fall down
受伤	*v*	shòu shāng	get injured
后来	*n*	hòulái	later
引起	*v*	yǐnqǐ	cause
原因	*n*	yuányīn	reason
胃	*n*	wèi	stomach
腿	*n*	tuǐ	leg
电影	*n*	diànyǐng	movie
出租车	*n*	chūzū chē	taxi
前天	*n*	qiántiān	the day before yesterday

第11课

餐厅	*n*	cāntīng	dining hall
早晨	*n*	zǎochen	morning
早饭	*n*	zǎofàn	breakfast
对……不好		duì …… bù hǎo	not good for…
习惯	*v*	xíguàn	habit
*生病	*v*	shēng bìng	be ill
*懒虫	*n*	lǎnchóng	lazybones
电影	*n*	diànyǐng	movie
礼堂	*n*	lǐtāng	auditorium

周六	num	zhōu liù	Saturday
爬	v	pá	climb
山	n	shān	mountain
对不起	v	duìbuqǐ	sorry
累	a	lèi	tired
干什么		gàn shénme	what to do
白天	n	báitiān	daytime
空儿	n	kòngr	time
跳舞	v	tiào wǔ	dance
*迪厅	n	dí tīng	disco
定	v	dìng	deal

专有名词

| 成龙 | pn | Chéng Lóng | Jackie Chan |

补充生词

逛逛	v	guàngguang	go around
教室	n	jiàoshì	classroom
饭馆儿	n	fànguǎnr	restaurant
质量	n	zhìliàng	quality
参加	v	cānjiā	attend

第12课

办公室	n	bàngōngshì	office
宿舍	n	sùshè	dormitory
厨房	n	chúfáng	kitchen
经常	adv	jīngcháng	often
合	v	hé	together
*租	v	zū	rent
套	num	tào	a measure word for apartment
房子	n	fángzi	apartment
*走路	v	zǒu lù	walk
方便	a	fāngbiàn	convenient
哪	int	nǎ	modal particle
家具	n	jiājù	furniture
*打折	v	dǎ zhé	discount
校外		xiào wài	outside school
机会	n	jīhuì	opportunity
最好	adv	zuìhǎo	you'd better
愿意	mv	yuànyì	be willing to
*退休	v	tuì xiū	retire
老人	n	lǎorén	old people
*聊天儿	v	liáo tiānr	chat

专有名词

金大成	pn	Jī Dàchéng	Kim Tae Song

补充生词

柜子	n	guìzi	cabinet
外面	n	wàimiàn	outside
家庭	n	jiātíng	family
间	num	jiān	a measure word for rooms
厨房	n	chúfáng	kitchen
卫生间	n	wèishēngjiān	washroom
床	n	chuáng	bed
书柜	n	shūguì	bookcase
沙发	n	shāfā	sofa
茶几	n	chájī	tea table
桌子	n	zhuōzi	desk
椅子	n	yǐzi	chair
墙	n	qiáng	wall
照片	n	zhàopiān	picture
窗户	n	chuānghu	window
花	n	huā	flower
冰箱	n	bīngxiāng	refrigerator
雨	n	yǔ	rain
公寓	n	gōngyù	apartment
条件	n	tiáojiàn	condition

第13课

阿姨	n	āyí	aunt
水果	n	shuǐguǒ	fruit
楼	n	lóu	building
香	a	xiāng	delicious
*叔叔	n	shūshu	uncle
*敬	v	jìng	propose a toast
干杯	v	gān bēi	cheers
该……了		gāi ...... le	it's…to…
留	v	liú	stay
打扰	v	dǎrǎo	bother
玩儿	v	wánr	enjoy
慢	a	màn	slow
茶	n	chá	tea
咖啡	n	kāfēi	coffee
*绿茶	n	lǜ chá	green tea
*花茶	n	huā chá	scented tea
*沏（茶）	v	qī (chá)	make tea

补充生词

马虎	a	mǎhu	careless
红茶	n	hóng chá	black tea
打算	v	dǎsuàn	plan
心意	n	xīnyì	regard
留步	v	liú bù	don't bother to see me out
收下	v	shōu xià	accept
添	v	tiān	make
聪明	a	cōngmíng	smart
午饭	n	wǔfàn	lunch
面条	n	miàntiáo	noodle

第14课

外边	n	wàibian	outside
阴	a	yīn	cloudy
雪	n	xuě	snow
*预报	v	yùbào	forecast
公园	n	gōngyuán	park
今年	n	jīnnián	this year
场	num	chǎng	a measure word for snow
*照相	v	zhào xiàng	take picture
唉	int	āi	alas
别提了		bié tí le	don't mention it
倒	adv	dào	that's right
适合	v	shìhé	suitable
影响	v	yǐngxiǎng	influence
心情	n	xīnqíng	mood
团	n	tuán	group
自由	a	zìyóu	freedom
船	n	chuán	ship
主意	n	zhǔyi	idea
火车	n	huǒchē	train
帮忙	v	bāng máng	help
*角度	n	jiǎodù	angle
动	v	dòng	move

专有名词

杭州	pn	Hángzhōu	Hangzhou
大连	pn	Dàlián	Dalian
上海	pn	Shànghǎi	Shanghai
广州	pn	Guǎngzhōu	Guangzhou

补充生词

季节	n	jìjié	season

春天	*n*	chūntiān	spring
郊外	*n*	jiāowài	suburb
花	*n*	huā	flower
暖和	*a*	nuǎnhuo	warm
凉快	*a*	liángkuai	cool
刮风	*v*	guā fēng	windy
合影	*v/n*	hé yǐng	group picture, take a picture of the group
电	*n*	diàn	electricity

第15课

*太极拳	*n*	tàijíquán	Tai chi chuan
*从小	*adv*	cóng xiǎo	since young
对…感兴趣		duì … gǎn xìngqù	be interested in
武术	*n*	wǔshù	martial art
成立	*v*	chénglì	found
艺术	*n*	yìshù	art
参加	*v*	cānjiā	take part in
唱歌	*v*	chànggē	sing
*弹	*v*	tán	play
*吉他	*n*	jítā	guitar
爱好	*n*	àihào	hobby
报名	*v*	bào míng	enroll
游泳	*v*	yóu yǒng	swim
一般	*a*	yībān	common
运动	*n*	yùndòng	sport
*棒球	*n*	bàngqiú	baseball
网球	*n*	wǎngqiú	tennis
场	*n*	chǎng	court yard
操场	*n*	cāochǎng	playground
逛	*v*	guàng	go around
街	*n*	jiē	street
起床	*v*	qǐ chuáng	get up
好好儿	*adv*	hǎohāor	well

补充名词

听音乐		tīng yīnyuè	listen to music
散步	*v*	sàn bù	walk
乒乓球	*n*	pīngpāng qiú	pingpong
剪纸	*n*	jiǎn zhǐ	paper-cut
打篮球	*v*	dǎ lánqiú	play basketball
打羽毛球	*v*	dǎ yǔmáoqiú	play badminton
弹钢琴	*v*	tán gāngqín	play piano
玩游戏	*v*	wán yóuxì	play a game

画画儿	*v*	huàhuàr	draw a picture
练	*v*	liàn	practise
拍子	*n*	pāizi	racket
接	*v*	jiē	catch
毛巾	*n*	máojīn	towel

第16课

准备	*v*	zhǔnbèi	prepare
考试	*n*	kǎoshì	exam
跟……一样		gēn … yīyàng	same as
水平	*n*	shuǐpíng	level
马虎	*n*	mǎhu	careless
汉字	*n*	Hànzì	Chinese character
难	*a*	nán	difficult
*对…来说		duì … lái shuō	to someone
确实	*adv*	quèshí	indeed
练习	*v*	liànxí	practise
进步	*v*	jìnbù	progress
紧张	*a*	jǐnzhāng	nervous
错	*a*	cuò	mistake
说话	*v*	shuōhuà	say
记	*v*	jì	remember
办法	*n*	bànfǎ	method
遍	*num*	biàn	times
*卡片	*n*	kǎpiàn	card
日语	*n*	Rìyǔ	Japanese
只要	*conj*	zhǐyào	as long as

专有名词

| 中国 | *pn* | Zhōngguó | China |

补充词语

综合	*n*	zōnghé	comprehensive
听力	*n*	tīnglì	listening
写作	*n*	xiězuò	writing
阅读	*n*	yuèdú	reading
语法	*n*	yǔfǎ	grammar
明白	*v*	míngbai	understand
录音	*n*	lùyīn	record
课文	*n*	kèwén	text
生词	*n*	shēngcí	new word
取得	*v*	qǔdé	get
成绩	*n*	chéngjì	result

| 回答 | v | huídá | answer |

第17课

安排	v	ānpái	arrange
打算	v	dǎsuàn	plan
音乐	n	yīnyuè	music
*厅	n	tīng	hall
杂技	n	zájì	acrobatic
表演	v	biǎoyǎn	performance
肯定	mv	kěndìng	for sure
*打工	v	dǎ gōng	part-time job
毕业	v	bìyè	graduate
夏天	n	xiàtiān	summer
跟……有关系		gēn …… yǒu guānxi	related to
读	v	dú	read
*研究生	n	yánjiūshēng	master
正在	adv	zhèngzài	doing
复习	v	fùxí	review
南方	n	nánfāng	south
计划	n	jìhuà	plan
*商量	v	shāngliang	discuss
飞机	n	fēijī	plane

补充词语

暑假	n	shǔjià	summer holiday
城市	n	chéngshì	city
希望	v	xīwàng	hope
法国	n	Fǎguó	France

第18课

明年	n	míngnián	next year
交换	v	jiāohuàn	exchange
欢迎	v	huānyíng	welcome
感谢	v	gǎnxiè	thank
帮助	v	bāngzhù	help
发	v	fā	send
地址	n	dìzhǐ	address
联系	n	liánxì	contact
*嗯	int	ňg	er
恐怕	adv	kǒngpà	afraid
信	n	xìn	letter
放心	v	fàngxīn	no problem

行李	*n*	xíngli	luggage
收拾	*v*	shōushi	pack
机场	*n*	jīchǎng	airport
见面	*v*	jiànmiàn	meet
*舍不得	*v*	shě bu dé	loath to
离开	*v*	líkāi	leave
难过	*a*	nánguò	sad
*登机	*v*	dēng jī	board
进去	*v*	jìnqù	get in
祝	*v*	zhù	wish
*一路顺风		yí lù shùnfēng	have a nice trip

专有名词

王老师	*pn*	Wáng lǎoshī	Teacher Wang

补充生词

拥抱	*v*	yōngbào	hug
告别	*v*	gàobié	say goodbye
一路平安		yí lù píng'ān	have a nice trip
旅途	*n*	lǚtú	journey
愉快	*a*	yúkuài	pleasant
照顾	*v*	zhàogù	look after
害怕	*v*	hàipà	scared
硕士服	*n*	shuòshìfú	uniform of master

语言注释列表
Index of Language Tips

第1课

对话一：

① **好久不见。**

"好久不见"是一句问候语，对象是较长时间没有见面的人。

② **你哪天回来的？**

"是……的"是一种强调形式。"是"和"的"中间是要强调的内容，通常是与动作相关的时间、地点、方式、状态等。在口语中，"是"常常被省略，如"我坐飞机回来的。"

③ **回来一个星期了。**

在汉语中，要表达动作、状态已经持续的时间时，一般用"动作＋持续的时间＋了"的形式，如"认识三年了。"

④ **就是时间太短了。**

"就是"有"但是"的意思，但口气比较轻。如"那儿很好，就是太热。"

对话二：

① **上课去吗？**

"目的＋去"表示为了某个目的而离开现在所在的位置，如："吃饭去"、"看电影去"。

② **你的汉语说得真好。**

"动词＋得＋表示评价的词或短语"表示评价，如"他唱得真棒！"

③ **哪里哪里！**

"哪里哪里"是对别人称赞的一种委婉的谦辞。如："A：你的汉字写的真好。B：哪里哪里。"

对话三：

① **那您要注意身体。**

"那"在这里是连词，跟"那么"相同，如"明天我有事，那你去接他吧。"

② **比我们班多6个人。**

在比较句中，数量词应放在形容词后，如"他比我大两岁。"不能说"他比我两岁大。"

对话四：

① **出去啊？**

在这里，"出去啊"是看到对方准备要出去而跟

对方寒暄的用语。在汉语中，这只是一种打招呼的方式，并非是想了解对方的具体情况，无需详细回答。如"你去哪儿？""你回去了？"等等。"啊"在这里受前面音节"ü"的影响，读作"呀"。

② **我们正要去找你呢。**

"正要……呢"表示说话人正在想或者马上要去做某事，如"我正要给你打电话呢。"

第2课

对话一：

① **他马上就20岁了。**

"马上就……了"表示即将发生某事，如"他马上就来了。"

② **咱们给他开个生日晚会吧。**

"吧"在这里表示建议的语气。

对话二：

① **再坐一会儿吧。**

"一会儿"用在动词后表示动作持续的时间，如"再看一会儿吧。"不能说"再一会儿看吧。"

② **六点半我有个约会。**

当数词"一"与量词结合的时候，数词"一"常常可以省略。如"喝杯可乐"、"买个面包"

对话三：

① **昨天晚上睡得太晚，有点儿困。**

"有点儿"表示程度不高，是稍微的意思，多用来表示不如意的事情。如"有点儿贵"、"有点儿忙"。

② **快三点才睡。**

这里的"才"表示动作、活动出现或结束的时间晚，如"他明天才能回来。"

③ **啊？**

在这里"啊"表示惊讶。

第3课

对话一：

① **您买点儿什么？**

"一点儿"表示数量，与动词或形容词结合时，

常省略"一"。如"吃点儿"、"喝点儿"。它与"有点儿"不同，"有点儿"表示程度，必须用在形容词或表示心理感受的动词前面，如"有点儿多"。

② 我买半个**可以吗**？

"……可以吗"用来跟别人进行商量，如"我下午来可以吗？"

③ 再**来**点儿别的吧！

这里的"来"是"要"的意思，常用于购物和点菜等。

对话二：

① 您穿**多大号的**？

"多大号的"指"多大号的鞋"，因为对话双方都知道，所以"鞋"被省略了。在汉语里，上文出现过或不说也明白的信息可以省略，因此用"的"字短语，如"拿一双那种的。"

② **挺好看的**。

"挺……的"表示程度相当高，但比"很"的程度低，如"这本书挺好的"。"好+V"表示使人满意的性质在哪方面，如"好玩"、"好听"。

③ 便宜点儿**行吗**？

"……行吗"也用于跟人商量，与"……可以吗"的意思相同，如"晚上我给你打电话行吗？"

④ 25块钱两双**怎么样**？

"……怎么样"是征求别人的意见，如"我们一起去吃晚饭怎么样？"

对话三：

① **您想**买什么样的手机？

"想"在这里表示希望和打算，如"我想去上海。"

② 我随便**看看**。

"看看"是动词"看"的重叠形式，第二个"看"要读轻声。动词重叠一般表示动作持续的时间短、次数少。在这里主要是缓和语气，委婉地表达说话人的主观愿望。

③ 我可以帮您介绍**一下**。

"一下"用在动词后面，表示动作短暂，有尝试的意思，也可以儿化，如"看一下"、"试一下"。

④ **就**买这个吧。

这里的"就"是肯定语气。

对话四：

① 那种**什么**颜色的**都**有。

"什么……都……"表示前面所说的范围无一例外，如"我什么都不买。"

第4课

对话一：

① 请问几**位**？

"位"是量词，用于人，有尊敬的意味。

② 先**给**我们两杯水。

这里的"给"是动词。用法是：给＋某人＋某物，如"给他一本书。"

③ 两**碗**米饭。

"碗"本来是表示容器的名词，可以用作量词。这样的量词还有"杯、瓶、盘"等。

对话二：

① 今天有什么**特价菜**？

在很多饭店，每天都有不同的菜，价钱比平时便宜，叫做"特价菜"。

② 请**少放（一）点儿**盐。

"多/少＋V＋一点儿"常用于建议、劝告、要求等，如"多放（一）点儿糖。"

对话四：

① 服务员，**买单**。

"买单"就是"结账"的意思，是比较流行的一种说法。

② **还可以**。

"还可以"表示对某事情的赞同，但程度不是很高。如"A：你最近怎么样？B：还可以。""A：他汉字写得怎么样？B：还可以。"

③ **又**甜**又**酸。

"又……又……"连接有关系的几个事情或同一事物的几个方面。"又"前后连接的应为同类情况。如"这个菜又贵又不好吃。"不能说"这个菜又贵又好吃。"

④ **我也是**。

"……也是"表示情况相同，如"他不喜欢喝茶，我也是。"

第5课

对话一：

① **不好意思**，我也不知道。

在这里"不好意思"指因没有帮到别人的忙而表示歉意。回答可以用"没关系"、"没事儿"。

② 十多分钟**就**到了。

"就"表示动作、活动开始或者结束得早。如"还有五分钟就上课了。"

对话二：

① **过**了马路往东走。

在这里"过"是动词，表示从一个地点或时间移到另一个地点或时间。如"过两个路口"。

② 往右**一**拐**就**到了。

在这里，"一……就……"连接两个动作。表示在某种条件下会产生某种结果。"往右拐"是条件，"到了"是结果。如"你一到路口就看见了。"

对话三：

① 你家**是**在阳光小区吗？

"是"在这里是强调语气，强调某种情况的确切性，要重读。如："这儿是东门吗？"、"超市是在小区里吗？"

② 我**就**在阳光小区的门口。

"就"在这里表示强调，要重读。

③ 旁边**是**一所中学。

这是一个存现句，"处所＋是＋事物"表示某处存在某事物。如"桌子上是一本书。"

第6课

对话一：

① 不堵车**的话**也就十几分钟。

"（如果）……的话"表示假设关系，"如果"可以省略。如"明天下雨的话，我就不去了。"

② **也就**十几分钟。

"也就"有强调意味，可强调时间短、数量少，程度低等。如"走路的话也就七八分钟"、"他也就二十多岁"。

对话二：

① 还有那么远**啊**。

"啊"在这里表示感叹。由于在以"n"结尾的词后面，受到影响，"啊"的读音发生音变，读作"哪"。

对话三：

① **上车**请刷卡。

这里"上车"后面省略了"以后"。

② **没卡**请投币。

这里"没卡"后面省略了"……的话"

对话四：

① **用**换车吗？

在这里，"用"表示需要，用于"询问"，如"去那儿用坐车吗？"

② **要**在动物园换车。

这里"要"表示需要、必须。如"要在下一站换地铁。"

③ 大概得40分钟**吧**。

"吧"在这里表示估计的语气。如"可能得走十分钟吧。"

第7课

对话一：

① **还有**。

在这里，"还有"表示补充情况。如"请帮我买一瓶水。还有，再要一个面包。"

对话二：

① 我房间的电话坏**了**。

这里"了"在句尾，表示肯定的语气，着重说明情况的变化。如"桌子脏了。"

② **打不了**。

"动词＋得/不了"表示动作可能实现或者不可能实现。如"去不了"表示"不能去"、"去得了"表示"能去"

对话三：

① 我的签证**要**到期**了**。

"要……了" 表示即将发生的变化或出现新情况，如"妈妈要来了"、"要放假了"。

对话四：

① 包**忘在**这儿了。

"V＋在"表示某个动作或情况发生后，使某物在某处。如"衣服放在朋友家了。"

第8课

对话一：

① **除了**银行，别的地方可以换钱吗？

"除了"表示不计算在内，跟"都、还、也"等相连，有时表示排除关系，如"除了她，别人都不会汉语。"有时表示加合关系，如"除了中国，我还去过美国和日本。"

对话二：

① **小贴士：**

在中国的一些大城市，在大一点儿的银行办理业务时，要先在门口的取号机上取一个号码，然后在座位上等候。听到广播中叫到自己的号码时，再到窗口办理。

对话三：

① 请**把**您的存折给我。

为了强调宾语，用"把"将宾语提前，这就是汉语特有的"把"字句。它常用于表示某人如何处置某物或处理某事。如"我把美元换成人民币。"、"我把杯子打碎了。"

② 密码是六位**吧**？

当提问的人对某一事实或情况有了某种估计，但又不能完全肯定时，就可以在陈述句末尾加上"吧"来表示推测，如"你是张老师吧？"

第9课

对话一：

① 你家有几**口**人？

"口"是量词，专门用于说家庭中的人数。其他地方一般用"个"。如"我们班有12个同学。"

② 那**怎么**是四口人？

这里的"怎么"表示询问原因，等于"为什么"。如"他怎么走了？"、"你怎么不高兴？"

对话二：

① 医生是个好职业**啊**。

"啊"在这里表示感叹的语气，由于受到前面音节"ie"的影响，读音发生改变，读作"呀"。

② 我姐姐结婚后还在工作**呢**。

这里"呢"用在陈述句句尾，表示强调动作、行为、情况正在持续。如"弟弟在上中学呢。"

对话三：

① **那倒是**。

"那倒是"用于表示原来有自己的看法，但对于对方的话也认同。如"A: 星期天别去超市了，人太多。—B: 那倒是。"

对话四：

① 是**啊**。

"啊"在这里由于受到前面音节"-i"的影响，读

音发生改变，读作"ra"。

第10课

对话一：

① **你怎么了**？

"怎么了"用来询问对方的情况。如"他怎么了？"、"老师怎么了？"

② **试过了**。

"动词＋过"表示某种动作行为曾经发生。如"我吃过这个药。"

第11课

对话一：

① 早饭，你**还是**应该吃。

"还是"在这里表示经过比较、考虑后有所选择。用"还是"引出选择的一项。如"还是你来我家吧，我在家等你。"

② 可早晨我**起不来**。

"起来"指的是早晨起床。"起来"中间可以加入"得/不"来表示可能。"起得来"表示能起来，"起不来"表示不能起来。

对话二：

① 有**啊**。

在这里，"啊"由于受到前面音节"u"的影响，读音发生改变，读作"哇"。

对话三：

① 晚上我**和**你们一起去。

"和"在这里是介词，同"跟"的意思相同。

对话四：

① **好是好**，不过周六我有事儿。

"A是A"含有"虽然"的意思，后面要接转折，如"漂亮是漂亮，不过太贵了。""买是买，不过今天不买。"

② 行，说**定了**啊。

"动词＋定了"表示动作、行为确定了，不再改变。如"说定了明天去。"又如"看定"、"吃定"、"买定。"

第12课

对话三：

① 半年交一次的话，可以**打九折**。

"打折"是可以打折扣，降价的意思。汉语中"打九折"就是价钱可以便宜百分之十。

对话四：

① 那我问问我爷爷奶奶**愿不愿意**租。

"愿不愿意"就是"愿意不愿意"。双音节词语用正反并列提问的时候，也可以用"A不AB"的形式表达。如"你喜不喜欢？"

第13课

对话二：

① 这些菜**看着就**好吃。

"看着就＋表示评价的词语"表示只要通过看，就能得到某种判断。如"这件衣服我看着就喜欢"、"这房子看着就不错"。

② 比饭店的**还**好吃。

"A比B还/更……"表示A和B都具有某种特点，达到一定程度，但A又深了一层，如"你的汉语比他的还好。"这里不能用"很"，不能说"他的汉语比我的还很好。"

③ **喜欢吃以后就经常来。**

汉语里有一种紧缩句，不用关联词语。在这里，这个紧缩句表示假设的关系，如"他来你告诉我。"意思是"如果他来，你就告诉我"。

对话三：

① 我**该**回去**了**。

"该……了"表示根据情理或经验推测必然的或可能的结果。如"她们该回来了。"、"这个时候，他们该睡觉了"。

② **着什么急。**

"什么"在这里指不肯定的事物或人，在动词和宾语之间构成反问句，语气比较直接，表示"不用……"如"现在还不到九点，睡什么觉？"

第14课

对话一：

① 这**可**是今年的第一场雪。

在这里，"可"是副词，表示强调语气。如"今天可真热。"

对话二：

① **别提了。**

"别提了"通常表示情况不太如意，令人烦恼。如

"A: 你的生日晚会怎么样？—B: 唉，别提了。"

② **不是**阴天**就是**下雨。

"不是A就是B"表示所说的情况是A、B两项中的一项，不超出这两项的范围，如"在上海的时候，我们不是去公园，就是逛商店。"

③ 阴天**倒是**挺适合旅行的。

在这里，"倒是"表示让步，承认存在所说的情况。如"旅行中有很多困难（kùnnán difficulty），不过，倒是挺有意思的。"

对话三：

① 也可以**从**大连坐船**到**上海。

"从……到……"之间连接的可以是时间也可以是地点。如"从昨天到今天"、"从这儿到那儿"。

对话四：

① 我先**给**你照。

在这里，"给"是介词，用于引出行为的对象，如"给他照几张。"

② **茄子。**

在汉语里"茄子"的发音都是嘴角咧开的，好像在微笑，因此照相时，人们喜欢拉长声音说"茄子"。

第15课

对话一：

① 我学**了**三年**了**。

这句话表示从学太极拳到说话时间为止是三年了，而且还在学。而"学了三年"指过去学过三年，但现在已经不学了。

对话二：

① **弹着吉他唱歌**是我最大的爱好。

"动作1＋着＋动作2"表示后一动作进行时还伴随着前一动作，后一动作是主要动作。"弹着吉他唱歌"的意思是伴随着弹吉他而唱歌。又如"看着电视喝咖啡"。

② 你**不是**也喜欢跳舞**吗**？

"不是……吗"这是一个反问句，强调肯定，提醒注意某种明显的事实，不需要回答。如"他不是去过吗？"意思是"他去过。"

对话三：

① **一般吧。**

表示很普通，很平常。如"A: 你英语说得怎么

样？—B: 一般吧。"

② 我们**一周打三次**。

在汉语里，说明动作活动的次数时，用"动词＋次数"来表达。如"打三次"，不能说"三次打"。又如"去两次"、"玩一次"。

对话四：

① 周末应该**好好儿休息一下**。

"好好儿"指"尽力地、尽情地"，如"咱们好好儿玩几天"。

第16课

对话一：

① **马马虎虎**。

"马马虎虎"是"马虎"的重叠形式。有些形容词可以重叠为AABB的形式，表示程度加深，如"漂漂亮亮"。

② **对你来说**，汉字确实有点儿难。

"对……来说"用于引进谈论的对象，如"对我来说，这件衣服太大了。"

③ **准备好**了吗？

"动词＋好"表示动作完成，如"作业写好了。"否定形式是"没＋动词＋好"如"门没关好。"

对话二：

① 那多不好意思**啊**。

在这里"啊"由于受到前面音节"-i"的影响，读音发生改变，读作[za]。

对话三：

① **对了**。

"对了"是插入成分，表示突然想起某事来。如"对了，明天下午我有课。"

② **只要**多写多练**就**一定能记住。

"只要……就……"表示的是条件关系，意思是具备了前面的条件，就可能有后面的结果。如"只要你努力学习，就能取得好成绩。"

第17课

对话一：

① 你们不是都有**安排**了吗？

"安排"在这里是名词。

对话二：

① 你们有什么**打算**？

"打算"在这里是名词。

② 我**打算**在中国打工。

在这里"打算"是动词。汉语里，地点做状语要放在动词前，不能说"我打算打工在中国"。

③ 那你就得**一边**打工**一边**陪她了。

"一边……一边……"连接两个以上的动作同时进行。如"他一边唱歌一边跳舞。"

对话四：

① 咱们可以**商量商量**。

汉语中双音节的动词重叠的形式为"ABAB"，有随意，尝试的意味，常用于表达建议，劝告、打算等，如"打扫打扫"。

② **还是**自己走比较好。

"还是"表示经过比较后做出的选择，如"还是坐火车吧，又便宜又好玩"。

第18课

对话一：

① **感谢老师给我的帮助**。

在这里，不能说"感谢老师给我的帮忙"

对话四：

① **祝你一路顺风**。

这是汉语里送别时的常用语句，表示祝他人旅途平安。还可以说"祝你旅途愉快"、"祝你一帆风顺"、"祝你一路平安"等。

② **等**我们都毕业了。

这里"等……了"表示"……以后"。如"等我学会了，我要自己做一个。"